汽车总装技术

第 3 版

主编 杨志红 海争平
参编 阳 勇 段宇鸣 郑薇芝 李文胜

机械工业出版社

本书是"十四五"职业教育国家规划教材修订版。

本书主要内容包括汽车基本知识及车身结构认知，汽车总装基本技能训练，汽车总装配厂工艺布局，汽车装配工艺设计，汽车车门的拆装、调整与装配工艺卡编制，汽车生产物流管理，汽车质量管理和汽车生产管理。全书编排力求贴合汽车装配生产实际，兼顾职业院校的教学特点，同时根据高等职业教育学生在制造厂就业的特点和要求，重点突出学生的工艺识读、工艺编排和工艺维护能力，满足本专业学生学习和提高的要求。

本书可作为高等职业院校汽车制造与试验技术专业学生的教材，也可作为汽车制造厂相关人员的培训教材。

本书配有电子课件，凡使用本书作为教材的教师均可登录机械工业出版社教育服务网（www.cmpedu.com），以教师身份注册后免费下载。咨询电话：010-88379375。

图书在版编目（CIP）数据

汽车总装技术／杨志红，海争平主编．—3版．—北京：机械工业出版社，2023.10（2024.1重印）
ISBN 978-7-111-73908-1

Ⅰ.①汽… Ⅱ.①杨…②海… Ⅲ.①汽车-装配（机械）-高等职业教育-教材 Ⅳ.①U463

中国国家版本馆CIP数据核字（2023）第184379号

机械工业出版社（北京市百万庄大街22号 邮政编码100037）
策划编辑：张双国 责任编辑：张双国
责任校对：张爱妮 王 延 责任印制：刘 媛
北京联兴盛业印刷股份有限公司印刷
2024年1月第3版第2次印刷
184mm×260mm·13.75印张·337千字
标准书号：ISBN 978-7-111-73908-1
定价：45.00元

电话服务 网络服务
客服电话：010-88361066 机 工 官 网：www.cmpbook.com
　　　　　010-88379833 机 工 官 博：weibo.com/cmp1952
　　　　　010-68326294 金 书 网：www.golden-book.com
封底无防伪标均为盗版 机工教育服务网：www.cmpedu.com

关于"十四五"职业教育国家规划教材的出版说明

为贯彻落实《中共中央关于认真学习宣传贯彻党的二十大精神的决定》《习近平新时代中国特色社会主义思想进课程教材指南》《职业院校教材管理办法》等文件精神，机械工业出版社与教材编写团队一道，认真执行思政内容进教材、进课堂、进头脑要求，尊重教育规律，遵循学科特点，对教材内容进行了更新，着力落实以下要求：

1. 提升教材铸魂育人功能，培育、践行社会主义核心价值观，教育引导学生树立共产主义远大理想和中国特色社会主义共同理想，坚定"四个自信"，厚植爱国主义情怀，把爱国情、强国志、报国行自觉融入建设社会主义现代化强国、实现中华民族伟大复兴的奋斗之中。同时，弘扬中华优秀传统文化，深入开展宪法法治教育。

2. 注重科学思维方法训练和科学伦理教育，培养学生探索未知、追求真理、勇攀科学高峰的责任感和使命感；强化学生工程伦理教育，培养学生精益求精的大国工匠精神，激发学生科技报国的家国情怀和使命担当。加快构建中国特色哲学社会科学学科体系、学术体系、话语体系。帮助学生了解相关专业和行业领域的国家战略、法律法规和相关政策，引导学生深入社会实践、关注现实问题，培育学生经世济民、诚信服务、德法兼修的职业素养。

3. 教育引导学生深刻理解并自觉实践各行业的职业精神、职业规范，增强职业责任感，培养遵纪守法、爱岗敬业、无私奉献、诚实守信、公道办事、开拓创新的职业品格和行为习惯。

在此基础上，及时更新教材知识内容，体现产业发展的新技术、新工艺、新规范、新标准。加强教材数字化建设，丰富配套资源，形成可听、可视、可练、可互动的融媒体教材。

教材建设需要各方的共同努力，也欢迎相关教材使用院校的师生及时反馈意见和建议，我们将认真组织力量进行研究，在后续重印及再版时吸纳改进，不断推动高质量教材出版。

机械工业出版社

前　　言

中国汽车产业逐步转入稳步发展阶段，并由"增长速度"向"增长质量"的重心转移，"稳增长、调结构"成为发展主题。汽车生产向制造智能化、产品智能化转变，以新能源汽车为代表，绿色化是汽车工业必由之路。汽车企业对高素质专业人才的需求量越来越大，很多高职院校开设了汽车制造与试验技术专业，培养从事汽车制造与装配的高素质技能型人才，以满足企业的需求。

本书以国家"建设制造强国、人才强国"的目标为导向，以汽车制造与试验技术专业人才培养目标为依据，以培养专业能力和职业素养为主线，设定的学习任务主要来源于汽车制造企业装配过程中实际的工作任务，通过本书的学习，可使学生熟悉汽车制造与装配工艺流程，熟悉汽车装配的各种设备，掌握各种装配的方法和手段，掌握基本的装配工艺编制方法和要求，熟悉汽车生产与质量管理基本内容以及汽车生产物流管理的要求，初步具备装配工艺的编制和维护的能力，基本的生产、质量和物流的管理能力。

本书采用项目化结构，以任务驱动的编写体例，将相关知识点完全融入教学任务中，使学生可以边学习、边实践、边思考、边总结、边建构，增强学生综合处理问题的能力。

本书由湖南交通职业技术学院的杨志红、海争平主编。湖南交通职业技术学院杨志红编写了项目一，阳勇编写了项目二和项目三，海争平编写了项目四和项目五；湖南交院工程设计咨询有限公司郑薇芝编写了项目六；湖南交通职业技术学院段宇鸣编写了项目七；湖南三一工业职业技术学院李文胜编写了项目八。

本书在编写过程中参阅了许多国内外公开出版和发表的文献，并且得到了湖南永通华欣汽车销售服务有限公司比亚迪王朝旗舰店杨志涛的大力支持，在此表示衷心感谢。

由于编者水平有限，书中难免有疏漏之处，敬请专家和读者批评指正。

编　者

二维码清单

名　　称	二维码	名　　称	二维码
5S		AGV 小车识读	
内径百分表的使用		动力总成分装认识	
发动机舱车身结构认识		外径千分尺的使用	
外径千分尺的认识		外径千分尺的读数	
扭力扳手的操作使用及注意事项		扭力扳手的认识	
气动扳手的操作使用		气动扳手的认识	
汽车 VIN 意义与位置确认		汽车 VIN 识读	
汽车风窗玻璃分装认识		汽车总装零件配送模式	
汽车整车尺寸参数认识		汽车整车质量参数认识	

（续）

名　　称	二维码	名　　称	二维码
汽车线束的分布		汽车线束的认识	
汽车线束插接器的拆装		汽车车轮分装认识	
游标卡尺的使用		游标卡尺的读数	
积放链认识		滑橇输送链认识	
电动扳手的操作使用		电动扳手的认识	
百分表的认识		百分表的读数	
车身类型识读		车身侧围结构认识	
车身四门两盖的结构认识		车门分装线认识	

目　录

前　言

二维码清单

项目一　汽车基本知识及车身结构认知 1

　　任务一　认知汽车整车基本参数　1

　　任务二　认知汽车车辆识别代号（VIN）　8

　　任务三　认知汽车车身结构　14

项目二　汽车总装基本技能训练 29

　　任务一　认知汽车拆装和调整的基本要求　29

　　任务二　联接螺栓与螺母　31

　　任务三　汽车装配中使用气动扳手和扭力扳手　37

　　任务四　汽车装配中使用游标卡尺、千分尺、百分表　41

　　任务五　线束插接和卡箍拆装　48

项目三　汽车总装配厂工艺布局 58

　　任务一　认知装配的概念　58

　　任务二　认知汽车总装配厂的组成与布局　65

项目四　汽车装配工艺设计 79

　　任务一　认知汽车装配工艺设计内容　79

　　任务二　编制汽车总装配工艺卡　85

　　附录A　某制造厂发动机分装线作业指导书　89

项目五　汽车车门的拆装、调整与装配工艺卡编制 95

　　任务一　认知汽车车门　95

　　任务二　拆卸汽车车门　99

　　任务三　装配车门与编写装配工艺卡　115

项目六	汽车生产物流管理　123
	任务一　认知物流和汽车物流　123
	任务二　认知汽车物流设计　130
	任务三　汽车总装车间物流管理　139
	附录 B　仓库管理制度　147
项目七	汽车质量管理　153
	任务一　掌握工艺质量管理控制方法　153
	任务二　认知工艺纪律检查、质量检验和质量考核　159
	附录 C　整车装配过程检验卡　168
	任务三　认知产品质量评审与整车评价　182
项目八	汽车生产管理　191
	任务一　认知生产计划与生产控制管理　191
	任务二　认知均衡生产与现场管理　197
	任务三　认知设备管理　202
	附录 D　汽车装配调整工程师的素质要求　207
参考文献	210

项目一

汽车基本知识及车身结构认知

📖 项目导引

小张想了解比亚迪秦 PLUS DM-i 混合动力电动汽车,如图 1-1 所示。请你从基本配置参数、车身结构及使用性能等方面做一个详细的调研,对比同价位汽车的优缺点并形成调研报告。

图 1-1　比亚迪秦 PLUS DM-i 混合动力电动汽车

任务一　认知汽车整车基本参数

认知汽车整车基本参数		学时:90min
知识点	1) 汽车基本参数的描述 2) 汽车质量参数的具体内容 3) 汽车尺寸参数和容量参数的描述 4) 汽车主要性能参数的具体内容	
知识目标	1) 掌握汽车整车基本参数 2) 掌握汽车质量参数的含义及用途 3) 掌握汽车尺寸参数和容量参数的具体含义和用途 4) 了解汽车的主要性能参数	
技能目标	能读懂描述汽车的基本配置参数,正确判断同系列不同配置汽车的异同点	

(续)

认知汽车整车基本参数		学时：90min	
基本参数描述	比亚迪秦 PLUS DM-i 混合动力电动汽车基本配置		
	车型名称	秦 PLUS 2021 款 DM-i 55km 尊贵型	秦 PLUS 2021 款 DM-i 55km 旗舰型	秦 PLUS 2021 款 DM-i 55km 行政版
	厂商	比亚迪	比亚迪	比亚迪
	级别	紧凑型车	紧凑型车	紧凑型车
	能源类型	插电式混合动力	插电式混合动力	插电式混合动力
	发动机	1.5L 81kW L4	1.5L 81kW L4	1.6L 92kW L4
	变速器	E-CVT	E-CVT	E-CVT
	驱动电机/kW	132.4	132.4	132.4
	最高车速/（km/h）	185	185	185
	NEDC 综合油耗/L	1.2	1.2	1.2
	长×宽×高/mm×mm×mm	4765×1837×1495	4765×1837×1495	4765×1837×1495
	车身结构	4 门 5 座三厢车	4 门 5 座三厢车	4 门 5 座三厢车
	轴距/mm	2718	2718	2718
	整备质量/kg	1500	1338	1338

汽车作为一种现代交通工具，已经与人们的生活密不可分。随着汽车在日常生活中的普及，人们对汽车各项相关专业知识的渴求也日益迫切。作为一名消费者，在判断一款新车是否符合自己的要求时，主要依据汽车的基本参数，它是表明车辆总体形状、尺寸、质量、空间特征等的技术参数。按照它的作用不同主要分为质量参数、尺寸参数、容量参数、通过性及机动性参数和主要性能参数五大类。汽车的基本参数主要包括汽车的质量、尺寸参数、轮距与轴距、车辆通过性参数（最小离地间隙、纵向通过半径、横向通过半径、最小转向半径等）、风阻系数、汽车性能参数等。

一、质量参数

汽车质量用来度量汽车自身的质量和承载能力。它是设计车辆结构、车速和稳定性，安装各种附件和装置，计算运输工作量以及设计道路等级施工标准的依据之一。汽车质量还是我国汽车车型产品分类中载重车辆的重要分类参数，在汽车产品说明书中必须说明。所标明的汽车质量主要包括以下几项：

（1）整车整备质量　整车整备质量指包含车身、全车电气设备和车辆正常行驶所需要的辅助设备，加足冷却液、燃料、润滑材料，带齐备用车轮、随车工具、必备件及灭火器等的完整车辆的质量。

（2）最大装载质量　最大装载质量指额定装载的最大限制质量。

（3）最大总质量　最大总质量指整车整备质量与最大装载质量的总和。它是限制装载质量和道路通行能力的主要依据。

（4）最大轴载质量　最大轴载质量指汽车车桥所允许的最大载荷质量。对于常见的双桥结构汽车，可分为前桥最大轴载质量和后桥最大轴载质量。配重比是车身前轴与车身后

项目一 汽车基本知识及车身结构认知

轴各自承担质量的比例。这个比例一般以 50%：50% 为最佳。但现实生活中经常遇到过弯、加速等情况，从力学角度来看，占比稍小于 50% 的前轴质量与占比稍大于 50% 的后轴质量的汽车（如前、后配重比在 48%：52%~40%：60% 之间）在弯道加速时比较灵活，但爬坡能力会相对差一些。相反，当前轴轴荷大于后轴轴荷时，转弯会迟钝一些。

二、尺寸参数

尺寸参数即几何参数，是表达车辆所占有的空间几何形状和位置大小的尺寸。几何尺寸一般包括车辆的长、宽和高各方向的尺寸，如图 1-2 所示。

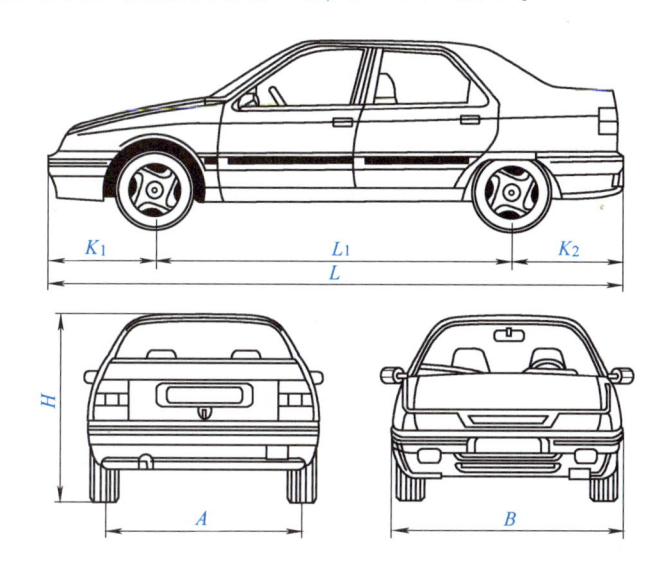

图 1-2 汽车的尺寸参数

(1) **长度尺寸** 长度尺寸指垂直于车辆纵向对称平面，并分别抵靠在汽车前、后最外端突出部位的两垂直面之间的最长距离（用 L 表示，单位为 mm），也就是沿着汽车前进的方向，从最前端到最后端的距离。

(2) **宽度尺寸** 宽度尺寸指平行于车辆纵向对称平面，并分别抵靠在车辆两侧固定突出部位（除后视镜、侧面标志灯、示廓灯、转向指示灯、挠性挡泥板、折叠式踏板、防滑链及轮胎与地面接触变形增大的部位）的两垂直平面间的最宽距离（用 B 表示，单位为 mm），也就是汽车最左端到最右端的距离。

(3) **高度尺寸** 高度尺寸指在额定载荷及标定轮胎气压的条件下，车辆的支撑平面与车辆最高突出部位相抵靠的水平面之间的距离（用 H 表示，单位为 mm）。简单地说，就是从地面到汽车最高点的距离。

(4) **前悬** 前悬指通过两前轮中心的垂面与抵靠在车辆最前端并垂直于车辆纵向对称平面的垂面之间的距离（用 K_1 表示，单位为 mm）。

(5) **后悬** 后悬指通过车辆最后车轮轴线的垂面与分别抵靠在车辆最后端并垂直于车辆纵向对称平面的垂面之间的距离（用 K_2 表示，单位为 mm）。

(6) **轮距** 轮距指同一车轴的两端为单车轮时，车轮在车辆支撑平面上留下的轨迹

中心线之间的距离（用 A 表示，单位为 mm）。

（7）轴距 轴距指通过车辆同一侧相邻两车轮的中点，并垂直于车辆纵向对称平面的两条垂线之间的距离。简单地说，就是汽车前轴中心到后轴中心的距离。如为双轴汽车，则轴距为同侧车轮前轴中心至后两轴中点间的距离（用 L_1 表示，单位为 mm）。对于 3 轴以上的汽车，其轴距用从前到后的相邻两车轮之间的轴距分别表示，总轴距为各轴距之和。

轴距是一个很重要的参数，它影响汽车重心的位置。汽车轴距一旦改变，就必须重新进行总布置设计。同时，轴距的改变会引起前桥、后桥轴荷分配的变化，对汽车制动性、操纵性及平顺性产生影响。

从实际使用看，轴距的长短直接影响汽车的长度，进而影响汽车的内部使用空间。汽车的轴距短，汽车长度就短，质量就小，最小转弯半径和纵向通过半径也小，汽车的机动性就好。如果轴距过短，车厢长度就会不足，后悬也会过长，造成行驶时纵向摆动大及制动、加速或上坡时质量转移大，其操纵性和稳定性就会变差。如果轴距过长，会使车身长度增加，不仅使汽车的最小转向半径变大，而且汽车后部倒车盲区也会偏大。

根据轴距大小不同，国际上通常把轿车分为以下几类：

1) 微型车。微型车指轴距小于 2400mm 的车型，如奇瑞 QQ3（图 1-3）、长安奔奔（图 1-4）、吉利熊猫等，这些车的轴距都在 2340mm 左右；更小的有 SMART FORTWO，轴距只有 1867mm。

图 1-3 奇瑞 QQ3 汽车

图 1-4 长安奔奔汽车

2) 小型车。小型车指轴距为 2400～2550mm 的车型，如本田飞度（图 1-5）、丰田威驰、福特嘉年华（图 1-6）等。

图 1-5 本田飞度汽车

图 1-6 福特嘉年华汽车

项目一　汽车基本知识及车身结构认知

3）紧凑型车。紧凑型车指轴距为 2550~2700mm 的车型，这个级别的车型是家用轿车的主流车型，如大众速腾（图 1-7）、丰田卡罗拉（图 1-8）、福特福克斯、本田思域等。

图 1-7　大众速腾汽车

图 1-8　丰田卡罗拉汽车

4）中型车。中型车指轴距为 2700~2850mm 的车型，通常是家用和商务兼用的车型，如本田雅阁（图 1-9）、丰田凯美瑞、大众迈腾（图 1-10）、马自达 6 睿翼等。

图 1-9　本田雅阁汽车

图 1-10　大众迈腾汽车

5）中大型车。中大型车指轴距为 2850~3000mm 的车型，通常是商务用车的主流车型，如奥迪 A6、宝马 5 系（图 1-11）、奔驰 E 级、沃尔沃 S80（图 1-12）等。

图 1-11　宝马 5 系汽车

图 1-12　沃尔沃 S80 汽车

6）豪华车。豪华车指轴距大于 3000mm 的车型，这个级别的车型价格一般在百万元以上，如奔驰 S 级（图 1-13）、宝马 7 系、奥迪 A8 等。在豪华车这个分类中还有一个小群体，它们的轴距通常大于 3300mm，价格为几百万甚至上千万，数量稀少，主要有劳斯莱斯（图 1-14）、宾利和迈巴赫等品牌。

图 1-13　奔驰 S 级汽车　　　　　　　图 1-14　劳斯莱斯汽车

三、容量参数

汽车的容量参数指汽车行李舱及各种运行材料在标定状况下所占有的空间，它是保证车辆正常运行的重要技术参数。

1. 行李舱容积

行李舱容积的大小决定了汽车能携带行李或其他备用物品的多少，其单位为升（L），如图 1-15 所示。车型的大小及使用特性不同，其行李舱容积有所不同。一般来说，车型越大，行李舱容积越大。越野车和商务车的行李舱容积都比较大；由于造型设计的原因，跑车行李舱容积都比较小。

2. 燃油箱容量

燃油箱容量指一辆汽车能够携带燃油的体积，其单位为升（L）。燃油箱容量与该车的油

图 1-15　容量参数——行李舱容积

耗有直接的关系。一般来说，一辆汽车一箱燃油应能行驶 500km 左右，例如百公里油耗为 10L 的汽车，其燃油箱容积为 60L 左右。每种车型的燃油箱容积是不同的，由各生产厂家设计制造决定。

四、通过性及机动性参数

汽车的通过性及机动性参数包括以下 6 项（图 1-16）：

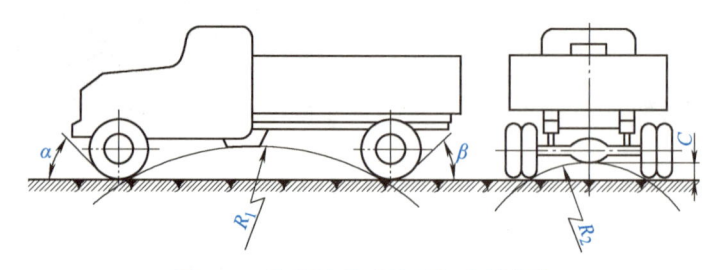

图 1-16　汽车的通过性及机动性参数

（1）接近角　接近角指汽车前端下部最低点向前轮外缘引出的切线与地面的夹角，用 α 表示。

项目一 汽车基本知识及车身结构认知

（2）离去角 离去角指汽车后端下部最低点向后轮外缘引出的切线与地面的夹角，用 β 表示。

（3）最小离地间隙 在额定载荷和标定轮胎气压下，最小离地间隙指车辆支撑平面与车辆底盘突出部分最低点之间的距离，用 C 表示，单位为 mm。

（4）纵向通过半径 在汽车侧视图上作出的与前轮、后轮轮胎及两轴间最低点相切圆的半径 R_1 即为纵向通过半径，其表示汽车能够无碰撞地越过小丘、拱桥等障碍物的轮廓尺寸。纵向通过半径越小，通过性越好。

（5）横向通过半径 在汽车后视图上作出的与左、右两车轮轮胎内侧及底盘最低处相切圆的半径 R_2 即为横向通过半径。

（6）最小转向半径 转向盘转到极限位置时，汽车外侧转向轮的中心平面在车辆支承平面上的轨迹圆半径即为最小转向半径。它是汽车机动性的重要指标，表示汽车在最小面积内的回转能力和通过狭窄地带或绕过障碍物的能力。

五、主要性能参数

汽车的主要性能参数指车辆在运行过程中应达到的技术要求或参数，主要包括动力性、经济性、操纵使用性和污染排放等的汽车使用数据，如最高车速、最大爬坡度、起步加速时间、超车加速时间、百公里油耗、风阻系数、制动距离等。

（1）最高车速 最高车速指汽车在水平良好路面上能达到的最高行驶车速。汽车的最高车速由发动机排量和汽车本身设计的传动比决定。排量越大，传动比数据越大，车速就越高。

（2）最大爬坡度 最大爬坡度指汽车满载时在良好路面用 1 档行驶能克服的最大坡度，它表征汽车的爬坡能力。爬坡度用斜坡的角度值表示，或以斜坡起止点的高度差与其水平距离比值的百分数来表示。例如汽车爬坡度是 30%，表示 $\tan\theta = 30/100 = 0.3$，$\theta \approx 16°42'$，即此车可通过的最大坡度是 $16°42'$，如图 1-17 所示。

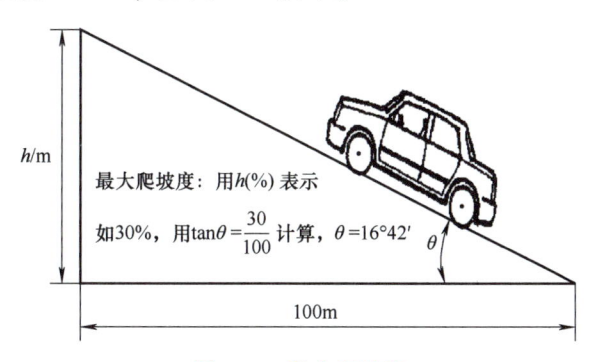

图 1-17 最大爬坡度

汽车爬坡度表示汽车爬坡的能力，如果汽车技术说明书中"汽车爬坡度"直接标注了角度，就是指此车可通过的最大坡度。根据汽车行业规定，只有百分比坡度标注方式才是符合标准的，如果仅标注数字，实际上是百分比数字。

对于经常在城市和良好公路上行驶的汽车，最大爬坡度在 10° 左右即可。对于载货汽车，有时需要在坏路上行驶，最大爬坡度应在 30% 左右。而越野汽车要在无路地带行驶，

最大爬坡度应达30°以上。

(3) **起步加速时间** 起步加速时间指汽车以1档或2档起步，并以最大加速度逐步换至最高档或次高档，且达到某一预定车速所需的时间。

(4) **超车加速时间** 超车加速时间指汽车在良好的平直路面上，风速小于3 m/s，以直接档或最高档行驶，车速从v_1升到v_2所需要的时间。

(5) **百公里油耗** 百公里油耗指汽车在道路上行驶时，每百公里的平均燃料消耗量。它是汽车耗油量的一个衡量指标，分为理论百公里油耗（90km/h等速油耗）和循环百公里油耗（包括市区、郊区和高速路几种循环的综合）。

(6) **风阻系数** 风阻系数指空气与汽车以一定的相对速度流过车身表面轮廓时所受到的阻力大小。风阻系数越小，汽车行驶中的空气阻力就越小。风阻系数是设计汽车（特别是轿车）外形轮廓及其他相关结构的重要依据。

(7) **制动距离** 制动距离指汽车在一定的初速度下，从驾驶人踩制动踏板开始，到汽车完全停住为止所驶过的距离。它包括反应的距离和制动的距离两个部分。制动距离越小，汽车的制动性能越好。

巩固练习

1. 描述汽车整车的基本参数有哪几个？
2. 汽车的质量参数代表什么含义？
3. 什么是离去角、接近角和最小离地间隙？
4. 汽车轴距的变化将导致哪些汽车参数的变化？
5. 汽车主要性能参数包括哪些？如何识读？

动手试一试

1. 动手量一量汽车的尺寸参数（长度、宽度、高度、轴距）。
2. 上网查询某品牌汽车基本配置参数，对比区分该品牌不同配置的汽车参数的异同。

任务二　认知汽车车辆识别代号（VIN）

认知汽车 VIN		学时：90min
知识点	1) 车辆识别代号的作用 2) 车辆识别代号的具体规定 3) 车辆识别代号的组成及各部分的含义	
知识目标	1) 掌握汽车识别代号的应用场合 2) 掌握汽车识别代号的组成和含义 3) 掌握汽车识别代号的具体含义	
技能目标	能在汽车上找到VIN的位置，能通过VIN说出该车的生产国别及生产的年份，通过查询能说出该车辆的基本信息	

项目一　汽车基本知识及车身结构认知

车辆识别代号（Vehicle Identification Number，VIN）是汽车制造厂为了识别一辆汽车而规定的一组字码，由英文字母和阿拉伯数字组成，共17位，又称为17位码。

VIN的每一位代号代表汽车某一方面的信息参数。从该码中可以识别出车辆的生产国家、制造公司或生产厂家、车辆的类型、品牌名称、车型系列、车身形式、发动机型号、车型年款、安全防护装置型号、检验数字、装配工厂名称代号和出厂顺序号码等信息。

车辆识别代号的作用及其重要性被越来越多的人们所认识并接受。无论是汽车整车及配件营销人员、汽车维修工、车辆保险人员、二手车的评估人员，还是车辆交通管理人员以及与汽车相关的其他人员，对于汽车规格参数和性能特征等信息的了解、认识和掌握，汽车识别代号都是必不可少的信息工具。

一、车辆识别代号的意义和功用

VIN具有全球通用性和可检索性，可最大程度地进行信息承载，它已成为全世界识别车辆唯一准确的"身份证"。经过特定的排列组合可以保证每个制造厂在30年之内生产的每辆汽车的VIN具有唯一性，不会发生重号或错认。由于车辆管理部门规定的现代汽车车辆使用周期在逐年缩短，一般6～15年就会被淘汰，因此VIN表达的出厂时间已够用。

当每辆汽车打上VIN后，其代号将伴随车辆的注册、保险、年检、维护、修理直至回收报废等阶段。在汽车营销、办理车辆牌照、处理交通事故、办理保险索赔、车辆维修与检测、查获被盗车辆和进出口贸易等方面，VIN都具有十分重要的作用。

1) 整车制造厂通过车辆的VIN结合车辆制造档案，可以明确各批次车辆及零部件的去向和车辆的生产、销售及使用状况，对进行生产管理、改进售后服务和实行汽车召回具有重大的指导意义。

2) 车辆管理部门通过对VIN的统一管理，能够实现车辆管理的规范化，保证车辆登记状况的准确性，使车辆年检和报废管理体系更加完善。交通管理部门在年检标签中打印车辆的VIN，为日后车辆管理工作提供极大的方便。

3) 各保险公司通过车辆的VIN结合车辆管理部门提供的车辆登记和使用记录，可以分析车辆的盗抢、交通事故情况，估计车辆承保的风险程度，能够有针对性地对不同车辆制订相应保险制度，为保险公司推行浮动车险费率制度提供重要的依据。

4) 维修企业通过车辆的VIN可以准确确定车辆的车型年款以及相应的配置状况，从而选择合适的仪器设备和相关车型的维修资料，正确进行故障诊断和车辆维修。另外，通过VIN查询能明确车辆的配置及其生产年限、批次，有利于汽车配件订购。

5) 在二手车市场，相关人员可以通过VIN了解车辆的生产年份、产地、车型、车身形式、发动机等配置，将这些数据与实际车辆进行对比，从而作出正确的判断。

6) 了解VIN的相关知识，广大车主能在维修、配件采购及其他相关环节做到心中有数。准备购买进口汽车的用户，通过识别车辆的VIN，能了解到车辆的产地、配置、年款、装配厂等信息，明明白白地消费。因为同一品牌的汽车，它的产地可能分布在世界各地，不同地域的车辆等级和品质差异是客观存在的。同时，利用VIN还可以鉴别出拼装车和走私车，因为拼装的进口汽车一般不按VIN规定进行组装。

有的国家规定没有17位车辆识别代号的汽车不准进口和销售。

二、相关术语

（1）车身形式　车身形式指车辆的一般结构或外形（如车门和车窗数量），运载货物的特征以及车顶形式（如厢式车身、溜背式车身、舱背式车身）的特征。

（2）发动机形式　发动机形式指动力装置的特征，如所用燃料、气缸数量、排量和静/制动功率等。

（3）种类　种类指制造商对同一型号内，在车身、底盘或驾驶室等结构上有一定共同点的车辆所给予的命名。

（4）品牌　品牌指制造厂对一类车辆或零部件所给予的名称。

（5）型号　型号指制造厂对具有相同类型、品牌、种类、系列及车身形式的车辆所给予的名称。

（6）车型年份　车型年份表明某个单独的车型的年份，只要实际周期不超过两个立法年份，可以不考虑车辆的实际生产年。

（7）制造工厂　制造工厂指标贴汽车 VIN 的工厂。

（8）系列　系列指制造厂用来表示标价、尺寸或质量等分类的名称。

（9）类型　类型指由普通特征（包括设计与目的）来区别车辆的级别。轿车、多用途载客车、载货汽车、客车、挂车、不完整车辆和摩托车是独立的形式。

注意：VIN 中不能包含英文字母的 I、O、Q 这 3 个英文字母，U、Z 这两个英文字母在 VIN 中一般也不采用。

三、车辆识别代号的组成及规定

世界各国政府及各汽车公司对本国或本公司生产的汽车 VIN 的编码都有具体的规定。各国的技术法规一般只规定车辆识别代号的基本要求，如对字母和数字的排列位置、安装位置、书写形式和尺寸都有相应的规定，并应保证 30 年内不会重号，其他不做强制性规定，而是由生产厂家自行规定其代号的含义。

1. VIN 的组成

汽车识别代号由 3 部分组成（图 1-18）：汽车识别代号的第一部分为世界制造厂识别代号（WMI）。第二部分为车辆说明部分（VDS），第三部分为车辆指示部分（VIS）。

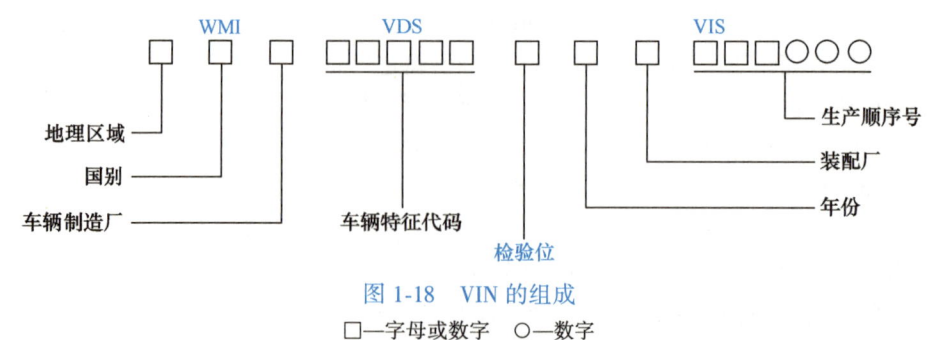

图 1-18　VIN 的组成
□—字母或数字　○—数字

（1）世界制造厂识别代号（WMI）　世界制造厂识别代号是由 3 位字母或数字组成的，它们必须经过申请、批准和备案后才能使用。根据地理区域不同，分配给各个车辆制造厂家

项目一 汽车基本知识及车身结构认知

的世界制造厂识别代码也不同。

第1位字码是标明一个地理区域的字母或数字，如非洲、亚洲、欧洲、大洋洲、北美洲和南美洲。

第2位字码是标明一个特定地区内的一个国家的字母或数字。

第3位字码是标明某个特定制造厂的字母或数字，由各国的授权机构负责分配。

注意： 当制造厂的年产量少于500辆的时候，世界制造厂识别代码的第3位字码就是9。

第1、2、3位字码的组合将保证一个国家的某个汽车制造厂识别代号的唯一性。

美国的WMI前两位区段为1A~10，4A~40，5A~50。中国的WMI前两位区段为LA~L0，它规定了所有在中国境内生产的汽车产品的WMI编号必须在该区段内。

国内常见汽车制造厂家的WMI编号如下：LSV 上汽大众、LFV 一汽大众、LDC 神龙富康、LEN 北京吉普、LHG 广州本田、LHB 北汽福田、LKD 哈飞汽车、LS5 长安汽车、LSG 上海通用、LNB 北京现代、LNP 南京菲亚特、LFP 一汽轿车。

（2）**车辆说明部分（VDS）** 车辆说明部分由6位字码组成，分别由制造厂用不同的数字或字母标明车辆形式或品牌、车辆类型、种类、系列、车身类型、发动机或底盘类型、驾驶室类型以及汽车车辆的其他特征参数。如果制造厂不用其中的一位或几位字码，则应在该位置填入制造厂选定的字母或数字占位。

该部分的最后一位（即17位代码的第9位）为制造厂检验位。检验位由0~9中的任一数字或字母X标明，与身份证号码中的校验位一样。该校验位的目的是提供校验VIN编码正确性的方式，通过它就可以核定整个VIN是否正确。它在车辆的识别过程中起着极其重要的作用。

（3）**车辆指示部分（VIS）** 车辆指示部分由8位字码组成。第1位字码（即17位代码的第10位）表示汽车生产年份，年份代码按表1-1规定使用。

表1-1 车辆VIN第10位代表的年份

代码	年份	代码	年份	代码	年份	代码	年份
M	1991	1	2001	B	2011	M	2021
N	1992	2	2002	C	2012	N	2022
P	1993	3	2003	D	2013	P	2023
R	1994	4	2004	E	2014	R	2024
S	1995	5	2005	F	2015	S	2025
T	1996	6	2006	G	2016	T	2026
V	1997	7	2007	H	2017	V	2027
W	1998	8	2008	J	2018	W	2028
X	1999	9	2009	K	2019	X	2029
Y	2000	A	2010	L	2020	Y	2030

第 2 位字码（即 17 位代号的第 11 位）用来指示汽车装配厂，若无装配厂，制造厂可规定其他的内容。

对于年产量大于或等于 500 辆的制造厂，此部分的第 3~8 位字码（即 17 位代号的第 12~17 位）表示生产顺序号。对于年产量小于 500 辆的制造厂，该部分的第 3~5 位字码与第一部分的 3 位字码共同表示一个车辆制造厂，最后 3 位字码表示生产顺序号。

2. VIN 的安装位置

VIN 在汽车上的标示位置，各国汽车生产厂家的各类车型不尽相同。我国 GB 16735—2019 规定：车辆应至少有一个车辆识别代号直接打刻在车架（无车架的车辆为车身主要承载且不能拆卸的部件）能防止锈蚀、磨损的部位上。其中：

① M_1 类车辆的车辆识别代号应打刻在发动机舱内能防止替换的车辆结构件上，或打刻在车门立柱上。受结构限制没有打刻空间时，可打刻在右侧除行李舱外的车辆其他结构件上。

② 最大设计总质量不小于 1200kg 的货车及所有牵引杆挂车，车辆识别代号应打刻在右前轮纵向中心线前端纵梁外侧。受结构限制时，可打刻在右前轮纵向中心线附近纵梁外侧。

③ 半挂车和中置轴挂车的车辆识别代号应打刻在右前支腿前端纵梁外侧（无纵梁车辆除外）。

④ 其他汽车和无纵梁挂车的车辆识别代号应打刻在车辆右侧前部的车辆结构件上，如受结构限制，也可打刻在右侧其他车辆结构件上。

打刻的车辆识别代号从上（前）方应易于观察、拓印，对于汽车和挂车，还应能够拍照。

M_1、N_1 类车辆应在靠近风窗立柱的位置标示车辆识别代号，该车辆识别代号在白天不需移动任何部件从车外即能清晰识读。VIN 在汽车上的位置如图 1-19 所示。

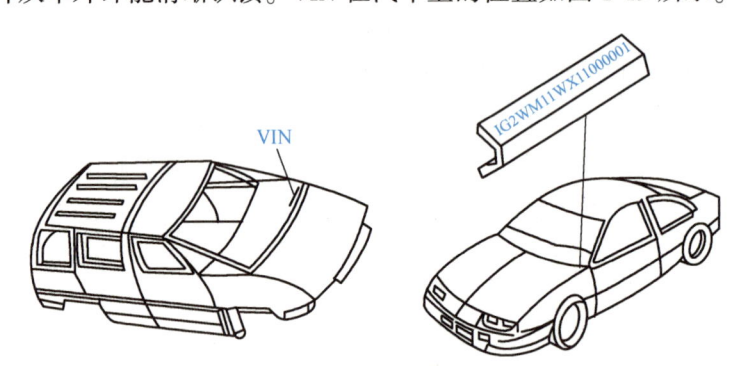

图 1-19　VIN 在汽车上的位置

注：汽车分为载客汽车和载货汽车，载客汽车是 M 类，载货汽车是 N 类。M 类车就是载客四轮车，按载客数量和车辆设计总质量可分为 M_1、M_2、M_3 三类。M_1 类车辆指车辆至少有 4 个（或 3 个）车轮，而且最大总质量超过 1t，除驾驶人座位以外，乘员的座位不超过 8 个的载客车辆。M_2 类载客车辆指至少有 4 个（或 3 个）车轮，而且最大总质量不超过 5t，除驾驶人座位以外，乘员的座位超过 8 个的载客车辆。M_3 类载客车辆指至少有 4 个（或 3 个）车轮，而且最大总质量超过 5t 的载客车辆。N_1 类载货车辆指车辆至少有 4 个（或 3 个）车轮，而且最大总质量超过 3.5t 的载货车辆。N_2 类载货车辆指最大总质量超过 3.5t、低于

项目一 汽车基本知识及车身结构认知

12t 的载货车辆。N_3 类载货车辆指最大总质量超过 12t 的载货车辆。

美国规定 VIN 应安装在汽车仪表板左侧，在车外透过风窗玻璃可以清楚地看到并便于检查，欧洲共同体规定 VIN 应安装在汽车右侧的底盘车架上或标写在厂家铭牌上。

四、VIN 举例

某一上汽大众汽车 VIN 如下。

L	S	V	H	H	1	3	3	0	2	2	2	0	4	3	2	1
1	2	3	4	5	6	7	8	9	10	11	12	13	14	15	16	17

第 1~3 位：世界制造厂识别代号。

　　LSV——上汽大众汽车有限公司。

第 4 位：车身形式代码。

　　A——四门折背式车身；B——四门直背式车身；

　　F——四门短背式车身；H——四门加长型折背式车身。

第 5 位：发动机变速器代码。

车型系列：上汽大众桑塔纳轿车、上汽大众桑塔纳旅行轿车、上汽大众桑塔纳 2000 轿车。

　　A——JV（026A）/AHM；B——JV（026A）+LPG/AHM；

　　C——JV（026A）/2P；D——IV（026A）+LPG/2P；

　　E——JV（026A）+CNG/2P；F——AFE（026N）/2P；

　　G——AYF（050B）/QJ；H——AJR（06BC）[AYJ（06BC）]/2P；

　　J——AYJ（06BC）/FNV；K——AFE（026N）+LPG/2P；

　　L——AYF（050B）+LPG/QJ；M——AYJ（06BC）+LPG/2P。

车型系列：上汽大众帕萨特（Passat）轿车。

　　A——ANQ（06BH）/DWB（FSN）；B——ANQ（06BH）/DMU（EPT）；

　　C——AWL（06BA）/EZS；D——AWL（06BA）/EMG；

　　E——BBG（087.2）/EZY；L——BGC（06BM）/EZS；

　　M——BGC（06BM）/EMG。

车型系列：上汽大众波罗（Polo）轿车。

　　A——BBC（036P）/GET（FCU）；

　　B——BBC（036P）/GCU（ESK）；

　　C——BCD（06A6）/GEV（FXP）。

车型系列：上汽大众高尔（GOL）轿车。

　　A——BHJ（050.C）/OPJ。

第 6 位：乘员保护系统代码。

　　0——安全带

　　1——安全气囊（驾驶人）；

　　2——安全气囊（驾驶人和前排乘员、前排座椅侧面）；

3——安全气囊（驾驶人和前排乘员、前排座椅、后排座椅侧面）；

4——安全气囊（驾驶人和前排乘员）；

5——安全气囊（驾驶人和前排乘员、前排座椅、后排座椅侧面、头部）；

6——安全气囊（驾驶人和前排乘员、前排座椅侧面、头部）。

第7位和第8位：车辆等级代码。

33——上海桑塔纳轿车、上海桑塔纳旅行轿车、上海桑塔纳2000轿车；

9F——上海帕萨特轿车；

9J——上海波罗轿车；

5X——上海高尔轿车。

第9位：工厂检验代码。

第10位：生产年份代码。

2——生产年份为2002年。

第11位：生产装配工厂。

2——上海大众汽车有限公司。

第12~17位：工厂生产顺序号代码。

注意：上汽大众汽车的VIN含义是按车辆生产年份分别定义的，以上仅适用于2001~2003年产的车辆。

巩固练习

1. 汽车VIN的具体位置在哪里？
2. 汽车VIN具体应用在哪些场合？
3. WMI的具体含义是什么？一汽大众的WMI是什么？
4. 为什么汽车VIN可以识别某车辆而不会重复？

动手试一试

1. 分别查找各种类型汽车的VIN位置。
2. 借助网络查询汽车配置，分组讨论汽车VIN的具体含义。

任务三　认知汽车车身结构

	认知汽车车身结构	学时：270min
知识点	1）承载式车身、半承载式车身与非承载式车身的概念 2）承载式车身与非承载式车身的区别 3）FF车身的结构特点及发动机的连接方式 4）FR车身的结构特点及发动机的连接方式	
知识目标	1）掌握汽车分类方式及具体的分类 2）掌握承载式车身与非承载式车身的异同 3）掌握FF形式车身的结构及发动机的连接方式 4）掌握FR形式车身的结构及发动机的连接方式	

项目一　汽车基本知识及车身结构认知

(续)

认知汽车车身结构		学时：270min
技能目标	1）能分别说出车身上零部件的名称 2）能区分汽车车身与发动机的不同连接形式 3）能正确区分承载式车身与非承载式车身	

汽车车身不仅是驾驶人的工作场所，也是容纳乘员的场所，应对驾驶人和乘员提供便利的工作条件和舒适的乘坐条件，保护他们免受汽车行驶时的振动、噪声、废气的侵袭以及外界恶劣气候的影响，并保证完好无损地运载行李货物且装卸方便。

车身应保证汽车具有合理的外部形状，在汽车行驶时能有效地引导周围的气流，以减少空气阻力和燃料消耗。车身的造型有厢形、鱼形、船形、流线形及楔形等几种，结构形式分为单厢、两厢和三厢等类型。此外，车身还应有助于提高汽车行驶稳定性和改善发动机的冷却条件，并保证车身内部良好的通风。

车身是汽车质量和价格的主要体现，除了实现交通工具的基本使用功能外，现代汽车车身造型、配置、色彩等还应满足人们对物质和精神的完美追求。

一、车身的组成

车身是汽车最大的部件，它决定汽车的基本形状、大小和用途。

汽车车身主要包括车身壳体、车门、车窗、前、后钣金件、车身附件、车身内、外装饰件、座椅以及通风、暖气、冷却、空调装置等。载货汽车和专用汽车还包括货箱和其他专用设备。

车身壳体是所有车身零部件的安装基础。它是由纵梁、横梁、立柱、骨架、加强件等承力部件和外形金属或非金属蒙皮组成的结构合理、使用可靠、美观的空间结构。

前、后钣金件包括发动机舱构件、散热器框架、前翼子板、后翼子板、行李舱和挡泥板等。这些钣金件形成了发动机舱和前、后轮转动空间。

另外，车身还安装有一些附件，如门锁、后视镜、玻璃升降器、各种密封件等。

二、轿车车身分类

1. 按使用目的分类

（1）轿车（图1-20）　轿车有前、后两排座椅，主要由发动机舱、乘员舱、行李舱组成，由于车身前、后柱倾斜度比较大，所以能够提供较大的头部空间以及宽敞的室内空间。依照车门数不同，轿车可以分为两门和四门两种形式。

（2）轿跑车（图1-21）　轿跑车顾名思义是轿车加跑车。轿跑车有两种形式，一种是在轿车基础上增添跑车元素，如丰田锐志、马自达6轿跑车；另一种实质上就是一辆跑车，但加上轿车的实用性元素，如四门跑车RX-8等。轿跑车一方面强调要善于奔跑、具有运动性，另一方面不能丢弃轿车载人、实用的功能。

在车型设计方面，轿跑车少了尾厢部分，可以更加自由地增加尾翼，改变尾门倾角，还可以通过放倒后排座椅来达到扩容行李空间的效果，实用性丝毫不比三厢车型差。通常，大部分轿跑车为两门形式。

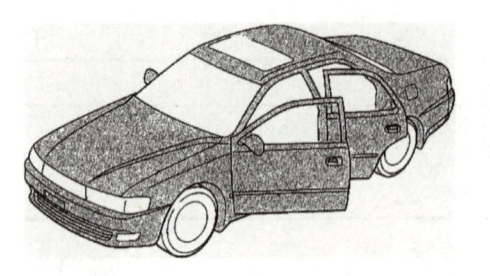

图 1-20　轿车 　　　　　　　　　　　　　图 1-21　轿跑车

（3）**硬顶式轿车**（图 1-22）　硬顶式轿车多用于运动型轿车，车顶材料常采用金属或塑料。车顶由前柱和后柱两根支柱支撑，侧窗前后连成一体，车身侧面通透感强，显得车身轻巧、明快、活泼，车身中立柱未连接到车顶，车门没有窗框，密封性能要求高，车身结构刚度不如具有中柱的普通轿车，安全性较差。其室内空间比四门轿车略小。

（4）**掀背式汽车**（图 1-23）　掀背式汽车的尾门倾斜度大，可以掀起，而且乘员舱和行李舱空间连接在一起。根据尾门倾斜度的大小不同，掀背式汽车可以分为仓背式和斜背式；根据车门数量不同，可分为跑车型的三门掀背式和实用型的五门掀背式。

图 1-22　硬顶式轿车 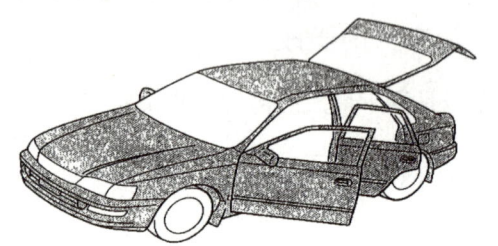　　　　　　　　　图 1-23　掀背式汽车

（5）**厢式车**（图 1-24）**和旅行车**　上述车型的车顶钢板仅延伸至后座，而厢式车和旅行车车顶钢板延伸至车辆的尾端，它属于多用途汽车（MPV）。这种车型加大了行李舱空间，增加尾门以供装载货物。旅行车强调乘坐的空间，而厢式车则重视货物装载的空间。

2. 按车身空间的布局分类

（1）**三厢车**（图 1-25）　常见的轿车一般是三厢车，它的车身结构由 3 个相互封闭、用途各异的"厢"组成，即前部的发动机舱、车身中部的乘员舱和后部的行李舱。常见的三厢车很多，如桑塔纳、捷达、奥迪 A6 等前面有"鼻子"（发动机舱）、后面有"屁股"（行李舱）的轿车都是三厢车。

图 1-24　厢式车 　　　　　　　　　　　图 1-25　三厢车

项目一　汽车基本知识及车身结构认知

当汽车发生正面碰撞时，发动机舱构架会折曲变形，以吸收碰撞产生的巨大能量，减少碰撞对车内、外人员的猛烈冲击，起到保护车内乘员的作用。车身中部的乘员舱设计坚固，刚性大，遇到碰撞和翻滚的冲击时车厢变形小，可减小乘员因车厢变形挤压致伤的危险，并有利于事故后乘员打开车门逃生。行李舱不仅用于行李的放置，还可降低后车追尾导致伤害乘员的可能性。

三厢车中间高两头低，从侧面看前后对称，造型美观大方。三厢车的缺点是车身尺寸长，在交通拥挤的大城市里行驶及停泊都不是很方便。

(2) 两厢车（图1-26）　两厢车采用的是一种将乘员舱和行李舱做成同一个厢体而发动机舱独立的布置形式。这种布局形式能增加车内空间，因此多用于小型车和紧凑型汽车。

两厢车前部的发动机舱与三厢车没有区别，而乘员舱近似等高度向后延伸，把行李舱和乘员舱合为一体，使其成为具有发动机舱和乘员舱的两厢车。随着城市实际用车状况变化，这种尺寸短小、使用灵活的汽车越来越受欢迎。

图1-26　两厢车

(3) 两厢半轿车（图1-27）　两厢半车型结构介于两厢轿车和三厢轿车之间，具有车身较短、造型美观、后备空间充足的优势。其后门的开度极大，方便向车内放置一些大的物品，后座可以折叠。但是它与两厢车不同，因为它的后部外形上有一个看似有独立行李舱的阶梯背，所以称为"两厢半"。

(4) 一厢车（图1-28）　这种车型把汽车的所有舱都合在了一起，故称为一厢车，车型有昌河、五菱等。

图1-27　两厢半轿车　　　　　　　图1-28　一厢车

3. 按车身的承载方式分类

按车身的承载方式不同，汽车车身可以分为承载式车身、非承载式车身和半承载式车身3种结构形式。

(1) 承载式车身（图1-29）　采用承载式车身的车辆，发动机和底盘各总成直接安装在车身底架上，全部载荷由车身来承受。汽车没有完整的车架，只是根据强度和乘员安全的需要对车头、侧围、车尾、底板等部位进行加强，构成局部框架结构，承受集中载荷。车身和框架结构件共同组成了车身本体的刚性空间结构。

承载式车身除了固有的承载功能外，还要直接承受各种负荷。这种形式的车身具有较大的抗弯强度和抗扭刚度，质量小，高度低，汽车质心低，装配简单，高速行驶稳定性较好。但由于道路负载会通过悬架装置直接传给车身本体，因此噪声和振动较大。普通轿车、小型

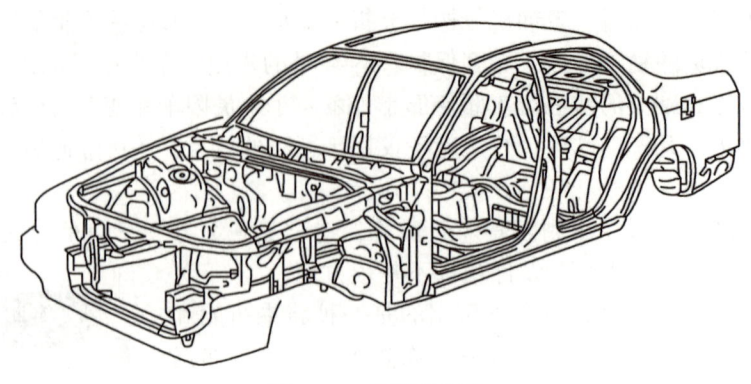

图 1-29　承载式车身

客车多采用这种结构。

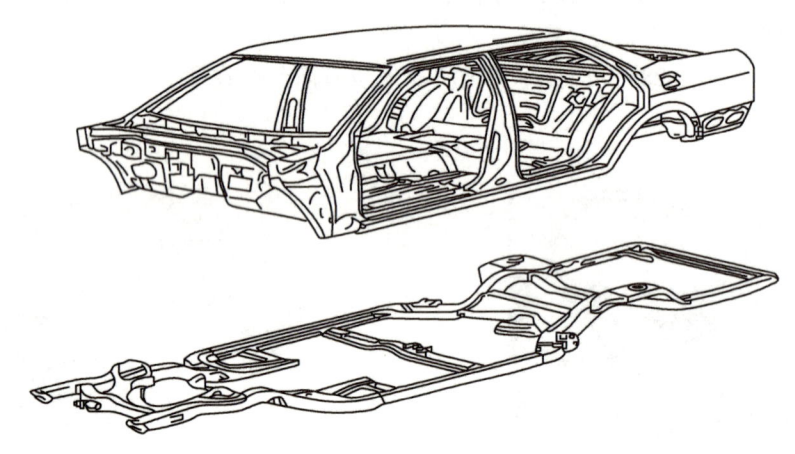

(2) **非承载式车身**（图 1-30）　非承载式车身的汽车具有完整的车架（俗称大梁）。车身本体悬置于车架上，用弹性元件连接。车架的振动通过弹性元件传到车身上，大部分振动被减弱或消除，发生碰撞时车架吸收大部分冲击能量，对车身起到保护作用，因此车厢变形小，平稳性和安全性好，而且厢内噪声小。但这种非承载式车身比较笨重，质量大，汽车质心高，高速行驶稳定性较差。

图 1-30　非承载式车身

(3) **半承载式车身**　介于非承载式车身和承载式车身之间的车身结构称为半承载式车身。半承载式车身具有完整车架，其本体与底架焊接或用螺栓刚性联接，车架和车身共同参与承载。半承载式车身能合理地设计车身和车架的强度和刚度，减轻车身的重量，多用于轿车、微型旅行车、轻型旅行车、中巴车、大客车。

非承载式车身和承载式车身都有优缺点，可根据需要使用在不同用途的汽车上。非承载式车身一般用在货车、客车和越野汽车上，承载式车身一般用在轿车上，现在一些客车也采用这种形式。

非承载式车身的车架是支撑车身的基础构件，一般称为底盘大梁架。发动机、变速器、转向器及车身部分都固定在底盘大梁架上。它除了承受静载荷外，还要承受汽车行驶时产生的动载荷，因此车架必须要有足够的强度和刚度，以保证汽车在正常使用时受到各种应力而不会被破坏，也不会产生塑性变形。

车架有边梁式、钢管式等形式，其中边梁式是采用最广泛的一种车架形式。

边梁式车架由两根长纵梁及若干根短横梁铆接或焊接成形，纵梁主要承受弯曲载荷，一般采用具有较大抗弯强度的槽形钢梁。也有的采用钢管，但多用于轻型车架上。一般纵梁中部受力最大，因此设计者一般将纵梁中部的截面高度加大，两端的截面高度逐渐减少，这样可使应力分布均匀，同时也减轻了重量。

横梁有槽形、管形或口形等承载型材，以保证车架的抗扭刚度和抗弯强度。横梁还用于安装发动机、变速器、车身和燃油箱等。为适应不同的车型，横梁布置有多种形式，如为了提高车架的抗扭刚度采用 X 形布置的横梁。边梁式结构简单，工艺要求低，制造容易，使用广泛。但由于粗壮的大梁纵贯全车，影响整车布置和空间利用率，大梁的横截面高度使车厢离地距离加大，乘员上下车不方便，另外，质量大使整车行驶经济性变差。

大多数高级轿车和要求很高的客车采用非承载式车身结构，如越野汽车上普遍使用，因为越野汽车要求有很强的通过性，行驶在崎岖路面时要有一定的离地间隙，非常颠簸的道路会令车体大幅扭动，只有带刚性车架的车身结构才能抵御这种冲击力。

4. 按发动机、底盘的布置形式分类

（1）FF 车型（图 1-31） 前置发动机，前轮驱动，即所谓"前置前驱"（Front Engine, Front Drive, FF）。发动机安装在汽车前部，变速器紧贴发动机，动力由前轮送到地面。前轮兼负动力传送和转向的功能。由于车身的质量主要分布在汽车前部，转向操控性没有 FR 车型好，但结构简单，省去通往后轮的传动轴，车厢有更大的空间，车身比较轻。所以，FF 车型成为今天轿车的主流，更被越来越多的大型汽车采用。

（2）FR 车型（图 1-32） 前置发动机，后轮驱动，即所谓"前置后驱"（Front Engine, Rear Drive, FR）。发动机安装在汽车前部，通过一条传动轴将动力传到尾部车轮，再经尾部车轮将动力传到地面。车的前轮只做转向用。其优点是结构简单可靠，操控敏捷；缺点是传动轴占据车厢空间，增加了额外质量。由于 FR 车型在操控上和加速上具备无比的优势，是不少跑车和高档轿车使用的驱动布局方式，而一般的家用汽车是不需采用这种布局的。

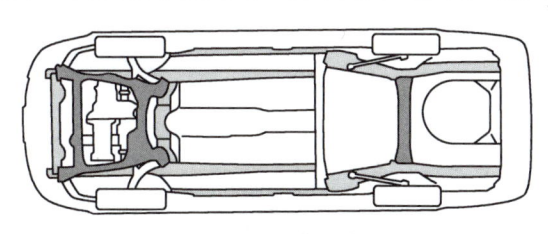

图 1-31 FF 车型布置　　　　图 1-32 FR 车型布置

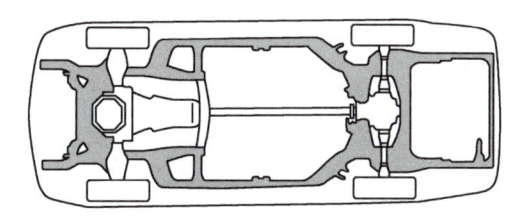

（3）MR 车型　MR 车型的发动机中置、后轮驱动，这种布置形式的车型优点是轴荷分配均匀，具有很中性的操控特性；缺点是发动机占用了座舱的空间，降低了空间利用率和实用性，因此 MR 车型大都用在追求操控表现的跑车上。

三、典型车身结构

目前的轿车采用的结构基本都为整体式车身，其最大的特点是将车身骨架和车身及蒙皮焊接成一体，成为整体式的车身结构，使车身外形、车身结构、车身强度有机地结合起来，让蒙

皮既起到成形的外观作用，又充分参与承载，能有效地减轻车身重量。车身设计充分考虑强度和可靠性，实行等强度设计，尽可能提高使用期限，车架和车身骨架用以支撑发动机、底盘和车身的集中载荷。

1. FF 形式的车身结构

(1) FF 车辆的特点　FF 车辆的前车身必须承载发动机、传动桥、前悬架系统、转向系统，车身为了承受这些负荷，必须采取某些额外的措施，如为了达到足够的强度和刚度，必须增大接合面积或者采用加强梁。

FF 车辆有以下几个特点：

1) 由于不需后轮驱动组件，变速器和差速器结合在一起，故全车的重量可以减轻。

2) FF 车辆的前轴质量大于 FR 车辆，前轮既是驱动轮，也是转向轮，前悬架和轮胎的负荷较高，前轮容易磨损。

3) 由于不需后轮驱动组件，有较宽的腿部活动空间。

4) 因为燃油箱可放置在车辆的中央部位下方，行李舱能有较宽敞的空间。

5) 对于来自前方的撞击，发动机部分（包括传动桥）的惯性大于 FR 车辆，因此比较容易受损。

6) 发动机的固定方式依车辆的大小不同而有所不同。紧凑型车辆用车身车架来承受发动机的质量，中型车用车架和活动支撑梁或副梁（如中间梁和前纵梁）承受发动机的质量，大型车则用大梁或车架来承受发动机的质量。

(2) FF 车辆发动机支撑方式

1) 副梁式（图 1-33）。副梁不和车身焊接成一体，用螺栓固定的方式安装在车身上。因为将发动机悬架系统、传动桥、转向系统固定在副梁上，所以上述机构所产生的振动不会直接传递到车身。这种方式的静肃性优于其他固定方式。目前，副梁式大都应用在大型车辆上。

2) 中间纵梁式（图 1-34）。中间纵梁式指中间纵梁安装于发动机中央的下方，与发动机成直角，用来固定发动机前、后方向的支座，而左、右方向则通过前侧梁来固定。

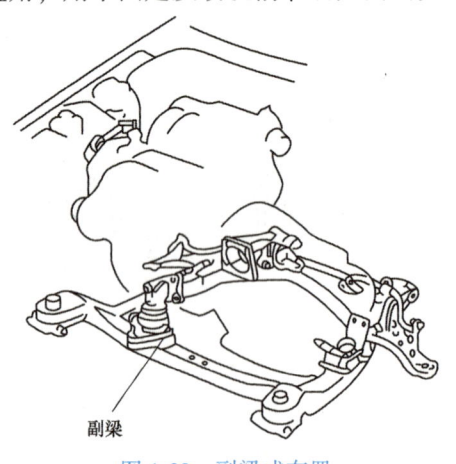

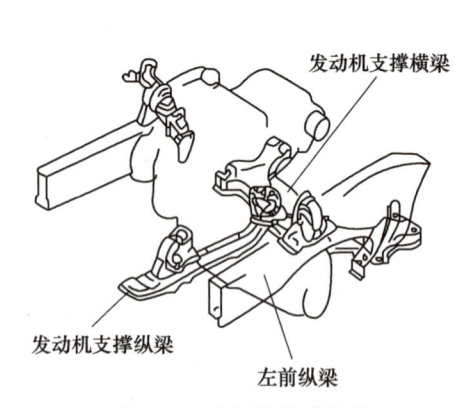

图 1-33　副梁式布置　　　　图 1-34　中间纵梁式布置

目前，中型车主要采用中间纵梁式的发动机支撑方式。

3) 直接固定式（图 1-35）。直接固定式将发动机直接固定于加强梁上，例如，前横梁、后横梁、左（右）前纵梁。目前小型车都采用此种方式。

项目一　汽车基本知识及车身结构认知

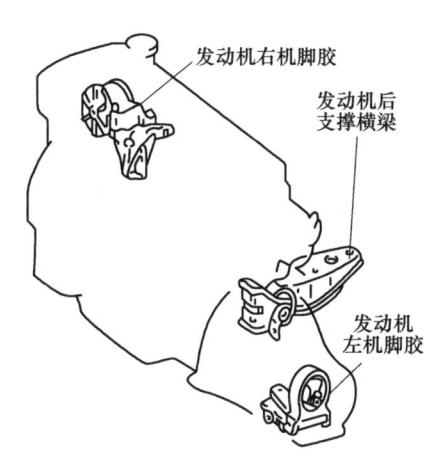

图1-35　直接固定式布置

(3) 前车身板件结构

1) **副梁式**（图1-36）。前车身由发动机舱盖、前翼子板（由螺栓固定）以及散热器上横梁、右前照灯支架、散热器下横梁、左前纵梁、右前翼子板支撑纵梁、前围板、前风窗下沿隔板总成（全部由点焊焊接固定）组成。

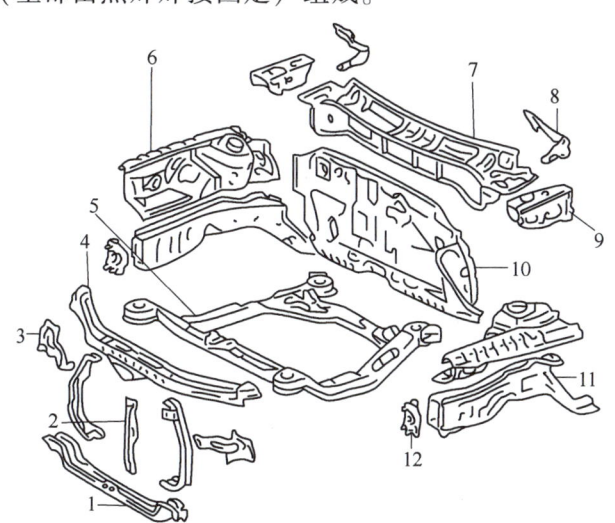

图1-36　副梁式车身前部板件

1—散热器下横梁　2—前盖锁支架　3—右前照灯支架　4—散热器上横梁
5—副梁　6—右前翼子板支撑纵梁　7—前风窗下沿隔板总成
8—前盖左铰链　9—前围板左侧上连接板　10—前围板
11—左前纵梁　12—前横梁左连接座

前横梁和前侧梁采用加大横断面积和加强件来增加刚度。

FF车辆前悬架大都采用支柱式独立悬架系统，这些组件直接固定于车身上，因此车身尺寸是否准确对前轮定位有很大影响。

副梁由螺栓固定于前侧梁上，除了支撑发动机、传动桥、转向机齿轮箱的质量外，副梁形成的井字形结构可提高前车身的刚性。

2）**中间梁式**（图1-37）**和直接固定式**。发动机固定方式采用中间梁式和直接固定式的车辆，通过使用加强梁（转向机齿轮箱支撑梁）来支撑发动机和转向机齿轮箱。

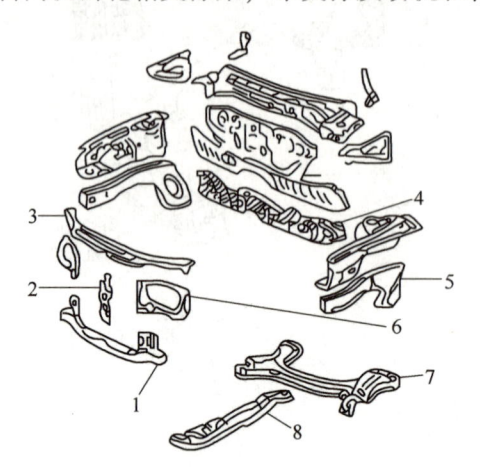

图1-37 中间梁式车身前部板件

1—散热器下横梁 2—前盖锁支架 3—散热器上横梁 4—转向器支撑横梁
5—前侧梁 6—右前照灯支架 7—悬架下摆臂支撑横梁
8—发动机支撑纵梁

虽然中间梁式与直接固定式的车身结构并没有明显的差别，但是支撑悬架系统的方法是不同的。使用中间梁式的车辆，加装悬架横梁以连接左、右两侧前侧梁，悬架横梁的设计可以增加支撑悬架系统的刚性，提高整车的刚性以及减少噪声和振动。

直接固定式结构利用车身来承载悬架负荷。转向机齿轮箱支撑梁连接左、右两侧车门槛板内板，是连接前车身的各种加强梁之一。

(4) 下车身结构

1）前下车身（图1-38）。前侧下车身由前纵梁、散热器下横梁、散热器上横梁、转向器支撑横梁（有的车型没有）等加强梁构成，以确保足够的强度和刚性。

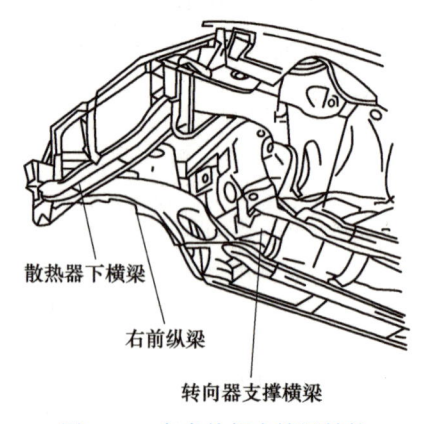

图1-38 车身前部支撑梁结构

前纵梁与车底板加强纵梁及车门下沿纵梁相连接，以便于受到撞击时能将撞击力分散至车身的各个部位。由于没有转向机齿轮箱支撑梁，故前侧梁直接焊接于前围板、车门下沿纵

梁和底板纵梁上。

因前纵梁和转向器支撑横梁连接在一起,而转向机齿轮箱支撑梁和左、右车门下沿纵梁连接在一起,所以前侧梁和车门槛板也能有效地连接。

2)乘员舱底板焊合总成(图1-39)。中央下车身由车门下沿纵梁、乘员舱底板加强纵梁、前排座椅支撑横梁、乘员舱底板组成。车门下沿纵梁使用高强度钢板,位于乘员舱两侧下端,又称为车门槛板总成(由内衬板和外板组成)。车底板下加强纵梁和车底板横梁使用加强件来增强车底板强度、支撑乘员舱的强度和增强车身的横向刚度。

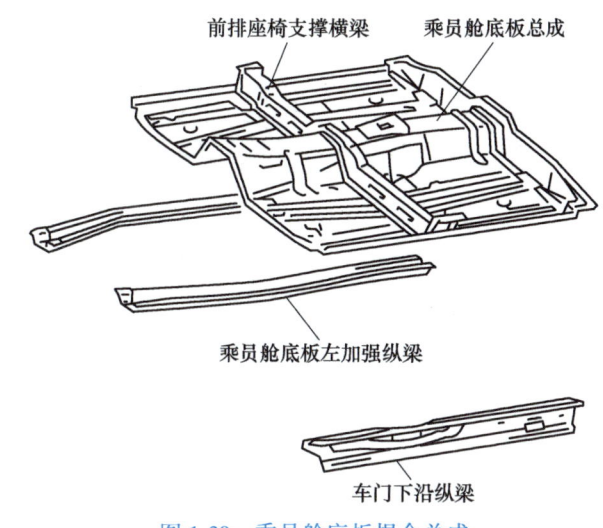

图1-39 乘员舱底板焊合总成

3)轿车底板中央通道的比较(图1-40)。FF车辆和FR车辆的乘员舱底板中央通道最大差别在于车底板拱起的高度。乘员舱底板的中央通道有利于提高车身及底板的承载能力,可用来提供消声器、管路和驾驶操纵部件的安装空间。FF车辆因为没有后轮驱动组件,所以所需的车底板拱起的空间没有FR车辆大,能够提供较大的腿部活动空间。

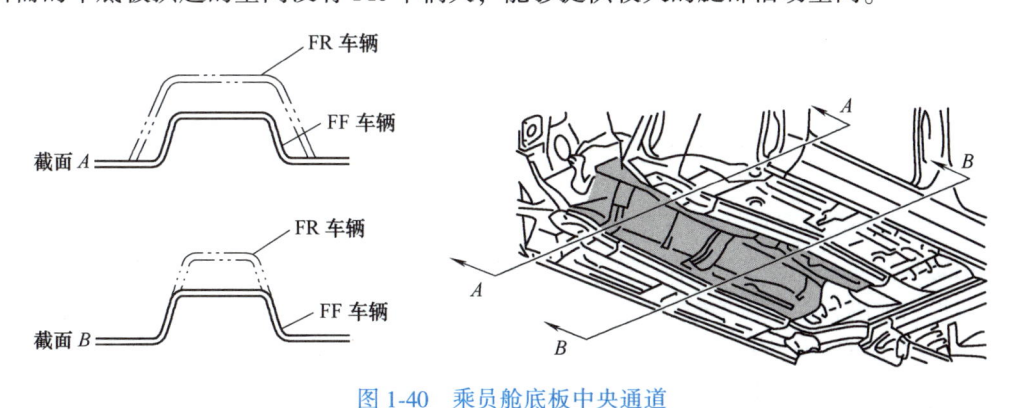

图1-40 乘员舱底板中央通道

4)后部车身底板(图1-41)。后部车身由后纵梁、后行李舱底板、行李舱底板加强横梁等组成。

因为FF车辆将燃油箱置于后排座椅的下方,所以可以降低后车底板,从而提供既宽敞

又深的行李舱空间。

因为燃油箱放置于后座下方，当发生后方撞击事故时，大部分的撞击力由行李舱空间吸收，因此后车底板侧梁的后段和后车底板侧梁是分开的，以方便车身维修时进行更换作业。

燃油箱固定于后底板下侧（悬浮式），后底板纵梁后半部具有强韧而不易弯曲的特性，但在弯角度区域（向上弯曲）设计成较容易折损的结构，当发生后方碰撞时可保护燃油箱，如图 1-42 所示。

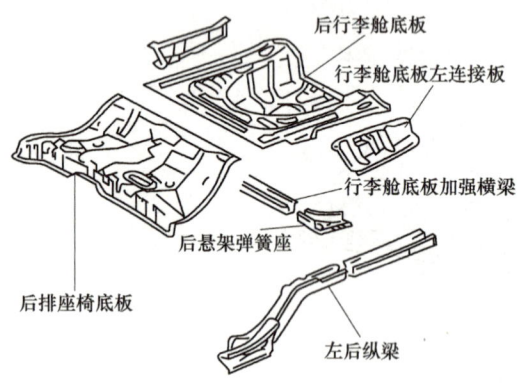

图 1-41　后部车身底板

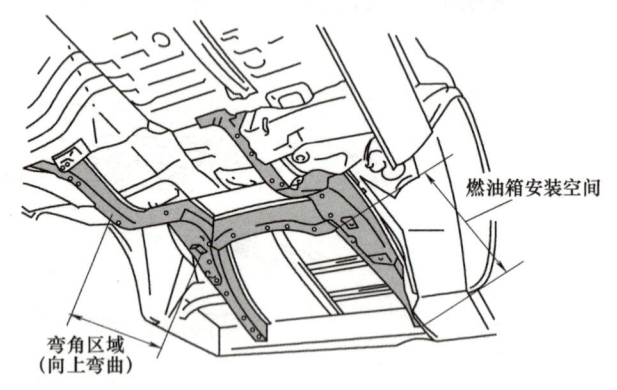

图 1-42　后部车架碰撞安全结构设计

2. FR 形式的车身结构

(1) **FR 车辆的特点**　由于 FR 车辆有传动轴，后方安装差速器，车底板中心拱起的高度需要较大的空间，因此乘坐空间便相应减小，所以一般 FR 车辆都是大型车辆。

FR 车辆有下列几个特点：

1）因为发动机、变速器、差速器分开安装，质量平均地分配在前、后轮上，所以和 FF 车辆相比，FR 车辆的转向盘操纵力较轻，作用到前悬架系统、前轮的负荷比较小。

2）发动机纵向放置，由悬架横梁或安装于前侧梁上的副梁来支撑，置于前车身的中央位置。

3）由于 FR 车辆需加大车底板拱起空间来传递驱动力至后轮，因此需要减小乘坐空间。

4）若燃油箱安装于后车底板下方，则行李舱可做得比较长，但较浅。若燃油箱安装于后排座椅后方，则行李舱可做得较深，但较短。FR 车辆的行李舱空间比 FF 车辆的行李舱空间小。

(2) **FR 车辆的前车身结构**（图 1-43）　前车身由发动机舱盖、前翼子板、前悬架支撑横梁（由螺栓固定）以及散热器上横梁、前侧梁、散热器下横梁、左悬架支撑板、发动机舱左侧挡板、前围板、前风窗玻璃（下沿隔板由点焊焊接固定）等组成。

前侧梁等支撑件通过有效分配加强板位置提高其刚性。另外，前悬架支撑横梁使用螺栓固定于前侧梁上，同样能提高前车身的刚性。

(3) **FR 车辆的前底板结构**（图 1-44）　前部车身底板由纵梁和横梁构成有效的框架结构，以确保前部车身具有足够的强度与刚度，用来承受车身载荷、集中载荷和路面冲击载荷。前纵梁有一部分经由车底板支撑横梁、车门下沿纵梁和车底板中梁等连接增强承载能力。

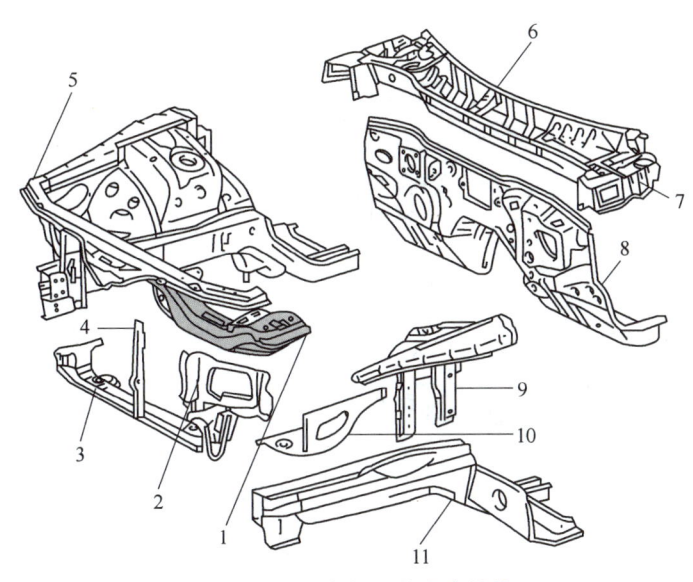

图 1-43　FR 车辆的前车身结构

1—前悬架支撑横梁　2—左前照灯支架　3—散热器下横梁　4—发动机舱盖锁支架　5—散热器上横梁　6—前风窗下沿隔板总成　7—前罩板上隔板　8—前围板　9—左悬架支撑板　10—发动机舱左侧挡板　11—左前纵梁

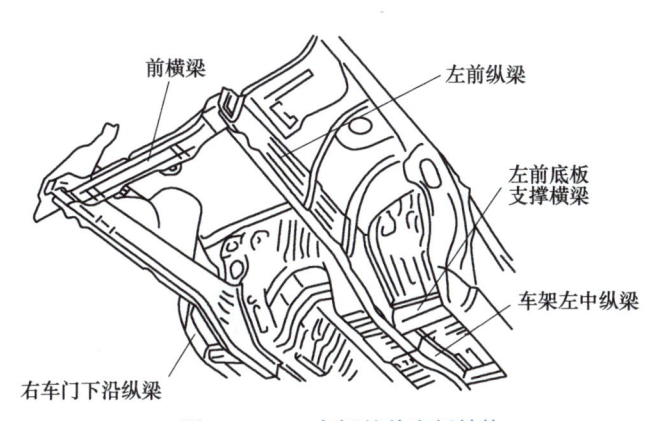

图 1-44　FR 车辆的前底板结构

为了达到高刚性、安全性，减轻重量的目的，部分车型的车身已采用新的钢板结构。有些车型的前横梁已由坚固的厢形断面式变为较轻的 U 形断面形式，并且前端由保险杠加强梁提高刚性。此外，前侧梁的支撑梁已经从车底板横梁变成扭力箱，增加了接触面积，大大提高了钢板的刚性，并能有效地分散撞击时的撞击力。

3. FF 车辆和 FR 车辆的侧车身

侧车身、前车身和车顶钢板相结合形成乘坐空间，行驶中钢板承载来自下车身的负荷并传递到车辆上部，防止左、右两侧弯曲。此外，侧车身提供了车门支撑，保证车辆翻覆时乘坐空间的完整性。因此，为增加其刚性，将外板、加强板和内衬板组合而成一个多层厢形结构（图 1-45）。

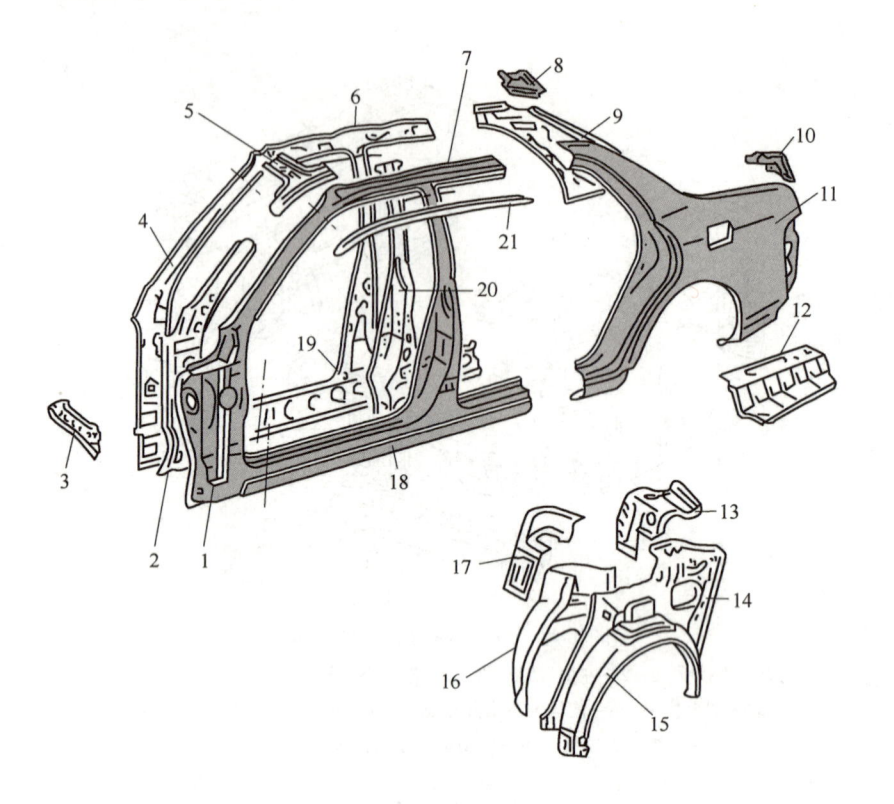

注：图上的虚线(—·—)表示更换零件的切割位置和接合位置

右图所示为过去由数片钢板焊接而成的侧车身。现在侧车身已如上图所示做成整体式，并提高了下表所示的多项性能。不过，维修过程若需更换钢板，会有多处需要实施对头焊接，会降低作业速度。

	刚性	外观	轻量比	防腐	车身精确性
新	○	○	○	○	○
旧	△	×	×	△	△

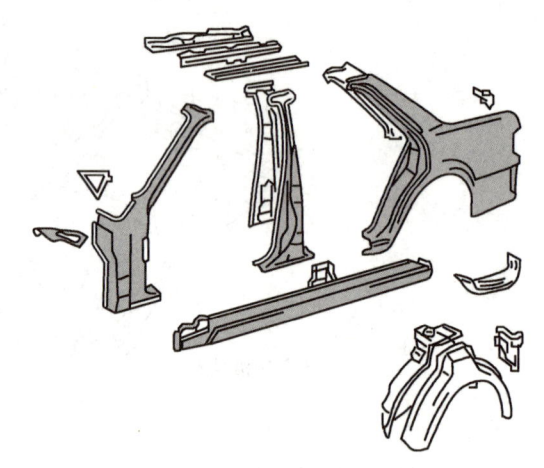

○：优；△：良；×：差。

旧式钢板的结构

图1-45 车身左侧围板件

1—左前立柱 2—左前立柱内加强板 3—左前立柱下加强板 4—左前立柱内衬板 5—前柱上加强梁 6—车顶左纵梁内衬板 7—车顶左纵梁 8—翼子板延伸板内板 9—后风窗左侧内衬板 10—行李舱开口部位钢板 11—左后翼子板 12—行李舱底板左连接板 13—左后轮罩后连接板 14—行李舱左侧内挡板 15—左后外轮罩 16—左后内轮罩 17—后轮罩前连接板 18—左车门框下纵梁 19—左中立柱内衬板 20—右中立柱内加强板 21—车顶流水槽

一般轿车车身有3个立柱，从前往后依次为前立柱（A柱）、中立柱（B柱）和后立柱（C柱）。

项目一 汽车基本知识及车身结构认知

A柱指风窗玻璃和左前车门之间的立柱。若A柱设置得不好，会影响驾驶人的视野，如果从驾驶人的舒适角度出发，A柱越薄越好，但必须保证A柱的高刚度，以减小风险，所以A柱不是越小越好。

B柱在乘员舱的前座和后座之间，即前、后门之间的纵向杠子，从车顶延伸到车底部，从内侧看，安全带就在B柱上。

C柱在后座头枕的两侧。

A柱、B柱与C柱都是支撑车辆结构强度的主要部分。

4. 发动机舱盖

发动机舱盖（图1-46）由外板、内板和加强梁组成，在内板和外板的四周用折边工艺来取代焊接方法。为了确保发动机舱盖铰链和发动机舱盖锁支架的刚度和强度，将加强梁点焊于内板上。另外，在内板和外板的某些间隙中涂抹密封胶，以确保外板具有足够的张力。

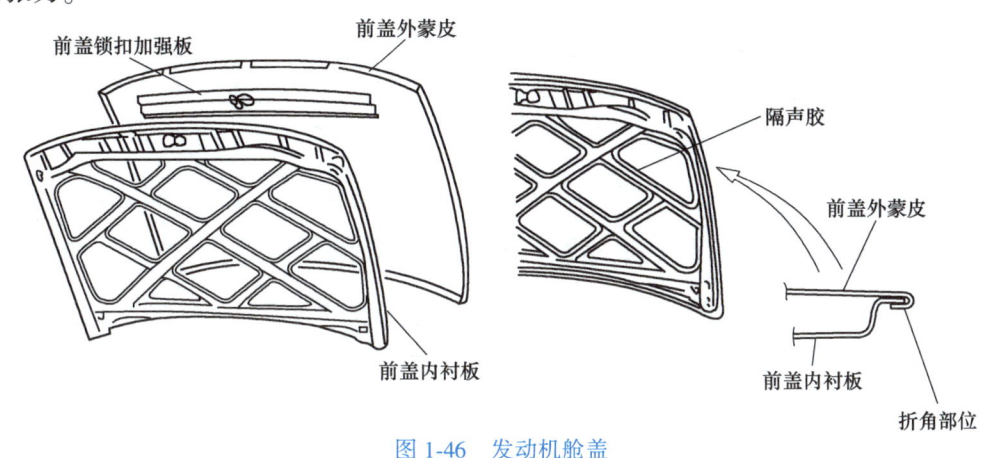

图1-46 发动机舱盖

5. 车门

车门（图1-47）包括外蒙皮、内衬板、加强梁、车门保护杠和门框等。其中，内衬板、加强梁和车门保护杠焊接在一起，而内衬板和外蒙皮通常以折边连接。另外，车门窗框通常由点焊和铜焊接合，车门形式大致分成组合外形窗框车门、外形整体成形车门和无窗框车门3种。

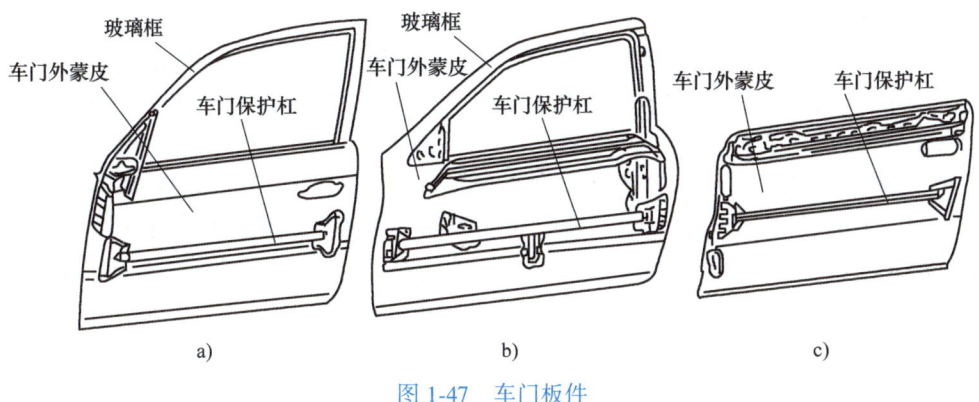

图1-47 车门板件
a) 组合外形窗框车门　b) 外形整体成形窗框车门　c) 无窗框车门

6. 行李舱盖

行李舱盖的构造类似于发动机舱盖，包括外板、内板和加强梁，在内板和外板的四周施加折边，加强梁和支座由点焊焊接于行李舱盖铰链和支座区域。

除此之外，内板和外板的某些间隙中涂有密封胶，以确保外板有足够的张力。

巩固练习

1. 汽车车身由哪些部分组成？
2. 承载式车身有什么特点？主要应用在哪些场合？
3. FF 车辆发动机支撑方式有哪几种？各有什么特点？
4. FF 车辆和 FR 车辆各有哪些特征？主要适用于什么车辆？

动手试一试

1. 找一辆 FF 车辆，分组认识汽车车身的结构，并确认其发动机安装形式及底盘结构。
2. 找一辆 FR 车辆，分组认识汽车车身的结构，确认其发动机安装结构，并观察车身底板的结构形式。

素养课堂

碰撞测试是检验汽车安全性能的试金石

汽车的安全性能是衡量一款车好坏的重要指标，也是消费者选择这款车的重要原因。在国内汽车市场，汽车安全性测试较权威的就是中保研汽车技术研究院有限公司的评测结果。

中保研汽车技术研究院有限公司（简称中保研）是由中国保险行业协会于 2015 年 3 月牵头发起，人保财险、平安财险、太保财险、国寿财险、中华联合、大地财险、阳光财险、太平财险 8 家财产保险公司与精友世纪公司共同出资，入股改制原"北京中保研汽车技术研究院"而来，是国际机构 RCAR 组织在中国唯一的正式成员机构。

中保研作为保险行业发起的汽车技术研究平台，致力于通过对汽车安全性能、可维修性能、维修配件及工时标准等的前瞻性研究以及行业车型标准数据库、维修方法及工时标准、同质配件认证研究等的行业研究，积极推动汽车产业链的变革和发展，积极参与汽车后市场体系的建设，为汽车后市场服务能力的提升、车险行业的自我完善、汽车行业的技术进步助力，最终使全链条提质增效，使消费者受益，进一步促进汽车消费市场的健康发展。

2022 年 4 月 11 日，中国保险汽车安全指数中心发布了基于最新版中国保险汽车安全指数规程下的评测结果。大家期待已久的中保研碰撞测试成绩榜单更新，已经累计汽车上榜 85 款，其中合资车上榜 56 款，国产车上榜 29 款。中保研碰撞测试包括正面 25%偏置碰撞、侧面碰撞、车顶强度、座椅/头枕、车辆辅助安全、车外行人安全 6 项测试，国产品牌汽车表现不俗。

项目二

汽车总装基本技能训练

项目导引

小王入职某汽车制造公司总装车间,入职培训时需要了解汽车制造过程的基本操作和基本工具的使用。请分别从汽车装调基本要求、基本工具的使用和汽车装配对象等方面给小王做一个基本的职前培训。汽车总装车间生产制造如图2-1所示。

图2-1 汽车总装车间生产制造

任务一 认知汽车拆装和调整的基本要求

认知汽车拆装和调整的基本要求		学时:45min
知识点	1)汽车拆装与调整需具备的技能 2)汽车拆卸和装配安全操作规程	
知识目标	1)了解汽车拆装与调整需具备的技能 2)掌握汽车拆卸和装配安全操作规程 3)了解汽车拆装与调整时的注意事项	
技能目标	1)能说出汽车拆装与调整需具备的技能 2)能正确说出汽车拆卸和装配的安全操作规程	

1. 汽车拆装与调整需具备的技能

对汽车进行拆装与调整是汽车从业人员最基本的技能，要想高标准地完成拆装与调整作业，汽车从业人员必须具有以下技能：

（1）**熟悉汽车的构造及工作原理**　汽车的种类、型号繁多，结构不同，装配、拆卸的顺序和使用的工具也不同。如果不了解所需要拆卸汽车的结构和特点，任意敲击或撬动都会造成零件的变形或损坏。所以，了解汽车的构造和工作原理是确保正确拆卸的前提。

（2）**熟悉汽车装配工艺指导书**　汽车的装配工艺指导书是指导汽车装配作业的指导性文件。汽车的装配工艺包括零件的装配关系、装配零件的数量、装配时力矩的要求及装配用的工具。装配人员在装配时要严格按照装配工艺上的要求进行，才能保证装配作业的生产一致性和装配正确性。

（3）**熟悉汽车装配基本拆装方法**　汽车装配基本的拆装包括螺钉螺栓的装配、插接件的连接、油管的连接等，这些拆装方法是否熟练直接影响汽车拆装的质量。因此，作为一个合格的汽车拆装人员，对上述拆装方法一定要能正确运用。

（4）**熟悉汽车拆装工具的使用方法**　汽车拆装属于专业拆装，除了一些基本的拆装工具外，还用到一些专用的拆装工具，如风动扳手和扭力扳手在汽车拆装中用得非常多。正确使用这些工具是每个从业人员必须具备的技能，从业人员上岗前必须进行这方面的基本培训。

2. 拆卸时的注意事项

（1）**按需要进行拆卸和装配**　零部件经过拆卸和装配后容易产生变形和损坏，特别是紧配合件更是如此。不必要的拆卸会降低汽车的使用寿命，增加修理成本，延长修理工期。因此，拆卸时应防止盲目地大拆大卸，如果通过不拆卸检查就能判定零件是否符合要求，应尽量不拆卸，以免损坏零部件。

（2）**掌握正确的拆卸和装配方法**　拆卸时，为了提高拆卸工效、减少零部件的损伤和变形，需要使用相应的专用工具和设备，严禁任意敲击和撬动。例如，拆卸紧配合件时，应尽量使用压力机和顶拔器；拆卸螺栓联接件时，要选用适当的工具，依螺栓紧固力矩的大小优先选用套筒扳手、梅花扳手和呆扳手，尽量避免使用活扳手和钳子，防止损坏螺母和螺栓的六角边棱，给下次拆卸带来不必要的麻烦。装配时，要尽量使用合适的装配工具，对于有力矩要求的螺栓螺母联接，尽量采用扭力扳手来保证扭力。在进行车轮装配时，如果没有机械手，要按照对称原则进行装配。

拆卸时应由表及里按顺序逐级拆卸，顺序一般是先拆车厢、外部线路、管路、附件等，然后按汽车→总成→部件→零件的顺序进行拆卸。

（3）**拆卸时要为重新装配做好准备**

1）拆卸时要注意检查校对装配标记。为了保证一些组合件的装配关系，在拆卸时应对原有的记号加以校对和辨认。没有记号或标记不清的，应重新检查并做好标记。有的组合件是分组选配的配合副，或是在装合后加工的不可互换的组合件，如轴承盖、连杆盖等，它们都是与相应的组合件一起加工的，均为不可互换的组件，必须做好装配标记，否则，将会破坏它们的装配关系，甚至动平衡。

2）零件要分类顺次摆放。为了便于清洗、检查和装配，零件应按不同的要求分类顺次摆放。否则，零件胡乱堆放在一起，不仅容易相互撞伤，而且在装配时会造成错装或找不到

项目二　汽车总装基本技能训练

零件的情况。为此,拆卸时应按零件的大小和精度归类分格存放。同一总成、部件的零件应集中在一起放置,不可互换的零件应成对放置,易变形、易丢失的零件应专门放在相应的容器中。

3. 汽车拆卸和装配安全操作规程

1) 上岗前,穿戴好劳动保护用品,检查所使用的工装、工具等设备、设施。
2) 两人以上作业时,必须互相联系协调工作,做到三不伤害。
3) 使用起重机要有起重机操作证,遵守起重机安全操作规程,并对起重机、吊具认真地进行检查,注意周围情况,做到安全操作。
4) 使用电动工具时,必须配备漏电保护器,必须检查是否漏电。
5) 锤柄不应沾有油脂,防止滑脱伤人。若锤头卷边,应修整后再用。
6) 装夹钻头及气动螺丝刀时,应断电或断气,必须在其停止转动后才可进行更换,并用专用钥匙松、紧钻头,不准用其他物体敲打钻夹。
7) 螺钉旋具禁止当凿子用,吊起重物时严格执行"十不吊"和起重机安全操作规程。
8) 使用砂轮时,禁止在砂轮上磨软物质,其切线方向不允许站人,不得用力过大,必须佩戴防护眼镜,严格执行砂轮机安全操作规程。
9) 使用加力扳手(加长杆)加力时,应检查套管头是否完整、有无裂纹,扳手和地面应无油污,周围环境无杂物,加力均匀,不可用力过猛。
10) 工作现场严禁烟火,不得用汽油等易燃液体擦洗衣物等物品。
11) 现场零件应摆放整齐、不超高;要留有消防和操作通道,地面无油污和水等。
12) 工作完毕后,切断电源、气源,清理工作现场。把工作后废旧零件和废旧棉纱、各类液体严格按 A、B、C 分类存放,做到统一回收。
13) 严禁用锤子等铁制工具敲打气瓶嘴、保险帽(盖)等部位。
14) 工作完毕后,关闭焊枪及气瓶开关。
15) 现场周围不许有火种,确认安全后才可离开工作现场。

任务二　联接螺栓与螺母

联接螺栓与螺母		学时:90min
知识点	1) 螺纹的标准、分类及规格 2) 螺栓、螺母的类型、规格 3) 螺栓、螺母的锁定方法 4) 螺栓、螺母的拆卸方法	
知识目标	1) 掌握螺纹的标准、分类和规格 2) 掌握螺栓、螺母的类型及其在汽车上的应用 3) 掌握汽车上螺栓、螺母的锁定方法 4) 掌握汽车上螺栓、螺母的拆卸方法	
技能目标	能正确选取常见规格的螺栓、螺母,并能正确地进行联接	

一、螺栓与螺母简述

1. 螺纹联接标准

螺纹联接件的类型很多，汽车制造中常见的螺纹联接件有螺栓、双头螺柱、螺钉、螺母和自攻螺钉等。这类零件的结构和尺寸都已形成标准，设计时根据受力及有关标准进行选用。

根据 GB/T 3103.1—2002 标准，螺纹联接件分为 3 个精度等级，代号分别为 A、B、C 级。其中，A 级螺纹联接件的精度最高，主要用于要求配合精确、防止振动等重要零件的联接。B 级精度多用于受载较大并且经常装拆、调整或者承受变载荷的联接。C 级精度多用于一般的螺纹联接。常用的标准螺纹联接件（螺栓、螺钉）通常选用 C 级精度。

2. 螺纹的分类

螺纹是一种在固体外表面或内表面的截面上，有均匀螺旋线凸起的形状。根据其结构特点和用途可分为普通螺纹、传动螺纹和密封螺纹三大类。

(1) 普通螺纹　牙型为三角形，用于联接或紧固零件。普通螺纹按螺距不同分为粗牙螺纹和细牙螺纹两种，如图 2-2 所示，细牙螺纹的联接强度较高。

(2) 传动螺纹　牙型有三角形、梯形、锯齿形和矩形等，如图 2-3 所示。

(3) 密封螺纹　用于密封联接，主要有圆柱螺纹、锥螺纹和管螺纹，如图 2-4 所示。

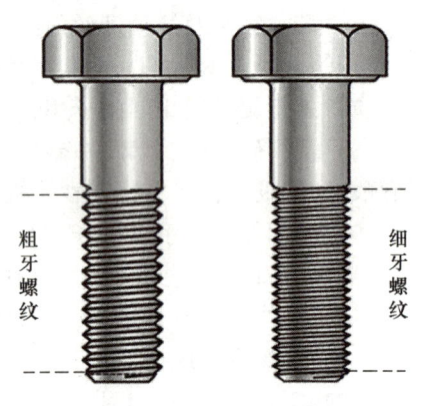

图 2-2　粗牙螺纹和细牙螺纹

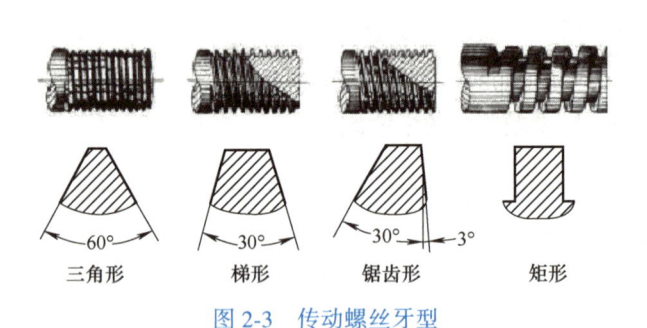

图 2-3　传动螺丝牙型

图 2-4　圆柱螺纹、锥螺纹和管螺纹

3. 螺纹联接件的规格

螺栓和螺母将车辆各部分上的零件紧固在一起。它们在汽车上大量应用，规格很多，为了正确进行装配，正确掌握它们非常重要。螺母与螺栓如图 2-5 所示。

用不同的名称区别螺栓的尺寸和强度。车辆上使用的螺栓可根据各自区域要求的强度和尺寸进行选择。

1) 螺栓。螺栓是由头部和螺杆（带有外螺纹的圆柱体）两部分组成的一类紧固件，需与螺母配合，用于紧固连接两个带有通孔的零件。这种连接形式称为螺栓联接。把螺母从螺

栓上旋下即可以使这两个零件分开，故螺栓联接是属于可拆卸连接。

螺栓头上标识的含义（图2-6）：

BUFO——生产厂家。

8——1/100的最大抗张应力（N/mm^2），最大抗张应力为$100×8N/mm^2=800N/mm^2$。

8——抗张应力与屈服应力之间的关系为$0.8×100\%=80\%$，两数相乘得屈服应力为$800N/mm^2×0.8=640N/mm^2$。

M——米制螺纹。

M12×1.25×10：

M——螺纹类型，M为米制螺纹。

12——螺纹大径。

1.25——螺距，其中粗牙螺纹不标注，细牙螺纹标注。

10——螺栓长度（不包括螺栓头的厚度）。

图2-5　螺母与螺栓

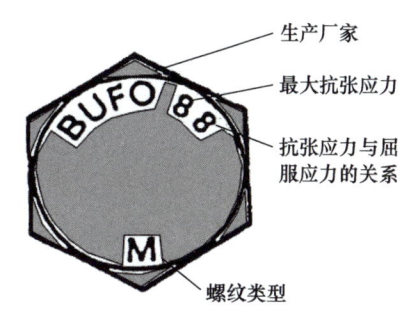

图2-6　螺栓头标识

2）螺母。螺母是将机械设备紧密连接起来的零件。通过内侧的螺纹，同等规格的螺母和螺栓才能连接在一起。

M12×1.25：

M——螺纹类型，M为米制螺纹。

12——螺纹大径。

1.25——螺距。

3）自攻螺钉。自攻螺钉又称快牙螺丝，为钢制经表面镀锌钝化的快装紧固件。自攻螺钉多用于薄的金属板之间的连接。每一个自攻螺钉都是由头部、杆部和杆部末端三部分组成的。每一个自攻螺钉的构成都有四大要素：头部形状、扳拧方式、螺纹种类、末端形式。自攻螺钉如图2-7所示。

图2-7　自攻螺钉

ST4.8×16：

ST——自攻螺钉。

4.8——螺纹牙顶重合的假想圆柱直径，即自攻螺钉的规格。

16——自攻螺钉的公称长度。

4. 螺栓与螺母的类型

(1) 螺栓的类型　按连接的受力方式分：普通的和有铰制孔用的；按头部形状分：六角头的、圆头的、方形头的、沉头的等，其中六角头的是最常用的，也有特殊用途的螺栓如U形螺栓、双头螺柱等。螺栓的类型如图2-8所示。

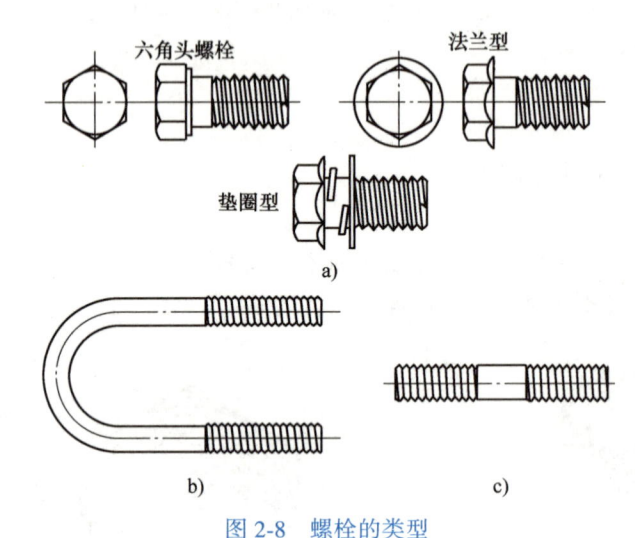

图 2-8　螺栓的类型
a) 六角头螺栓　b) U形螺栓　c) 双头螺柱

1) 六角头螺栓。这是最常见的一种螺栓类型，其中一些在螺栓头下有法兰盘或垫圈。也有一种是外圆内空的六角，称为内六角螺栓。

法兰型：螺栓头部和零件接触的部分面积很大，可以减缓螺栓头部施加给零件的接触压力。这样，有助于减少零件的损坏。

垫圈型：功用与法兰型相同，也可以用于拧紧比螺栓头更宽孔洞的部件。这类螺栓在螺栓头部和垫圈之间加了弹簧垫片，可以减少螺栓松脱。

2) U形螺栓。这种螺栓主要用于联接弹簧钢板和车桥。

3) 双头螺柱。这种螺柱用于将各零件定位，或用其使装配简化。

(2) 螺母的类型　螺母根据材质的不同，分为碳钢螺母、不锈钢螺母、有色金属（如铜）螺母等几大类型；按外形可分为六角形螺母、盖螺母、开槽螺母等类型。螺母的类型如图2-9所示。

1) 六角形螺母。这种螺母使用得最普遍。其中一些螺母的下边有法兰盘。

2) 盖螺母。盖螺母主要用作铝制轮的轮毂螺母，螺母上有盖子可盖住螺纹。盖螺

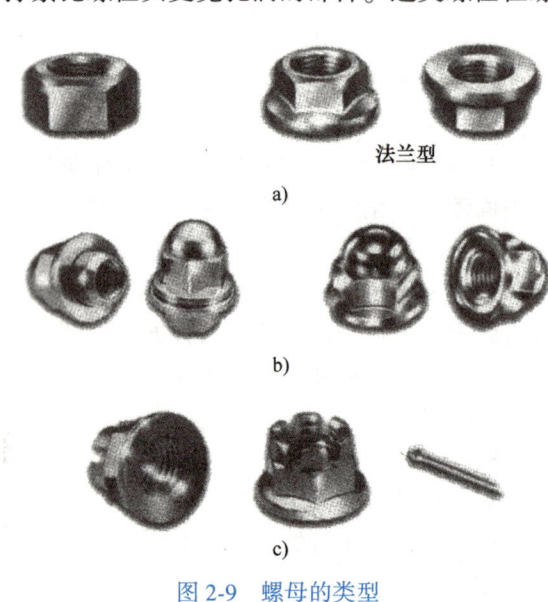

图 2-9　螺母的类型
a) 六角形螺母　b) 盖螺母　c) 开槽螺母

母用来防止螺栓端部生锈,特点是美观。

3)开槽螺母。这种螺母有多个槽或有带槽的柱面,又称防松脱螺母。在槽中插入开口销,可防止螺母转动而变松。这种螺母主要用在各个插头上,如转向系统中。

二、预防汽车螺纹松动的方法

常用的预防汽车螺纹松动的方法有摩擦力防松和机械方法防松等。摩擦力防松有垫圈防松、预紧力防松或特制的自锁螺纹防松等;机械方法防松有开口销防松、锁紧板防松等。

(1)锁紧螺母防松 锁紧螺母有变形螺纹,当其拧紧到位后,其螺纹变形,以防止螺母松脱。它们与汽车的传动零件一起使用。锁紧螺母及垫圈如图2-10所示。

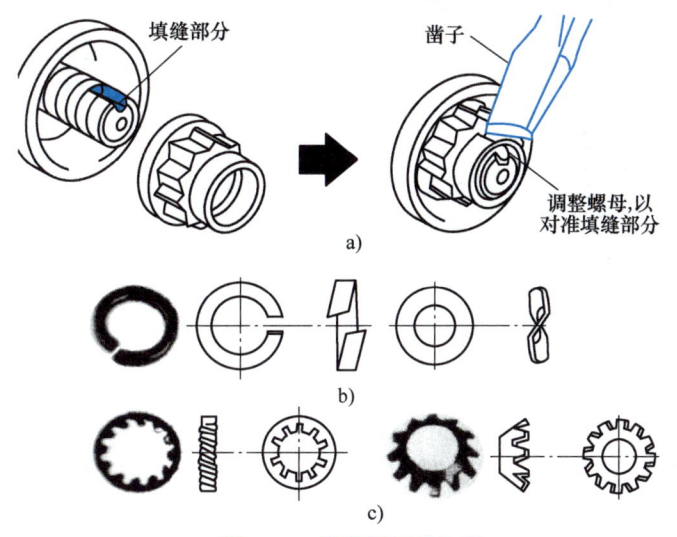

图2-10 锁紧螺母及垫圈

(2)垫圈防松 在螺母、螺栓和工作面之间增加一个垫圈,可防止松脱。垫圈根据锁定方式不同通常分为以下两种类型:

1)弹簧垫圈和波形垫圈。垫圈的弹力可以将螺栓或螺母松脱的可能性降到最低。

2)牙嵌式垫圈。通过一个齿面提高摩擦力,将螺栓或螺母松脱的可能性降低。

(3)开口销防松 开口销和开槽螺母配合使用可以实现锁紧功能。它们主要与汽车的转向零件一起使用。开口销与锁紧板如图2-11所示。

(4)锁紧板防松 锁紧板的舌片顶着螺栓或螺母安装,以防止紧固件变松。锁紧板不能再次使用。

(5)自攻螺钉联接防松 自攻螺钉主要用来联接内饰件、装饰条和线束等。

(6)卡扣连接防松 卡扣用来安装室内装饰件、装饰条,外部装饰件、线路等。卡扣连

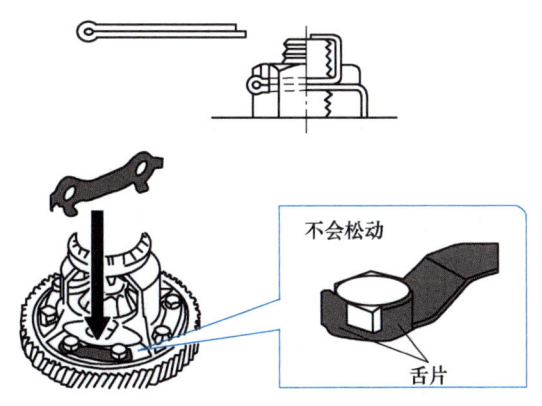

图2-11 开口销与锁紧板

接如图 2-12 所示。

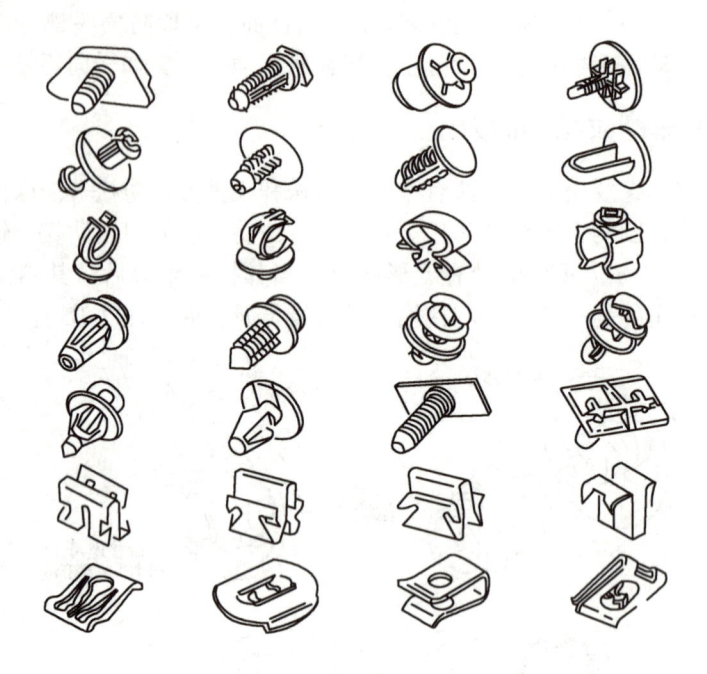

图 2-12　卡扣连接

(7) 铰链连接防松　铰链用来连接车门、发动机罩、行李舱盖等。铰链连接如图 2-13 所示。

三、螺纹联接件的拆卸

在对汽车进行维修、拆卸旧汽车部件的时候，由于部分螺纹联接件联接状态发生变化（如锈蚀等），如何分解两个联接件是拆装人员必须考虑的问题。螺纹联接件的拆卸主要有以下几种方法：

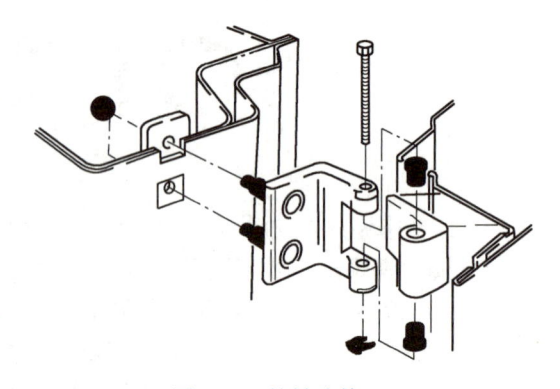

图 2-13　铰链连接

1) 采用合适的套筒扳手和呆扳手（根据螺栓上拧紧力矩的大小，依次选用套筒扳手、梅花扳手和呆扳手）。当拆卸有困难时，应分析难拆的原因，不能蛮干，不能任意加长扳手以增大拆卸力矩，否则会造成联接件的损坏或扭断螺栓。双头螺柱的拆卸要用专用工具，在没有专用工具时，可以在双头螺柱的一端拧上一对螺母，互相锁紧，然后用扳手把它连同螺栓一起旋下。

2) 锈死螺栓的拆卸。将螺栓拧紧后再退出，反复松动，逐渐拧出；用锤子敲击螺母，借以震碎锈层，以便拧出；在煤油中浸泡 2~30min，让煤油渗透到锈层中去，使锈层变松，以便拧出；用喷灯加热螺母，使其膨胀，趁螺栓尚未热时，迅速拧出。

3) 断头螺栓的拆卸。在断头螺栓上加工出一个承受力矩的部位，然后拧出。如断头露在外面，可将凸出部分锉成一个方形，用扳手拧出。如果断头在螺栓孔内，可在螺栓端面钻

项目二 汽车总装基本技能训练

出一个小孔,然后用反扣丝锥将其旋出,或者在小孔内楔入一个多棱体,然后将其拧出;如果断头与零件平齐,可在断口上焊一个螺母,将其拧出。

4)螺栓组与螺母组的拆卸。为了防止受力不均匀而造成的零件变形和损坏,应首先将每一个螺栓或螺母拧松,并尽量对称拆卸。

应先拆下难拆的螺栓或螺母,否则会使其因微量变形和零件的位置移动而变得更加难拆。

对于拆卸后因受重力而下落的零件,应使其最后拆下来的螺纹联接件具有拆卸方便的特点和有保持平衡的能力。

巩固练习

1. 螺纹的规格有哪些?如何对螺纹进行分类?
2. 在汽车上螺栓与螺母的应用主要有哪几种类型?
3. 在汽车上螺栓与螺母的锁定方法主要有哪些?
4. 在汽车上进行螺栓与螺母的拆卸主要有哪些方法?

动手试一试

1. 分组分别从一堆不同规格和类型(粗牙和细牙)的螺栓中挑出一个螺栓,与另一堆不同规格和类型的螺母进行匹配安装,在规定的时间内安装的螺纹副数量最多的人获胜。

2. 分两组,一组人员分别从一堆不同规格和类型(粗牙和细牙)的螺栓中挑出一个螺栓,要求对方说出螺栓的规格和类型,在规定的时间内正确率高的人获胜。

任务三 汽车装配中使用气动扳手和扭力扳手

汽车装配中使用气动扳手和扭力扳手		学时:45min
知识点	1)气动扳手的类型、使用注意事项 2)扭力扳手的类型、使用注意事项	
知识目标	1)掌握气动扳手的类型、基本原理和使用方法 2)掌握扭力扳手的类型、基本原理和使用方法 3)掌握汽车上气动扳手和扭力扳手的使用场合和注意事项	
技能目标	1)能正确使用气动扳手进行螺栓与螺母的联接操作 2)能正确使用扭力扳手进行力矩的测定	

装配就是将各种零件、组件、部件,按规定的技术条件和质量要求连接组合成完整产品的生产过程。在汽车装配过程中经常使用各种工具,这些工具一般都有特殊的使用方法,只有使用得当,才能保证工作安全和准确。应根据尺寸、位置和其他条件不同,选择适当的工具。只有了解各工具正确的用法和功能,才不会使零件损坏和导致工作质量降低。

在汽车装配车间,使用频率最多的工具是气动扳手,扭力扳手的使用也比较频繁。

一、气动扳手

1. 简述

气动扳手也称为棘轮扳手及电动工具综合体,是一种以最小的消耗提供高转矩输出的工具。它通过持续的动力源让一个具有一定质量的物体加速旋转,然后瞬间撞向出力轴,从而可以获得比较大的力矩输出,如图 2-14 所示。

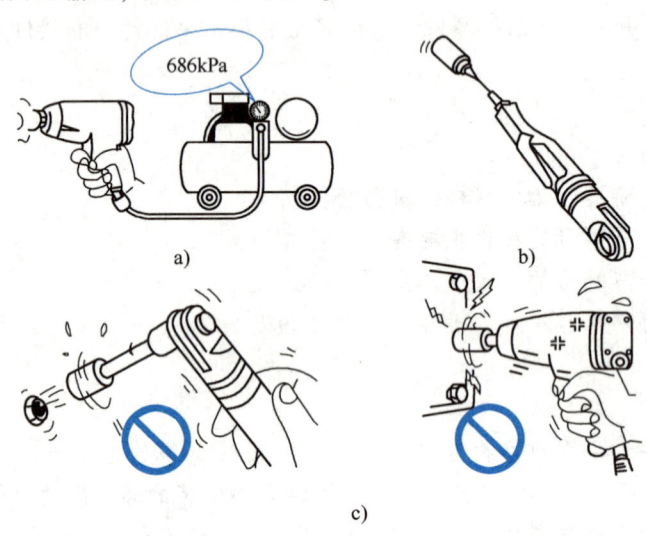

图 2-14 气动扳手

压缩空气是气动扳手最常见的动力源,也有使用电动或液压的,近年来电动扳手备受欢迎。

气动扳手被广泛应用在许多行业,如汽车修理、重型设备维修、产品装配(通常称为脉冲工具)、重大建设项目、安装钢丝螺套以及其他任何需要高转矩输出的地方。

2. 分类

气动扳手用压缩空气作为动力来运行,根据扭力调节装置的不同分为全自动可调节扭力式和半自动不可调扭力式,根据形式的不同分为半自动捶打式和全自动扭力控制式,按操作起动模式不同分为下压式和手按式。装有调节和限制转矩装置的气动扳手,称为全自动可调节扭力式气动扳手,简称全自动气动扳手。无以上调节装置,只是用开关旋钮调节进气量的大小以控制转速或扭力的气动扳手,称为半自动不可调节扭力式气动扳手,简称半自动气动扳手。

气动扳手由气动马达、捶打式装置或减速装置几大部分组成,主要用于各种装配作业。由于它的速度快、效率高、温升小,已经成为组装行业不可或缺的工具。

(1)半自动捶打式气动扳手 在达到设定力矩后不会自动制动的气动扳手,称为半自动捶打式气动扳手。半自动捶打式气动扳手通常结构简单耐用,但无力矩控制,通常用在大型螺钉且锁副力矩要求不严格的场合,如摩托车、汽车、轮船、钢构等。

(2)全自动气动扳手 在达到设定力矩后能够完全自动制动并停止运转的气动扳手,称为全自动气动扳手。全自动气动扳手结构相对复杂,由电动机、离合器、减速器、闭气制

动装置等构成。通常用在小型螺钉且锁副力矩要求较严格的场合，如电子电器、家电等。

（3）手按式气动扳手　操作起动模式需用手指按住起动杠杆或压板按钮等。

（4）下压式气动扳手　操作起动模式无须用手指按住起动杠杆或压板按钮等，直接对准工件压下就可起动。

3. 注意事项

1）在正确的气压下使用，正确值：686kPa（7kgf/cm^2）。

2）定期检查气动工具，并用气动工具油润滑和防锈。

3）如果用气动工具从螺栓上完全取下螺母，则旋转力可以使螺母飞出。

4）先用手将螺母对准螺栓。如果一开始就打开气动工具，则螺纹会被损坏。注意使用较小的力拧紧，不要拧得过紧。最后，使用扭力扳手检查紧固力矩。

5）冲击式气动扳手用于要求较大转矩的螺栓和螺母。

6）转矩可调到4~6级，旋转方向可以改变。

7）使用时，不要超负荷，不要高速空转，以防机械部分过早磨损。

8）操作时，必须用两只手握住工具，因为按按钮释放大的转矩可能引起振动。转矩调整按钮和旋转方向按钮的位置和形状因制造厂不同而不同。

9）确保工具的直径与螺栓或螺母的头部大小合适，使工具与螺栓或螺母完全配合。

10）每班必须从接管内孔注入润滑油3~4次，夏天可用20号机油，冬天用10号机油。

4. 保养

1）气动扳手是比较精巧的工具，要轻拿轻放，不得碰撞或跌落地上。

2）应定期校验气动扳手的精准度和灵敏度。

3）气动扳手使用完毕，用棉纱擦拭干净，放入支架。

二、扭力扳手

1. 简述

扭力扳手又称为力矩扳手。在紧固螺钉、螺栓、螺母等螺纹紧固件时，需要控制施加的力矩大小，以保证螺纹紧固且不至于因力矩过大破坏螺纹，所以用扭力扳手来操作。首先设定好一个需要的力矩值上限，当施加的力矩达到设定值时，扳手会发出"咔嗒"的声响或者扳手连接处折弯一个角度，这表示已经紧固不用再加力了。

扭力扳手主要应用于生产现场的装配和检验。

2. 分类

根据使用时是否设定力矩，扭力扳手主要分为预置式和板簧式两种类型，如图2-15所示。

（1）预置式　通过旋转套筒可预设所要求的力矩。当螺栓拧紧时，会听到"咔嗒"声，表明已达到规定力矩。

（2）板簧式　扭力扳手通过弯曲梁板，借助作用到旋转手柄上的力进行操作，作用力通过指针和刻度读出，以获得规定的力矩。

3. 注意事项

1）在用扭力扳手拧紧前，用其他扳手预先拧紧，这样工作效率高。如果从一开始就用扭力扳手拧紧，工作效率较差。

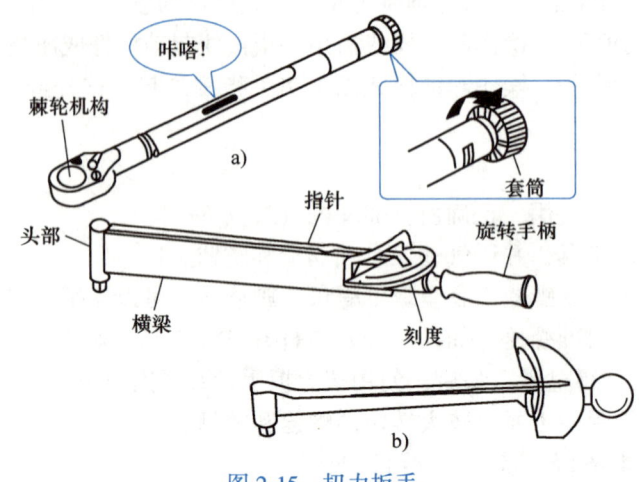

图 2-15 扭力扳手

2) 确保工具的直径与螺栓/螺母的头部大小合适，使工具与螺栓/螺母完全配合。

3) 在有力矩要求的装配中，一定要使用扭力扳手或定矩扳手。

4) 若要使用扭力扳手，最后的拧紧应始终用扭力扳手来完成，以便将其拧紧到标准值。

5) 不能使用预置式扭力扳手拆卸螺栓或螺母。

6) 严禁在扭力扳手尾端加接套管延长力臂，以防损坏扭力扳手。

7) 根据需要调节所需的力矩，并确认调节机构处于锁定状态才可使用。

8) 使用扭力扳手时，应平衡、缓慢地加载，切不可猛拉猛压，以免造成过载，导致输出力矩过大而损毁扭力扳手。

9) 预置式扭力扳手使用完毕后，应将其调至最小力矩，使测力弹簧充分放松，以延长其使用寿命。

10) 应避免水分侵入预置式扭力扳手，以防零件锈蚀。

4. 使用经验与常识

1) 扭力扳手只能在安装紧固件（螺栓、螺母）时测量其安装力矩，不能作为拆卸工具去拧松已拧紧的紧固件；不能敲打、磕碰或作他用。使用时，应轻拿轻放，禁止任意拆卸与调整。

2) 在使用力矩紧固件的场合尽可能带上护目镜，这样可以在突发情况下保护操作者的眼部。

3) 为了保证工作人员使用正确和测量准确，防止对工具、设备的损害，必须确保所施加的力矩值在力矩设备的范围内。在使用力矩设备前，应正确了解扳手的最大量程，不能乱用。扳手的工作值在最大量程的 20%~80% 之间为宜。

4) 紧固时应使用正确的接头，否则会导致施加的转矩出现人为误差。接头应接触紧密，有足够硬度。

5) 从加载的安全考虑，在扳手手柄上尽量使用拉力而不是推力。要调整操作姿势，防止操作失败时跌倒。

6) 使用前、后，扳手应放在盒内，不可随处放置。使用后，应擦拭干净再放入盒内。

项目二 汽车总装基本技能训练

扭力扳手使用后,应将示值调节到最小值处,以保证其准确度及使用寿命,否则,会使扳手提前失效或损坏。

7)使用时,严禁在尾部加套管或长柄,有专用配套附件(长柄或套管)的除外。力必须加在手柄尾端,用力要均匀、缓慢。要正确区分扳手手柄被锁住了和扳手润滑不好两种情况,以使扳手调节到需要的力矩值。扭力扳手锁环处于"锁住"时,不要强行转动手柄。当锁环处于"不锁住"时,调节数值,工作值选定后,使锁环处于"锁住"后进行工作。

8)如果扳手较长时间未用过,使用前应先预加载几次,使内部工作机构的润滑油均匀润滑。

巩固练习

1. 气动扳手在汽车上的使用场合有哪些?主要类型有哪些?
2. 扭力扳手在汽车上主要的作用是什么?主要有哪几种类型?
3. 在汽车上使用扭力扳手要注意什么?

动手试一试

分组,在汽车上任意找几处螺栓安装件,通过维修手册查出该处的力矩值,用气动扳手安装螺栓,用扭力扳手测定力矩值;然后,通过调整气动扳手的档位来使该处的力矩值接近于标准值;最后,用扭力扳手调整该处的力矩值,使其满足要求。

任务四　汽车装配中使用游标卡尺、千分尺、百分表

汽车装配中使用游标卡尺、千分尺、百分表		学时:90min
知识点	1)游标卡尺的结构和测量方法 2)千分尺的结构和测量方法 3)百分表的结构和测量方法	
知识目标	1)掌握游标卡尺的结构及使用方法 2)掌握千分尺的结构及使用方法 3)掌握百分表的结构及使用方法	
技能目标	能正确使用游标卡尺、千分尺和百分表进行测量操作	

一、游标卡尺

在汽车拆装与检修和汽车装配检验工作中,经常需要使用游标卡尺、千分尺、百分表,通过这些工具来检查零件尺寸和调整状态,直到与标准值符合,并且检查车辆或发动机等零件是否正常发挥作用。所以正确、规范地使用游标卡尺、千分尺、百分表是每个汽车从业人员必须具备的技能。

游标卡尺有0.1mm(游标尺上标有10个等分刻度)、0.05mm(游标尺上标有20个等分刻度)、0.02mm(游标尺上标有50个等分刻度)和0.01mm(游标尺上标有100个等分刻度)4种最小分度值。

1. 游标卡尺的结构

游标卡尺是一种测量长度、内径、外径和深度的量具,主要由尺身和附在尺身上能滑动

的游标两部分构成。游标与尺身之间有弹簧片，利用弹簧片的弹力使游标与尺身靠紧。游标上部有紧固螺钉，可将游标固定在尺身上的任意位置。尺身一般以毫米为单位，而游标上则有10、20或50个分格，根据分格的不同，游标卡尺可分为十分度游标卡尺、二十分度游标卡尺、五十分度游标卡尺。游标卡尺的尺身和游标上有两副活动量爪，分别是内测量爪和外测量爪。内测量爪通常用来测量内径，外测量爪通常用来测量长度和外径。深度尺与游标尺连在一起，可以测槽和筒的深度。游标卡尺的结构如图2-16所示。

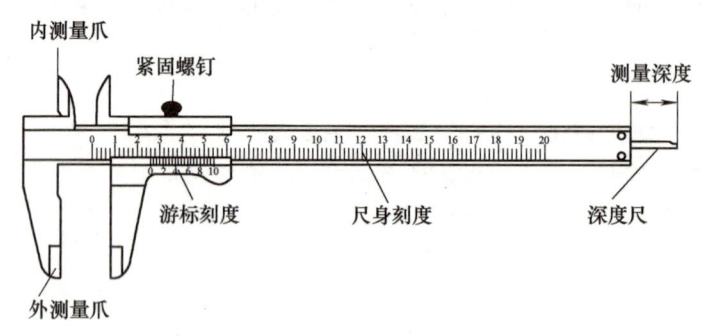

图2-16 游标卡尺的结构

2. 游标卡尺的使用（图2-17）

用软布将量爪擦干净，使其并拢，查看游标和尺身的零刻度线是否对齐。如果已对齐，则可以进行测量；如果没有对齐，则要计取零误差。游标的零刻度线在尺身零刻度线右侧的称为正零误差，在尺身零刻度线左侧的称为负零误差。测量物体外径时，右手拿住尺身，大拇指移动游标，左手拿待测外径的物体，使待测物位于外测量爪之间，当物体外径与量爪紧紧相贴时，即可读数。

读数时，首先以游标零刻度线为准在尺身上读取毫米整数（即以毫米为单位的整数部分），然后看游标上第几条刻度线与尺身的刻度线对齐，如第6条刻度线与尺身刻度线对齐，则小数部分即为0.6mm（若没有对齐的线，则取最接近对齐的线进行读数）。如果有零误差，则一律用上述结果减去零误差（若零误差为负，相当于加上相同大小的正零误差），读数结果：L=整数部分+小数部分−零误差。示例如图2-18所示。

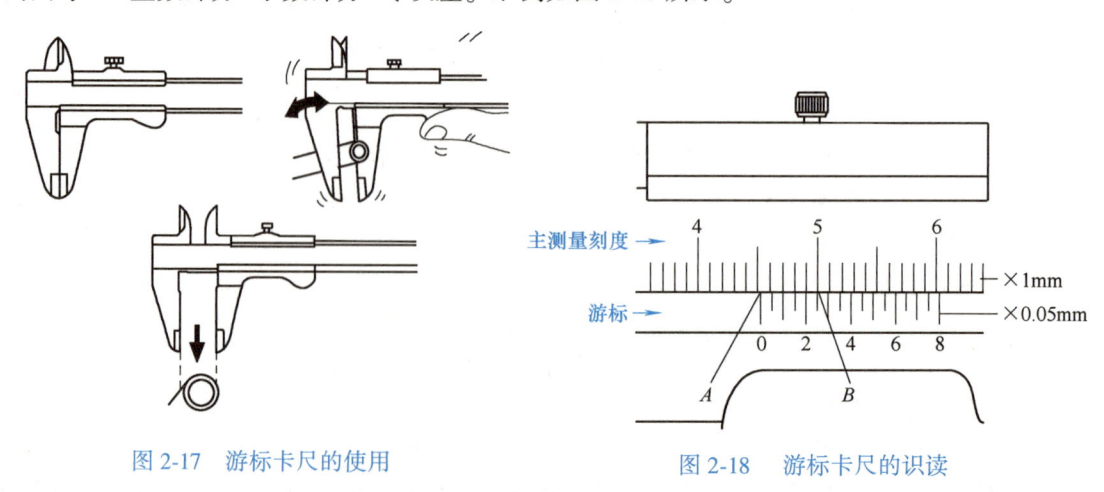

图2-17 游标卡尺的使用

图2-18 游标卡尺的识读

项目二　汽车总装基本技能训练

1）读取达到 1.0mm 的值。
2）读取主测量刻度的数值，其位于游标"零"的左边：A 例为 45mm。
3）读取低于 1.0mm、高于 0.05mm 的数值。
4）读取游标上的刻度与主测量刻度相对齐的点：B 例为 0.25mm。
5）计算测量值：$A+B=45\text{mm}+0.25\text{mm}=45.25\text{mm}$。

判断游标上哪条刻度线与尺身刻度线对准，可用下述方法：选定相邻的 3 条线，如果左侧的线在尺身对应线之右，右侧的线在尺身对应线之左，中间那条线便可以认为是对准了。

如果需测量几次取平均值，无须每次都减去零误差，只要从最后结果减去零误差即可。

注意事项：

1）在测量前完全合上测量爪，并检查卡尺间是否有足够的间隙能看到光亮。
2）测量时，轻轻地移动卡尺，使零件放在测量爪间。
3）一旦零件刚好放在测量爪之间，用紧固螺钉固定游标，以便能方便地读取测量值。

3. 游标卡尺的使用范围（图 2-19）

1）长度测量（图 2-19a）。
2）内径测量（图 2-19b）。
3）外径测量（图 2-19c）。
4）深度测量（图 2-19d）。

4. 游标卡尺使用注意事项

1）游标卡尺使用完毕后，应用棉纱擦拭干净。长期不用时，应将它擦上润滑脂或机油，两测量爪合拢并拧紧紧固螺钉，放入卡尺盒内。

2）游标卡尺是比较精密的测量工具，要轻拿轻放，不得碰撞或跌落地下。使用时，不要用来测量粗糙的物体，以免损坏量爪，避免与刃具放在一起，以免刃具划伤游标卡尺的表面。不使用时，应置于干燥中性的地方，远离酸碱性物质，防止锈蚀。

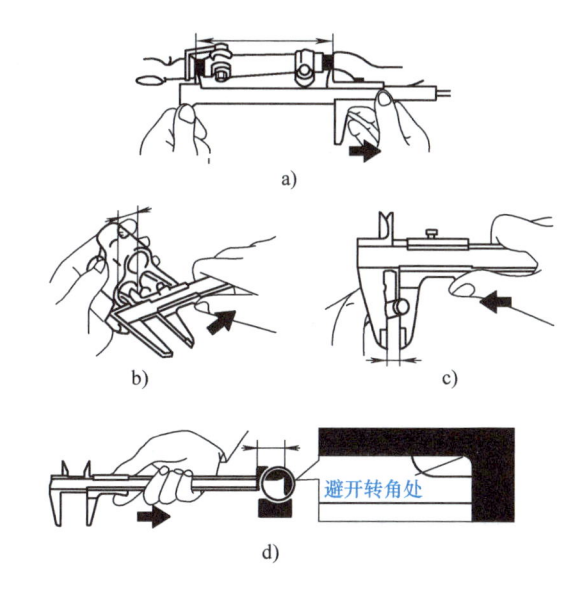

图 2-19　游标卡尺的使用范围

3）测量时，应先拧松紧固螺钉，移动游标不能用力过猛。两测量爪与待测物的接触不宜过紧。不能使被夹紧的物体在测量爪内挪动。

4）读数时，视线应与尺面垂直。如果需要固定读数，可用紧固螺钉将游标固定在尺身上，防止滑动。

5）实际测量时，对同一长度应多测几次，取其平均值来减少偶然误差。

6）应定期校验游标卡尺的精准度和灵敏度。

二、千分尺

千分尺旧称螺旋测微器、螺旋测微仪，是比游标卡尺精密的测量长度的工具，用它测长度可以准确到 0.01mm，测量范围为几厘米。它的一部分加工成螺距为 0.5mm 的螺纹，当它

在固定套管的螺套中转动时,将前进或后退,活动套管和螺杆连成一体,被等分成 50 个分格。螺杆转动的整圈数由固定套管上间隔 0.5mm 的刻度线去测量,不足一圈的部分由活动套管周边的刻度线去测量。

千分尺是依据螺旋放大的原理制成的,即螺杆在螺母中旋转一周,螺杆便沿着旋转轴线方向前进或后退一个螺距。因此,沿轴线方向移动的微小距离,就能用圆周上的示数表示出来。千分尺精密螺纹的螺距是 0.5mm,可动刻度有 50 个等分刻度,可动刻度旋转一周,测微螺杆可前进或后退 0.5mm,因此旋转每个小分度相当于测微螺杆前进或后退 0.5/50mm = 0.01mm,也就是可动刻度每一小分度表示 0.01mm,所以千分尺可精确到 0.01mm。由于还能再估读一位,可读到毫米的千分位,故称为千分尺。

量程:0~25mm,25~50mm,50~75mm,75~100mm。

1. 千分尺的结构

千分尺的结构如图 2-20 所示。

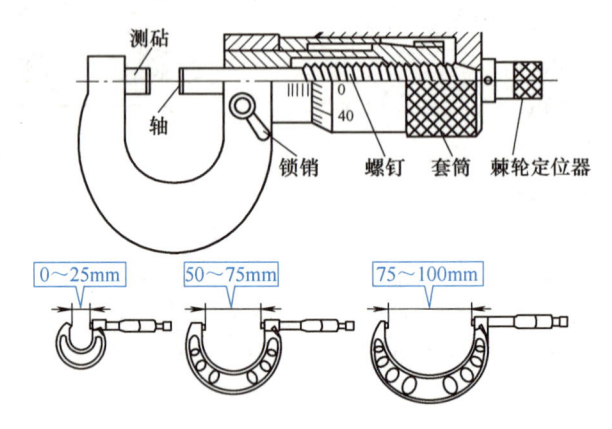

图 2-20 千分尺的结构

2. 千分尺的使用(图 2-21)

(1) 零校准 使用千分尺前,检查并确保零刻度已对准。

如用图 2-21a 中所示的 50~75mm 的千分尺,在开口内放置一个标准的 50mm 校正器,并让棘轮定位器自动转动 2~3 圈。然后,检查套管上的基准线与套筒的零刻度线是否对齐。

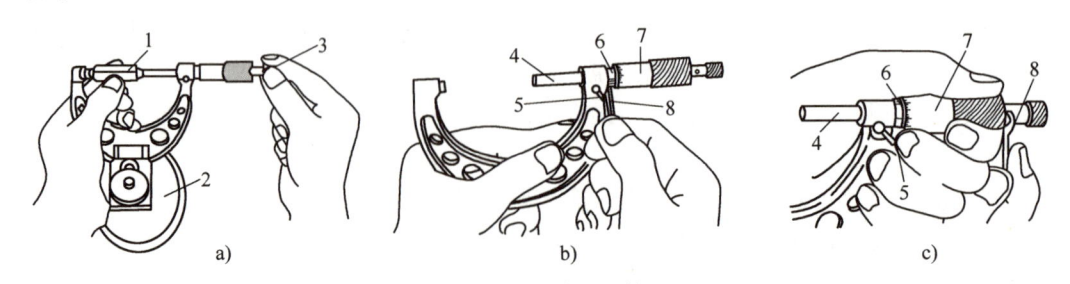

图 2-21 千分尺的使用

1—50mm 标准校正器 2—支架 3—棘轮定位器 4—轴
5—锁销 6—套管 7—套筒 8—调节扳手

项目二 汽车总装基本技能训练

如果误差低于 0.02mm，使锁销啮合以便固定轴，然后使用图 2-21b 中所示的调整方法，以便移动和调整套管。

如果误差大于 0.02mm，使锁销啮合以便固定轴，用调节扳手按图 2-21c 中箭头方向松开棘轮定位器。然后，将套筒的零刻度线与套管的基准线对齐。

（2）测量（图 2-22）

1）将测砧抵住被测物，旋转套筒直到轴轻轻接触被测物。

2）一旦轴轻轻接触被测物，转动棘轮定位器几次并读出测量值。

3）使用棘轮定位器时施加均匀压力，当此压力超过规定值时，它便空转。

注意：在测量小零件时，应把千分尺固定在支架上，移动千分尺寻找可测得正确直径的位置（图 2-22d）。

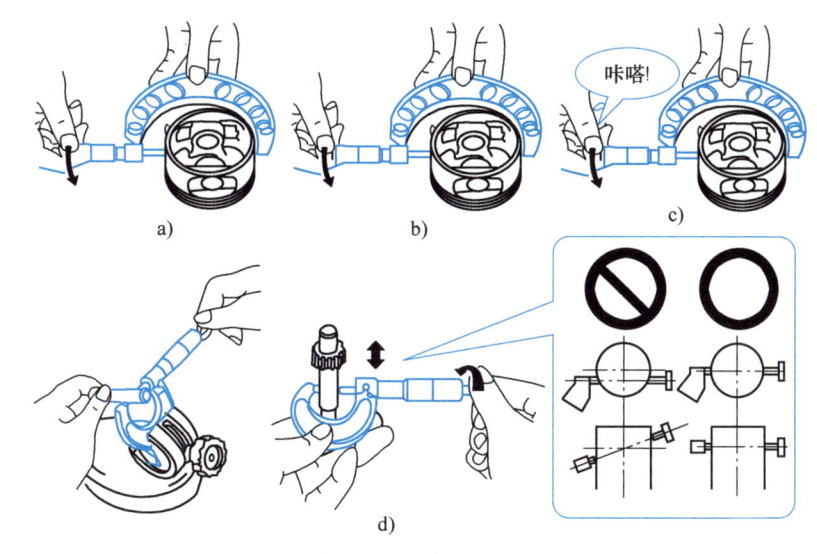

图 2-22 千分尺的测量

（3）读出测量值（图 2-23）

1）读出至 0.5mm 的值，即读出在套管刻度上可以看见的最大值。例如，A 为 55.5mm。

2）读取 0.5mm 以下、0.01mm 以上的值，即读取套筒上的刻度与套管上的刻度对齐点的数值。例如，B 为 0.45mm。

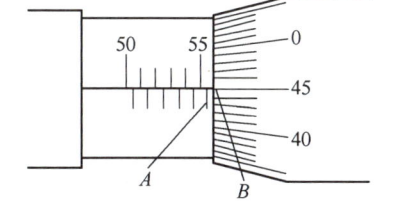

3）计算测量值。例如，$A+B=55.5mm+0.45mm=55.95mm$。

图 2-23 读出测量值

3. 注意事项

1）测量时，在测微螺杆快靠近被测物体时应停止使用旋钮，改用微调旋钮，避免产生过大的压力，既可使测量结果精确，又能保护千分尺。

2）在读数时，要注意固定刻度尺上表示半毫米的刻度线是否已经露出。

3）读数时，千分位有一位估读数字，不能随便舍弃，即使固定刻度的零点正好与可动刻度的某一刻度线对齐，千分位上也应读取为 0。

4）当测砧和测微螺杆并拢时，可动刻度的零点与固定刻度的零点不重合，将出现零误

差，应加以修正，即在最后测长度的读数上去掉零误差的数值。

4. 千分尺的正确使用和保养

1）检查零位线是否准确。
2）测量时，把工件被测量面擦干净。
3）工件较大时，应放在V形块或平板上测量。
4）测量前将测量杆和砧座擦干净。
5）拧活动套筒时需用棘轮装置。
6）不要拧松后盖，以免造成零位线改变。
7）不要在固定套筒和活动套筒间加入普通机油。
8）用完后擦净上油，放入专用盒内，置于干燥处。

三、百分表

百分表是一种利用精密齿条齿轮机构制成的表式通用长度测量工具；通常由测量头、测量杆、防振弹簧、齿条、齿轮、游丝、圆表盘及指针等组成；常用于形状和位置误差以及小位移的长度测量。百分表的圆表盘上印制有100个等分刻度，即每一分度值相当于测量杆移动0.01mm。

百分表是利用齿条齿轮或杠杆齿轮传动，将测量杆的直线位移变为指针的角位移的计量器具；主要用于测量制件的尺寸、形状、位置误差等；分度值为0.01mm，测量范围为0～3mm、0～5mm、0～10mm等。

悬挂式测量头的上下移动被转变为长短指针的转动，用于测量轴的偏差或弯曲以及法兰的表面振动等。

1. 悬挂式测量头的类型及识读

1）长形，适合在有空间的地方使用（图2-24a）。
2）辊子形，用于轮胎的凸面/凹面图案（图2-24b）。
3）杠杆形，用于测量头不能直接接触的部位，如图2-24c所示。
4）平板形，用于测量活塞突出部分等，如图2-24d所示。

百分表的测量精度为0.01mm。

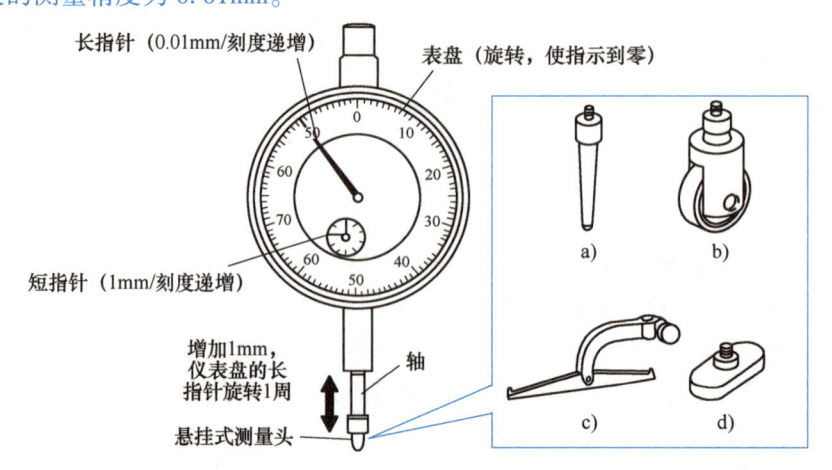

图2-24 百分表识读

项目二 汽车总装基本技能训练

2. 百分表的使用（图 2-25）

1）将其固定在磁性支架上使用。调整百分表的位置和被测物体，并设置指针，使其位于移动量规的中心位置。

2）转动被测物并读出指针偏离值。

3）读取被测量值。

表盘显示指针在表盘 7 个刻度内左右移动，偏差范围为 0.7mm。

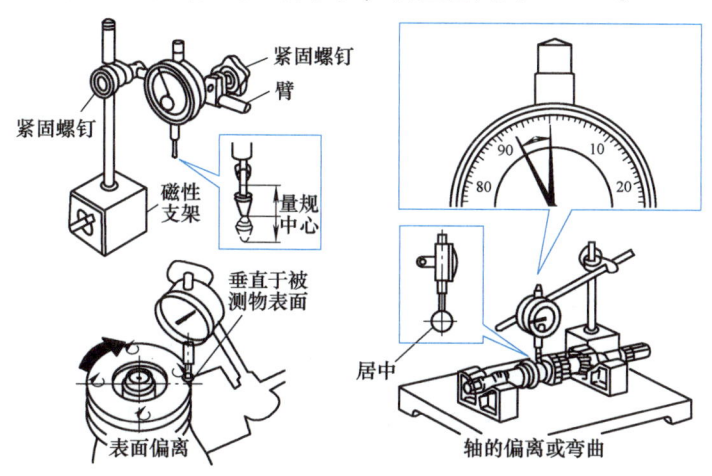

图 2-25　百分表的使用

3. 注意事项

1）使用前，应检查测量杆活动的灵活性。即轻轻推动测量杆时，测量杆在套筒内的移动要灵活，没有任何轧卡现象，每次松开手后，指针能回到原来的刻度位置。

2）使用时，必须把百分表固定在可靠的夹持架上。切不可随便夹在不稳固的地方，否则容易造成测量结果不准确，或摔坏百分表。

3）测量时，不要使测量杆的行程超过它的测量范围，不要使表头突然撞到工件上，也不要用百分表测量表面粗糙或有明显凹凸不平的工件。

4）测量平面时，百分表的测量杆要与平面垂直；测量圆柱形工件时，测量杆要与工件的中心线垂直，否则，将使测量杆活动不灵或测量结果不准确。

5）为方便读数，在测量前一般让大指针指到刻度盘的零位。

6）在不使用时，要摘下百分表，使表解除所有负荷，让测量杆处于自由状态。

巩固练习

1. 游标卡尺的使用场合有哪些？如何进行游标卡尺的读数？
2. 是否能用千分尺测量内径值？测量前要进行什么工作？
3. 百分表主要用来测量什么尺寸？它能测量尺寸的绝对值吗？

动手试一试

分组，用游标卡尺和千分尺测量发动机的缸径值和活塞的外径值，用百分表测量曲轴的圆跳动。

任务五　线束插接和卡箍拆装

线束插接和卡箍拆装		学时：45min
知识点	1）线束插接的方法 2）卡箍拆装的方法	
知识目标	1）掌握线束插接的要求和方法 2）掌握卡箍拆装的要求和方法	
技能目标	能正确进行线束插接和卡箍拆装	

一、线束插接

1. 概述

为使全车线路规整、安装方便及保护导线的绝缘，汽车上的全车线路除高压线、蓄电池电缆和起动机电缆外，一般将同区域的、不同规格的导线用棉纱或薄聚氯乙烯带缠绕包扎成束，称为线束。线束是汽车动力和信号传输分配系统的总称，既可以通过它们传递汽车所需的驱动动力驱动汽车，也可以将信号转换成电流传递给车内的其他设备。汽车线束外观如图 2-26 所示。

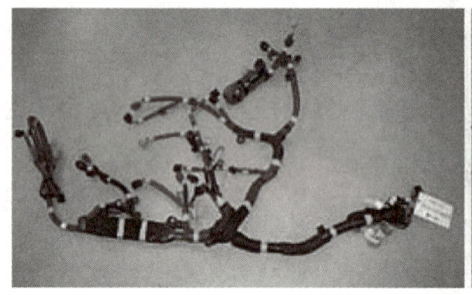

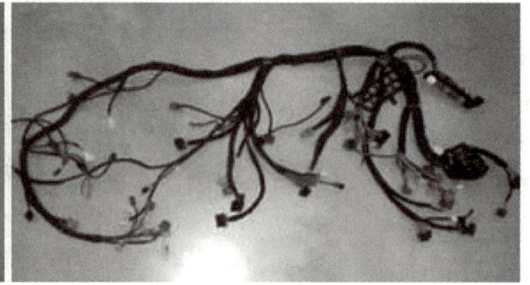

图 2-26　汽车线束外观

汽车线束是汽车电路的网络主体，连接汽车的电气电子部件并使之发挥功能，没有线束就不存在汽车电路。随着汽车功能的增加、电子控制技术的普遍应用，电气元件越来越多，导线也会越来越多，汽车上的电路数量与用电量显著增加，线束也变得越粗越重。如何使大量线束在有限的汽车空间中更有效、合理地布置，使汽车线束发挥更大的功能，已成为汽车制造业面临的问题，因此很多汽车引入了 CAN 总线配置，采用多路传输系统。与传统线束比较，多路传输装置大大减少了导线及联插件数目，使布线更为简易。

随着人们对舒适性、经济性、安全性要求的不断提高，汽车上的电子产品种类也在不断增加，汽车线束越来越复杂，线束的故障率也相应增加。这就要求提高线束的可靠性和耐久性等性能。

2. 汽车线束分类

整车主线束一般分成发动机（点火、电喷、发电、起动）、仪表、照明、空调、辅助电器等部分，有主线束和分支线束。一条整车主线束有多条分支线束。整车主线束往往以仪表

板为核心部分，前、后延伸。

汽车线束根据其作用可分为底盘线束、空调线束、加热器线束、ABS 线束、发电机线束、起动机线束、蓄电池的正极线和负极线，特殊配置状态下还有饮水机线、冰箱线、门泵线等。

由于长度关系或装配方便等原因，一些汽车的线束可分成车头线束（包括仪表、发动机、前灯光总成、空调、蓄电池）、车尾线束（尾灯总成、牌照灯、行李舱灯）、篷顶线束（车门、顶灯、音响扬声器）等。线束上各端头都会打上标志数字和字母，以标明导线的连接对象，操作者看到标志能正确连接到对应的导线和电气装置上，这在装配、修理或更换线束时特别有用。吉利帝豪 EV300 车型线束分类见表 2-1。

表 2-1 吉利帝豪 EV300 车型线束分类

定 义	线 束 名 称
CA	前机舱线束
EP	动力线\高压配电线束
IP	仪表线束
SO	底板\后背门线束
DR	门线束
RF	室内灯（顶篷）线束

二、汽车线束组成

线束是指由铜材冲制而成的接触件端子（插接器）与电线电缆压接后，外面塑压绝缘体或外加金属壳体等，以线束捆扎形成连接电路的组件。汽车线束主要由导线、端子、插接器和护套等组成，是车辆电器元件工作的桥梁和纽带。

1. 导线

汽车线束从功能上来分，有运载驱动执行元件电力的电力线和传递传感器输入指令的信号线两种。电力线是运送大电流的粗导线，信号线是不运载电力的细导线（光纤维通信）。例如，信号电路用的导线截面积为 $0.3mm^2$、$0.5mm^2$。汽车线束常用的导线通常使用多股绞合铜导线，绝缘层为 PVC 绝缘材料。线束用导线要有耐温、耐油、耐磨、防水、防腐蚀、抗氧化、阻燃等特性。线束设计中选用导线类型时重点考虑线束所处的环境和功能。例如，发动机周围环境温度高，腐蚀性气体和液体也很多，因此，一定要使用耐高温、耐油、耐振动、耐摩擦的导线；行李舱盖上的导线要在低温下保持其弹性，所以要选用冷弹性导线保证其正常工作；自动变速器上的导线一定要耐高温、耐液压油，其温度稳定性要好；弱信号传感器要用屏蔽导线，如爆燃传感器和曲轴位置传感器、ABS 轮速传感器等；门内线耐弯曲性要求高等。

低压导线标称截面积允许的负载电流强度见表 2-2。

表 2-2 低压导线标称截面积允许的负载电流强度

导线标称截面积/mm^2	1.0	1.5	2.5	3.0	4.0	6.0	10	13
允许电流强度/A	11	14	20	22	25	35	50	60

一般汽车的整车线束，0.5mm^2 规格线适用于仪表灯、指示灯、门灯、顶灯等；0.75mm^2 规格线适用于牌照灯、前后小灯、制动灯等；1.0mm^2 规格线适用于转向灯、雾灯等；1.5mm^2 规格线适用于前照灯、喇叭等；主电源线，如发电机电枢线、搭铁线等要求用 2.5~4mm^2 导线。这只是指一般汽车而言，关键要看负载的最大电流值，例如蓄电池的搭铁线、正极电源线是专门的汽车导线单独使用，它们的线径都比较大，这些导线不会编入主线束内。汽车各电路的导线规格见表2-3。

表2-3 汽车各电路的导线规格

导线使用电路	标称截面积/mm^2	导线使用电路	标称截面积/mm^2
仪表灯、指示灯、后灯、顶灯、牌照灯、燃油表、刮水器、电子电路等	0.5	允许电流超过5A电路	1.5~4.0
		电源电路	4~25
转向灯、制动灯、停车灯分电器等	0.8	起动电路	16~95
前照灯、额定电流不超过3A的电喇叭	1.0	柴油机电热塞电路	4~6
额定电流大于3A的电喇叭	1.5		

在汽车线束安装图中，单色导线绝缘表面为一种颜色的导线，双色导线绝缘表面为两种颜色的导线。主色是双色导线中面积比例大的颜色；辅助色是双色导线中面积比例小的颜色。导线颜色的选用应优先选用单色，再选用双色。此外，在汽车线束安装图中，各种汽车电器的搭铁线应选用黑色导线，黑色导线除作搭铁外，没有其他用途。导线颜色的标注采用颜色代号表示，如单色导线，颜色为红色，标注为 R；双色导线，第一色为主色，第二色为辅助色，如主色为红色、辅助色为白色，标注为 RW。

导线颜色的用途有规定，一般是车厂自订的标准。我国行业标准只是规定主色，例如规定单黑色专用于搭铁线，红单色用于电源线，不可混淆。常用汽车导线有日标线、国标线、德标线、美标线等几种。各国家、地区及汽车公司的汽车导线颜色代号见表2-4。

表2-4 各国家、地区及汽车公司的汽车导线颜色代号

	中	英	美	日	本田现代	德	奥迪4、5、6缸	帕萨特	奔驰	宝马	奥地利	法	波兰	奥托山大客	俄罗斯	罗马尼亚	波罗乃兹	斯坎尼亚
黑	B	Black	BLK	B	BLK	SW	sw	BK	BK	SW	B	BL	N	b	q	N	NERO	01
白	W	White	WHT	W	WHT	WS	ws	WT	WT	WS	C	W	B	w	6. n	A	BIANCO	05
红	R	Red	RED	R	RED	RT	ro	RD	RD	RT	A	R	R	r	πκ	R	ROSSO	02
绿	G	Green	GRN	G	GRN	GN	gn	GN	GN	GN	F	GN	V	g	c	V	VERDE	03
深绿		Dark Green	DK GRN					DKGN										
淡绿		Light Green	LT GRN	Lg	LT GRN			LTGN										
黄	Y	Yellow	YEL	Y	YEL	ge		YL	YL	GE	D	Y	S	y	2κ	G	GIALLO	04
蓝	Bl	Blue	BLU	L	BLU	BL	bl	BU	BU	BL	I	BU	A	b	r	B	BLU	08
淡蓝		Light Blue	LT BLU	Sb	LT BLU			LTBU			K		L	a			AZZURRO	

项目二 汽车总装基本技能训练

(续)

中	英	美	日	本田现代	德	奥迪4、5、6缸	帕萨特	奔驰	宝马	奥地利	法	波兰	奥托山大客	俄罗斯	罗马尼亚	波罗乃兹	斯坎尼亚
深蓝	Dark Blue	DK BLU					DKBU										
粉红	Pink	PNK	P	PNK			PK	PK	RS	N		S		p	p	ROSA	
紫	Violet	PPL	PU	PUR	VI	li	PL(YI)	VI	VI	G	VI	Z		v	φ,φ	Vi	VIOLA	09
橙	Orange	ORN	Or	ORN			OG		OR			C		o	o		ARANGIO	
灰	Grey	GRY	Gr	GRY		gr	GY	GY	GR		G	H		gr	e	C	GRIGIO	07
棕	Brown	BRN	Br	BRN	BK	br	BN	BR	BR	L		M		br	kop kh		MARRONE	
棕褐	Tan	TAN					TN				Br						
无色	Clear	CLR					CR										

汽车上各系统导线颜色见表2-5。

表2-5 汽车上各系统导线颜色

系统名称	导线主色	代号	系统名称	导线主色	代号
电气装置搭铁线	黑	B	仪表、报警指示和喇叭系统	棕	Br
点火起动系统	白	W	前照灯、雾灯等外部照明系统	蓝	Bl
电源系统	红	R	各种辅助电动机及电气操纵系统	灰	Gr
灯光信号系统	绿	G	收放音机、点烟器等系统	紫	V
车身内部照明系统	黄	Y			

2. 端子

插接器用的端子材质主要是黄铜和青铜（黄铜的硬度比青铜的硬度稍小），其中黄铜占的比重较大。另外，可根据不同的需求选择不同的镀层。

3. 插接器

插接器用在线束之间或者在线束和电气组件之间，以便提供电气连接。插接器的性能直接决定着线束整体的性能，而且对全车的电气稳定性、安全性起着决定性的作用。

（1）插接器的结构 插接器分为插头和插座，也称为公插和母插。插座的插套组件应有足够的弹性，以确保对插头、插销有足够的接触压力。插套应耐腐蚀和耐磨，以确保插头和插座插合部分接触良好；插头的插销应锁定，转换器有软线固定装置，以确保软线固定，能经受住正常的拉力和扭力等。插头和插座插合时，插合表面之间应严密。插接器的符号和实物如图2-27所示。

插接器有两种类型：线和线插接器、线和组件插接器，根据它们的接线端的形状分为公和母两种类型。插接器使用各种不同的颜色来区分。插接器的类型如图2-28所示。

（2）插接器选取原则

1）插接件选取要保证与电器件的良好接触，使接触电阻降为最低，提高可靠性。

2）优先选用双弹簧式压紧结构的插接件。

3）优先选用带自锁扣的插接器。

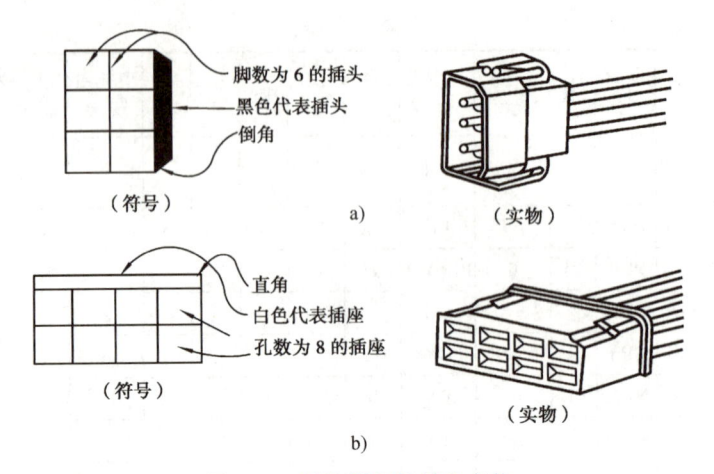

图 2-27 插接器的符号和实物

a) 6 脚插头　b) 8 脚插座

图 2-28 插接器的类型

a) 线和线插接器　b) 线和组件插接器　c) 插接器接线柱

4) 优先选用同一厂家配对的插接器。

5) 根据导线的截面积、通过电流的大小合理选择插接件。

6) 对于要求性能较高的安全气囊、ABS、ECU 等用的端子插接件，应优先选用镀金件以保证安全可靠性。

7) 发动机舱内对接的护套，由于舱内温度、湿度偏大且存在着很多腐蚀性气体和液体，应选用防水型插接器。

8) 底盘区域选用防水型插接器，驾驶室内可选用普通插接件。

9) 选用防水型插接器时，插接位应加防水栓，空位应加防水塞。

10) 若同一插接器里有多种不同的线径，应选用混合型插接器，使装配固定方便。

11) 基于汽车外观的整体协调性，发动机舱中应优先选用黑色或深色的护套。

12) 同一分支点尽量选用不同的插接件，若必须选用同一型号的，可用颜色进行区分。

13) 同一条线束中的同一种护套，可用颜色进行区分。

(3) 插接器的装配　车辆的电气部件通过插接器连接。因此，当拆卸和安装电气零部件时，需要断开插接器。因为插接器有不同的类型，因此要用合适的方法拆卸每种不同的插

接器。连接插接器时应挂上标签,以标明连接位置。

1)断开插接器(图 2-29)。在可靠地使锁销脱离啮合后,才能分开插接器。

直接拉扯线束断开插接器会扯断导线,为防止这种情况的发生,断开插接器时应握住整个插接器。当插接器很难断开时,把插接器向连接处推动一下会有助于松开插接器锁定。

2)连接插接器(图 2-30)。选择相匹配的插接器插头对准角度和方向进行连接,牢固地接合插接器直到听到"咔嗒"的声音(锁住)。

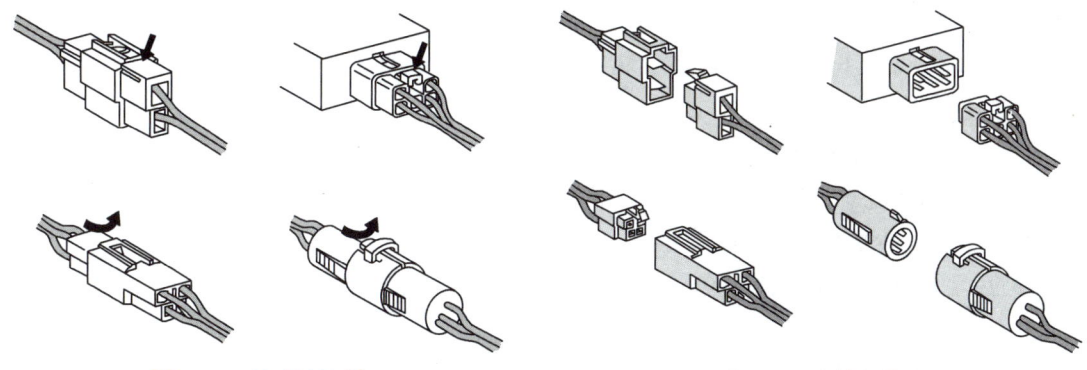

图 2-29　断开插接器　　　　　图 2-30　连接插接器

提示:在断开插接器时,应参考所附的标签,根据以前的情况连接插接器。在装配零件时,应注意插接器的方向,并且对线束不能施加过大的力。

(4)注意事项

1)听插入的声音和结合的手感来判定是否连接到位。

2)若插入时手感硬,有插不进去的感觉,应拔出确认插头是否弯曲。

4. 护套

护套常用的材质主要有 PA6、PA66、ABS、PBT、PP 等,可根据不同的需求选择不同的材质,还可根据实际情况在塑料中添加阻燃或增强材料,以达到增强或阻燃的目的,例如添加玻璃纤维增强等。

三、全车线束包扎及固定

1. 全车线束包扎

线束外包扎有耐磨、阻燃、防腐蚀、防止干扰、降低噪声、美化外观的作用。

(1)包扎用材料　包扎用材料一般有波纹管、PVC 管和胶带等。

波纹管在线束包扎中一般占到 60% 左右,甚至更多。其主要的特点就是耐磨性较好,在高温区耐高温性、阻燃性、耐热性都很好。波纹管的耐温区间为 -40~150℃。它的材质一般分 PP 和 PA 两种。PA 材质在阻燃、耐磨方面优于 PP 材质;PP 材质在抗弯曲疲劳性方面强于 PA 材质。

PVC 管的功用和波纹管相似。PVC 管柔软性和抗弯曲变形性较好,而且 PVC 管一般为闭口,所以 PVC 管主要用于线束拐弯的分支处,以便使导线圆滑过渡。PVC 管的耐热温度不高,一般在 80℃ 以下。

胶带在线束中起到捆扎、耐磨、绝缘、阻燃、降噪、做标记等作用，在包扎材料中一般占到30%左右。线束用胶带一般分为PVC胶带、绒布胶带和布基胶带3种。PVC胶带耐磨性、阻燃性较好，耐温在80℃左右，降噪性不好，价格较便宜。绒布胶带和布基胶带材料为PET。绒布胶带的包扎性和降噪性最好，耐温在105℃左右；布基胶带的耐磨性最好，耐温最高150℃左右。绒布胶带和布基胶带共有的缺点是阻燃性不好、价格昂贵。

（2）包扎用材料选用　一般根据工作环境和空间大小选用。

1）发动机线束工作环境恶劣，因此全用高阻燃性、防水、机械强度大的波纹管包扎。

2）前机舱线工作环境相对较差，大部分主干用阻燃性好的波纹管包扎，部分分支用PVC管包扎。

3）仪表线工作空间较小，环境相对较好，可用胶带全缠或花缠。

4）门线和顶篷线工作空间较小，可用胶带全缠，部分主干可用工业塑料布包扎；较细的顶篷线可直接用海绵胶带粘在车身上。

5）底盘线因与车体接触部位较多，因此用波纹管包扎防止线束磨损。

2. 全车线束装配

（1）全车线束的装配流程步骤

1）装车前，备齐该车的线束，各种灯具、仪表、电器、刮水器、洗涤器等元器件及装配工具。

2）放置整车线束。线束沿车身底架布线时，底架上应每隔1m焊接相应的固定脚，线束沿气管走向布线时，要用塑料扣带将线束扎紧，线束沿顶篷横梁布线时，横梁上穿线孔应装有橡胶防护圈。总之，线束装配过程中，不应有松垮、拖挂、悬吊等现象。

3）车身灯具的安装。注意灯具的搭铁可靠性和密封。密封材料选用JGY-1密封胶或者502粘接剂，涂胶部位是灯具橡胶四周边缘、车身接触处与螺孔处。

4）仪表、开关、电气元件连接。应注意防止意外搭铁和接触不良等现象，且各电气元件无干涉现象。

5）连接线束与灯具、仪表、开关等元器件，线束插接器应牢固可靠、无漏插、错插等现象。

6）检查全车电路，调整各种开关性能，确定装配正确后起动发动机，检查发动机运转情况，观查冷却液温度、油压、气压、电流仪表指针情况，检查车内外各种灯具照明情况，检查合格后填写完工交检单。

（2）线束装配注意事项

1）线束装配时，不要把线束拉得太紧（尤其在横向布置线束时），避免行驶车辆在颠簸状态下，引起线束固定点位置错动，导致两固定点之间距离瞬间增大，从而拉长线束造成线束内部接点拉脱/虚接、导线参数变化，甚至拉断导线。

2）汽车线束装配后，周围要有足够的间隙通过，保证不被其他部件压到、不被其他部件及其紧固件绊到。避免线束绝缘层被夹断、磨损或破裂引起接地等故障。

3）线束从驾驶室内向室外通过钣金孔时，外部线束必须低于过线孔，避免线束上滴、洒的液体，有进入室内的可能。

项目二 汽车总装基本技能训练

4)四门线束和座舱线束连接时,车门上过线孔应低于车身侧围上过线孔。例如,门线束胶套上有液体,只有可能进入车门而不能进入驾驶室。

5)四门开关线束的预留长度、室内顶篷上的顶灯及开关线束插头的预留长度,参照仪表板处安装的电器装置的计算方法计算。

6)音响天线线束的长度确定需要考虑装配时预留足够长度。

7)其他对插的线束插头,考虑线束拆卸方便的需要预留长度。对于电气件安装在表面位置、安装在座椅下部(翻开座椅可以操作)、仪表板下(拆下仪表板可操作)或两线束总成对插等情况,可不预留长度,参照实际测量结果和插接器参数设计即可。

8)插接器和线束应可以很容易地通过车身的过线孔,方便装配、节约安装时间。

9)不在临近位置布置型号和颜色均相同的插接器,避免装配过程中出现误插,损坏线束和用电器。

10)插接器布置在容易发现的位置、布置在手和工具容易操作的位置。为了便于检查、维修,需要按照实际装配情况考虑电气件所带导线的长度。如果电气件安装在表面易操作的位置,可以省去导线,直接将插接器连接到部件上;若电气件安装位置比较隐蔽,且后期维修拆卸困难,可以按照需要将电气件所带的导线长度适当增加,使插接器的布置在便于检查、维修的位置。

11)发动机装配后插接器应很方便地连接,在此主要是指发动机线束和发动机舱线束、发动机 ECU 的连接。由于发动机在工作状态下处于振动状态,为了使发动机线束和机舱线束、ECU 连接可靠,不但需要适当增加发动机线束的长度(一般增加长度不小于 50mm),还需要在发动机线束端的插接器前 100mm 左右增加一个固定点,将其固定在车身上,以避免发动机振动的传递,导致插接器松动、端子虚接。

12)在仪表板处安装的电器装置如组合仪表、开关面板、空调面板和音响系统及显示屏等,与仪表板线束连接的插接器接头,应按实际需要预留足够的长度。根据电器装置的安装深度、插座的位置、插座开口方向和电器件装配后的后部空间,按照操作的方便性,适当增加线束上接头的预留长度。

13)需要考虑在插接器的插接方向,必须留有大于两倍插头对插方向长度的长度。

3. 全车线束固定

1)中央电器盒一般用钢板条、螺栓等固定,或用电器盒本身设计的固定结构直接安装在车身上。

2)各条线束一般用塑料扎带、扣钩等固定在车身孔内。车身孔大多为圆孔或椭圆孔,一般直径为 5mm、6mm、7mm 不等。各条线束间对接的护套一般用护套支架一同固定起来,并安装在车身上。较大车型的车身线长且粗,一般用护板固定在车身上,以降低振动和噪声。

3)所有线束与任何金属件干涉处均需保护,主要采取以下措施:过车架上圆孔一般用槽型圈,过车架上、下翼面及半圆孔处用龙骨条。保护的目的是防止车辆的振动,线束与车架或其他金属件磨擦造成线束胶皮破损,因搭铁产生故障或失火。

除后置发动机系列外,线束一般都铺设在车架槽形梁内。

4) 线束不能与高温部件固定在一起，防止被烫坏。如果有必要，需加以保护，一般采用隔热纸或隔热棉。

5) 线束不能与发动机或其他运动件接触，防止线束被卷入造成事故。

6) 线束由静止状态向发动机等运动件过渡时，需将线束保留约 20mm 的运动长度，防止发动机等运动件运动时将线束拉断。

7) 线束不能与制动管路、燃油管路捆扎在一起，防止线束短路产生火花造成气管路漏气和燃油管路漏油，造成制动失效和火灾。一般规定：油管居下，气管居中，线束居上。

8) 线束在捆扎时不可松旷。规定：相邻两线扣之间距离为 300mm，在悬空处应适当加扎线扣。

9) 线束捆扎不可偏紧，松紧适度。

10) 线束捆扎不可过"死"，应略成"几"字形。若绷得太直，当车辆振动时会使接线端子松动易造成接触不良，而且在维修时拔、插不便。

11) 线束接插件一定要对插牢靠，防止接插件松动或脱开，造成接触不良。

12) 负极线应接在车架上，接触面上的油漆应刮去，露出金属，接触面与车架接触面间垫入锯齿垫片。

四、软管/卡箍的拆装

软管在汽车上的应用非常多，主要应用范围包括转向管、制动管、空调管、燃油管、冷却水管、散热软管、暖风软管、空气滤芯器软管、涡轮增压系统软管，其他还有硬管或插头、换热器、空调器、滤清器等。

软管插接器的功用主要是当车辆相互插接时贯通汽车相应管路的通畅，它能在软管相邻两零件之间的距离发生伸长或缩短的变化时，不致损坏硬管，也不妨碍压力空气的畅通。

软管通常比硬管的直径稍微大一些，硬管插入到软管中用管夹夹住，使其不会滑出。拆下卡箍要用合适的工具，以免损坏。安装软管或卡箍要安装在原位置。

1. 拆卸弹簧夹（图 2-31）

1) 使用钳子夹住卡箍卡爪，使它变宽。
2) 从软管连接处滑动拆下卡箍。

2. 装配弹簧夹

1) 将卡箍推入软管相应的位置。
2) 将硬管直接插入到软管一定的位置。
3) 使用钳子夹住卡箍卡爪，使它变宽，然后带动卡箍到合适的位置，松开钳子。

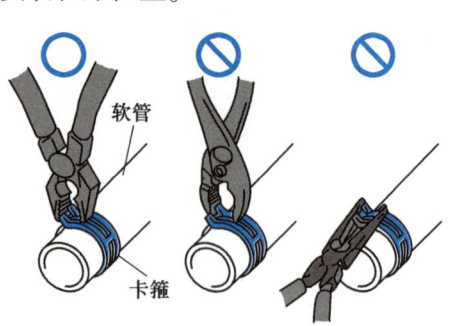

图 2-31 装配、拆卸弹簧夹

3. 注意事项

1) 使用与卡箍卡爪宽度相匹配的工具。
2) 不能过分扩大卡箍。
3) 不能使卡箍卡爪变形。

项目二 汽车总装基本技能训练

巩固练习

1. 在汽车上，线束主要分为哪几组？线束插接时的注意事项有哪些？
2. 装配弹簧夹的步骤有哪些？装配时要注意什么？

动手试一试

分组，找几辆汽车，对发动机上的线束进行拆卸和安装，注意拆卸和安装时的要领；对发动机上的冷却液管进行拆卸和安装，注意拆卸与安装时的要领。

素养课堂

每一颗螺丝都有专属光芒

胡鹏是广汽三菱汽车有限公司的一名技术讲师，在长沙市2020年"十行状元百优工匠"技能竞赛中获得"状元"。

从事汽车发动机维修行业12年以来，胡鹏对技能精益求精："汽车发动机维修，其实也是像医生一样望闻问切。要通过看、通过听声音、通过自己的诊断找准故障，并用自己的专业知识解决问题，我觉得这就是我们行业的最高标准。"

胡鹏长期为4S销售店提供技术培训及技术支持。作为培训讲师的他，深知每一个螺钉都承载着客户的生命安全，一方面刻苦钻研，不断升级在汽车维修领域的技术知识；另一方面，在培训中耐烦细致，手把手指导和带领学员严格按照流程步骤进行汽车发动机维修。这不仅切实提升了品牌的售后维护、维修水平，也为行业与市场的高标准、高安全、高技术贡献了一份力量。

在胡鹏看来，工匠精神就是将自己的热情和汗水洒在自己的工作岗位上，没有豪言壮语，只用实际行动证明一切。"今后我还是要不断地努力，争取更大的进步，把专业、专心、专注的工匠精神发扬下去，带给我的学员，也带给我的客户。"

项目三

汽车总装配厂工艺布局

🔍 项目导引

分组参观汽车总装配厂生产现场,熟悉汽车总装配厂具体形式,了解汽车总装配厂具体的设备及使用,了解汽车总装配厂的工艺布局,写一篇参观心得。汽车总装配厂生产现场如图3-1所示。

图3-1 汽车总装配厂生产现场

任务一　认知装配的概念

认知装配的概念		学时:90min
知识点	1)装配的定义 2)装配中的连接 3)汽车装配的主要内容 4)汽车产品装配的生产组织形式 5)保证装配精度的装配方法	
知识目标	1)掌握汽车装配中的连接内容 2)掌握汽车装配的主要内容 3)掌握汽车装配的生产组织形式和装配方法	
技能目标	能正确理解汽车装配的主要内容及生产组织形式	

项目三　汽车总装配厂工艺布局

汽车装配是汽车制造的最后一个阶段，装配质量的好坏对汽车的使用性能和使用寿命影响很大。如果装配不当，即使所有的零部件都合格，也难以获得符合质量要求的产品。反之，如果零部件的质量不是很好，通过采用适当的装配方法往往可以使产品合格。

在汽车生产过程中，由于装配所花费的劳动量很大，占用的时间很多，对整个汽车生产任务的完成、劳动生产率的提高、产品成本和资金周转等都有直接影响。特别是近些年来在毛坯制造和机械加工方面已实现了高度的机械化和自动化，产品成本不断降低，装配工作在整个汽车制造过程中所占劳动量的比重和成本的比重越来越大，因此不断提高装配工作的技术水平和劳动生产率对整个汽车工业的发展影响非常大。

机器或产品生产的最后一道工序必定是装配（包括检测和调整），否则各种零件无法集结而发挥应有的功能。装配过程就是按既定顺序把已加工好的零件连接起来的工序的总和，以期得到完全符合规定技术要求的机构或机器。

按装配过程的程度分类分为组装、部装和总装。其中，零件与零件的组合过程称为组装，其成品为组件；零件与组件的组合过程称为部装，其成品为部件；零件、组件和部件的组合过程称为总装，其成品为机器或产品。

一、装配中的连接

装配过程要把各种零件、组件、部件组合起来，其主要的方法是连接。装配中的连接有以下几种。

（1）可拆式活动连接　两个或两个以上零件自身或借助其他零件连接后，零件之间能相对运动，可拆卸后再连接，不损坏其中任何一个零件，如铰接、圆柱销联接。

（2）不可拆式活动连接　两件或两件以上零件自身或借助其他零件连接后，零件之间能相对运动，但不能再拆开，或者拆开后必定损坏其中一个或几个零件，不加修复或更换不能重新连接，如轴承等。

（3）可拆式固定连接　两个或两个以上零件自身或借助其他零件连接后相互之间不能活动，可以拆开且可以重新连接而不损坏其中任何零件。这种连接在机电产品中最为常见，如螺纹联接（借助螺钉、螺栓、螺母的联接）、键联接等。

（4）不可拆式固定连接　两个或两个以上零件相互连接后不能相对活动，而且不能拆开，一旦拆开必定损坏其中一个零件，不经修复或更换不能重新连接，如焊接、铆接、热压（过盈配合）等。不可拆式固定连接在机电产品中也是经常被采用的连接方式。

在汽车总装配过程中，常见的是可拆式活动连接和可拆式固定连接。

二、装配的作用

装配是汽车产品生产中的最后一道工序，没有装配就没有完整的产品，装配在产品生产过程中具有重要的作用。

1）装配将最终检验零部件的制造质量。在零件加工过程中，不可避免地会有少数不良品甚至不合格件混入下道工序或出厂，这样的零件在装配过程中往往很容易会被发现而加以剔除，从这个意义上讲，装配具有对零件的最终检验性。在发现各种零件不同质量问题的时候，通过有意识地搜集、整理、信息反馈，有利于零件制造质量的提高，所以装配部门是零件制造质量的信息源。作为企业的质量检验和管理部门以及企业领导，应十分重视装配这一环节。

2) **装配过程可以发现生产的薄弱环节**。产品的生产过程是一个复杂的过程，只有工厂的各单位统一协调，形成一个有机的整体，才能保证生产有序地进行。装配作为产品生产的最后一道工序，一般来说对于零部件及成品的数量概念比较敏感，管理相对也比较严密，一旦发现零部件供应不上，就会贻误产品的生产，生产计划调度部门就会及时查找原因，去发现问题并给予处理。所以，装配是生产计划调度部门发现生产薄弱环节的信息源，任何一个机电产品制造单位的管理者，决不会忽视这个"窗口"。

3) **装配过程将最终影响产品质量**。有了合格的零件，能否生产出合格的产品，还要看最后一道工序——装配的情况。如果装配工作没有严格按合格工艺文件进行，再好的零件也装配不出合格的产品。如果零部件质量有一点偏差，也可以通过装配的修配工序生产出合格的产品。所以，装配工作的好坏将最终影响产品质量，任何一个企业的领导和职工，决不能轻视装配工作。

三、汽车装配的主要内容

汽车装配的内容很多，按照工作的内容主要分为以下几个方面。

(1) 清洗 清洗的作用是保证和提高装配质量，延长产品的使用寿命。进入装配的零件必须先进行清洗，以除去在制造、储存、运输过程中粘附的切屑、油脂、灰尘等。部件或总成在运转磨合后也要进行清洗。清洗的质量主要靠合理选用清洗液、清洗方法及工艺参数来保证。零件在清洗后应具有一定的防锈能力。

(2) 平衡 装配过程中有很多的旋转件，其中有很多的高速件，如带轮、飞轮、曲轴、传动轴、轮胎总成等，装配后一定要进行平衡。特别是对于转速高、运转平稳性要求高的机器，其零部件的平衡要求更为严格，平衡工作更为重要。旋转体的平衡方式有两种：静平衡和动平衡。对于盘状旋转体零件（如飞轮）一般只进行静平衡，对于长度方向尺寸大的零件（如曲轴、传动轴等）必须进行动平衡。

(3) 过盈连接 机器中的轴孔配合，如轴承和轴的连接，有很多需要采用过盈连接。对于过盈连接件，在装配前应保持配合表面的清洁。常用的过盈连接方法有压入法和热胀（或冷缩）法。压入法是在常温下将工件以一定压力压入装配的方法。压入法适用于过盈量不大和要求不高的情况，需要专门的压入工具。重要的精密机械以及过盈量较大的连接常用热胀（或冷缩）法，即装配前加热孔件或冷缩轴件，使过盈量减少或有间隙，然后进行装配的方法。

(4) 螺纹联接 螺纹联接在汽车装配中被广泛采用。对螺纹联接的要求如下：

1) 螺栓杆部不产生弯曲变形，螺栓头部、螺纹底面与被联接件接触良好。

2) 被联接件应均匀受压，互相紧密贴合，联接牢固。

3) 根据被联接件形状、螺栓的分布情况，按一定顺序逐次（一般为2~3次）拧紧螺母。

螺纹联接的质量除受有关零件的加工精度影响外，还与装配技术有很大的关系。若拧紧的次序不对、施力不均，零件将产生变形，从而降低装配精度，造成漏油、漏气、漏水等现象。运动部件上的螺纹联接，若拧紧力达不到规定数值，则运动时将会产生松动，影响装配质量，严重时会造成事故。因此，重要的螺纹联接必须规定拧紧力并达到拧紧力的要求。

(5) 粘接 粘接的方法在汽车装配过程中应用不少，内饰件中有衬垫、隔声材料、车门内装饰护板，外饰件中有风窗玻璃、车灯、标志等都需要采用粘接的方法。粘接方法：小

件预先在车身上涂粘接剂,大件则在需要装配的零件上直接涂粘接剂。所使用的设备主要由高压空气泵、贮胶罐、管子、喷枪等组成。其中风窗玻璃装配的好坏直接影响整车的密封。

(6) 充注 充注指在装配时要注入发动机机油、变速器齿轮油、散热器冷却液、制动液、动力转向液压油、空调制冷剂、风窗玻璃洗涤液、燃油等各种汽车运行材料。发动机机油、变速器齿轮油、后桥齿轮油、动力转向液压油、制动液等油液设专门的液体库,并通过泵及管路供至加注点,由定量加注装置定量加注。燃油在厂房外设地下油库,并配有远距离供油系统,采用自动定量加注机加注。在轿车装配中,我国已普遍采用具有抽真空、自动检漏、自动定量加注等功能的加注机,以保证加注质量。

(7) 校正调试 校正指各零部件本身或相互之间位置的找正工作。调整工作也是装配时常常要做的,主要是装配作业,尤其是流水作业,若由于各种原因导致在线上零件没装配到位,只能到线下或适当的工位进行调整处理。

除上述装配工作的基本内容外,部件或总成以至整个产品装配中和装配后的检验、试运转、涂装、包装等也属于装配工作,在编制装配工艺时,应充分考虑予以安排。

四、汽车产品装配的生产组织形式

机电产品的装配根据生产批量的不同大致可分为3种类型:大批大量生产、成批生产和单件小批生产。各生产类型装配工作的特点见表3-1。

表3-1 机电产品装配各生产类型装配工作的特点

生产类型		大批大量生产	成批生产	单件小批生产
基本特性		产品固定,生产活动长期重复,生产周期一般较短	产品在系列化范围内变动,分批交替投产或多品种同时投产,生产活动在一定时期内重复	产品经常变换,不定期重复生产,生产周期一般较长
装配工作特点	组织形式	多采用流水装配线:有连续移动、间歇移动及可变节奏移动等方式,还可采用自动装配机或自动装配线	笨重、批量不大的产品多采用固定流水装配,批量大时采用流水装配,多品种平行投产时多采用可变节奏流水装配	多采用固定装配或固定式流水装配进行总装,对批量较大的部件亦可采用流水装配
	装配工艺方法	按互换法装配,允许有少量简单的调整,精密偶件成对供应或分组供应装配,无任何修配工作	主要采用互换法,但灵活运用其他保证装配精度的装配工艺方法,如调整法、修配法等,以节约加工费用	以修配法及调整法为主,互换比例较少
	工艺过程	工艺过程划分很细,力求达到高度的均衡性	工艺过程的划分须适合于批量的大小,尽量使生产均衡	一般不制订详细工艺文件,工序可适当调度,工艺也可灵活掌握
	工艺装备	专业化程度高,宜采用专用高效工艺装备,易于实现机械化、自动化	采用通用设备较多,但也采用一定数量的专用工具、夹具、量具,以保证装配质量,提高工效	一般采用通用设备及通用工具、夹具、量具
	手工操作要求	手工操作比例小,熟练程度容易提高,便于培养新工人	手工操作比例较大,技术水平要求较高	手工操作比例大,要求工人有高的技术水平和多方面的工艺知识

(续)

生产类型	大批大量生产	成批生产	单件小批生产
应用实例	汽车、拖拉机、内燃机、滚动轴承、手表、缝纫机、电气开关	机床、机车车辆、中小型锅炉、矿山采掘机械	重型机床、重型机器、汽轮机、大型内燃机、大型锅炉

汽车产品结构比较复杂,通常生产批量大。根据产品的结构特点,从装配工艺角度将其分解成为可单独组织装配的单元,以便合理安排人员、设备和工作地点。其装配的生产组织形式主要取决于产品的生产纲领,即产量的大小。装配的生产组织形式如图3-2所示。

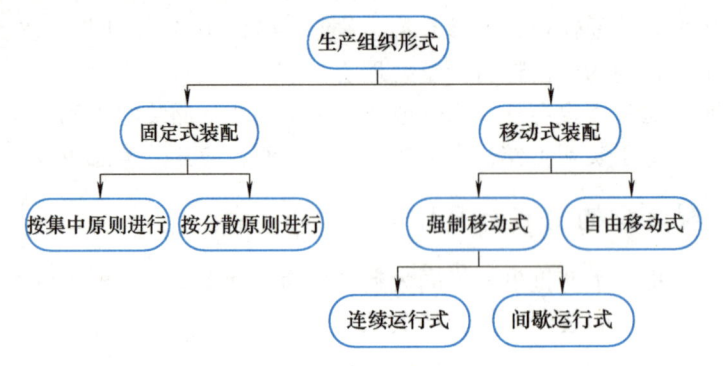

图 3-2 装配的生产组织形式

1. 固定式装配

(1) 按集中原则进行的固定式装配 它是单件小批量生产产品常用的生产方式,如图3-3所示。它的特点是全部装配工作都由一组工人在固定的装配地完成,所有的零部件都根据装配需要不断从附近的储存地或生产车间运来。这种装配方式连接种类多,对工人的技术要求高而全面,零件基本是单件或少量生产,在装配过程中可能会出现修配的现象,装配周期也较长,劳动生产率较低,生产的组织管理相对较简单,例如重型机械或大型船用柴油机的装配。

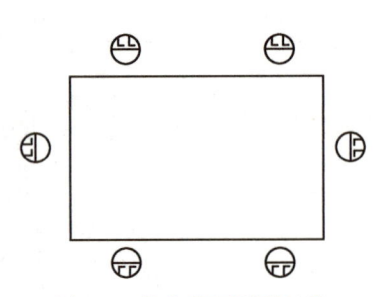

图 3-3 按集中原则进行的固定式装配示意图

(2) 按分散原则进行的固定式装配 这种装配方式是把装配过程划分成几个部分,装配点也分为相同数量,若干组工人按各自的装配内容顺次由前一个装配点移动到下一个装配点,并重复规定的装配工作,产品在各装配点完成装配任务,如图3-4所示。所需装配的零部件被源源不断地送至每个装配点。这种装配方式适用于以下情况:

1) 多品种小批量轮换生产。

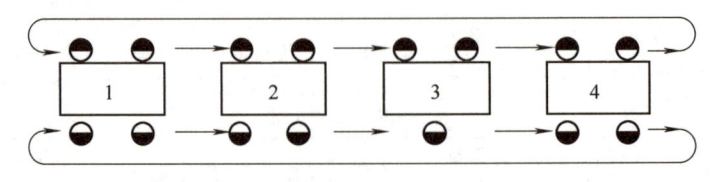

图 3-4 按分散原则进行的固定式装配示意图

2）装配体积大、质量大、难以移动的产品。

3）制品刚度差，移动时易引起变形的产品。

它具有如下特点：①工人专业化程度有所提高，装配技术可得到提高；②工艺文件编制比较复杂，各组工人之间的工作量要安排合适并尽可能均衡，以减少互相等候怠工；③装配工具的专用性提高；④工人走的路较多，每个（组）工人要配备工具小车或便携式工具盒，以适应移动作业；⑤劳动生产率较集中固定式装配稍高。

2. 移动式装配

移动式装配可分为自由移动式装配和强制移动式装配。

（1）自由移动式装配　自由移动式装配一般是将在制品置于专门设计的带轮支架上，靠推动小车移动，小车可以有轨道，也可不设轨道。还有一种形式是将每个在制品置于各装配点的固定支架上，利用起重机吊运将在制品移位。在小批量生产汽车时，汽车的总装配采用以下办法：前几个装配位置以固定支架来安置在制品，利用起重机吊运移位，后几个位置靠推动装好车轮的汽车底盘来移位。这种装配方式是在制品在装配过程中由一个位置移动到下一个位置，根据装配顺序和内容不断地将所装的零部件运送到相应的装配位置的方法。装配工人在各自固定的工作位置重复进行相同的装配作业，如图3-5所示。这种在制品的移动的特点如下：

1）生产节拍较长且不十分严格，各装配点之间相互制约较少，不一定同步移动，具有一定的自由度。

2）每个装配位置的装配工人都是固定的，且各自完成固定的装配任务。因而需对每个工人详细制订作业内容，并力求相互之间工作量和工作时间一致。

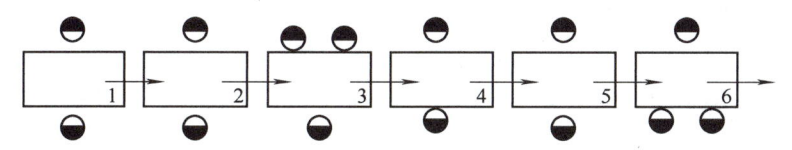

图3-5　自由移动式装配示意图

3）各装配点附近根据不同的装配内容摆放不同的零部件。

4）此种生产组织形式已强于按分散原则进行的固定式装配生产，因而工艺文件的编制要求及装配作业的机具、技术水平、专业化程度都进一步提高，生产现场的组织、管理更加严密，要求更高。

（2）强制移动式装配　在大批量生产产品时，装配方式一般采用强制移动式装配，也称为自动流水线装配。它在自由移动式装配的基础上增加了装配点，在制品由起重机、手推带轮支架等不同步的移动改由总装配线实现强制同步移动。它是当今大批量生产汽车广泛采用的装配方式。根据产量的需要，它还可以设计成连续运行的强制移动式装配和间隙运行（周期运行）的强制移动式装配。前者适用于单班产量在50辆以上的装配，后者适用于单班产量在50辆左右的装配。自动流水线装配的特点是：

1）生产效率高。

2）生产节奏性强，工人作业分工细，专业化程度高。

3）生产组织和管理更加复杂严密，更加科学化、现代化。

4）促进了企业计算机管理的发展以及生产率的提高。

五、保证装配精度的装配方法

汽车制造中常用的保证装配精度的装配方法有互换装配法、选择装配法、调整装配法和修配装配法。

(1) 互换装配法　互换装配法是在装配时，各配合零件不经选择、调整或修理即可达到装配精度的方法。互换装配法的实质就是通过控制零件的加工误差来保证装配精度。它的优点是可保证零部件的互换性，便于组织专业化生产；配件供应方便；装配工作简单、经济，生产率高；便于组织流水装配及自动化装配；对装配工人的技术水平要求不高；易于扩大生产。互换装配法广泛应用于各种生产类型的汽车装配中。

(2) 选择装配法　选择装配法主要应用在成批或大量生产中，指将产品配合副经过选择后进行装配以达到装配精度的方法。在成批或大量生产条件下，若组成零件数不多而装配精度要求很高，如果采用完全互换法会使零件的公差值过小，不仅会造成加工困难，甚至会超过加工的现实可能性。这时可以将配合副中各零件的公差值放大，然后通过选择合适的零件进行装配，以保证规定的装配精度。

选择装配法按其形式不同可分为直接选配法、分组选配法和复合选配法 3 种。

1）直接选配法即在装配时，由装配工人直接从待装配的零件中选择合适的零件进行装配，以满足装配精度的方法，如发动机活塞环的装配。

2）分组装配法是在成批或大量生产中，将产品各配合副的零件按实测尺寸分组，装配时按组进行互换装配以达到装配精度的方法，如发动机活塞与活塞销的装配。

3）复合选配法是上述两种方法的组合，即先把零件测量分组，装配时在对应组零件中直接选择装配。复合选配法吸取了前述两种装配方法的优点，既能较快地选择合适的零件进行装配，又能达到理想的装配质量。发动机气缸孔与活塞的装配一般都采用这种装配方法。

(3) 调整装配法　调整装配法是用改变可调整零件的相对位置或选用合适的调整件来达到装配精度的方法。根据调整件的不同，调整装配法分为可动调整装配法和固定调整装配法。对于组成件比较多、装配精度要求高的场合，宜采用调整装配法。

1）可动调整装配法改变预先选定的可调整零件（一般为螺钉、螺母等）在产品中的位置来达到装配精度的要求。例如，发动机气门间隙、车辆的远近光就是通过调整螺钉来调节的。

2）固定调整装配法需预先设置几档定尺寸调整件，装配时根据需要选择相应尺寸的调整件装入，以达到所要求的装配精度。例如，汽车主减速器中的主动锥齿轮轴承预紧度的调整，就是通过运用不同厚度的调整垫片来实现的。

(4) 修配装配法　修配装配法指在装配时修去指定零件上预留的修配量，以达到装配精度的方法。修配装配法一般适用于产量小的场合，如单件小批生产或试制。

巩固练习

1. 什么是装配？汽车装配中的连接包括哪几种类型？
2. 汽车装配主要包括哪些内容？
3. 汽车产品装配的生产组织形式有哪些？保证装配精度的装配方法有哪几种？

项目三 汽车总装配厂工艺布局

任务二 认知汽车总装配厂的组成与布局

认知汽车总装配厂的组成与布局		学时：180min
知识点	1）汽车装配的特点及技术要求 2）总装生产线的组成 3）主要汽车总装配线的形式 4）汽车总装配线的主要设备	
知识目标	1）掌握汽车装配的特点及技术要求 2）掌握汽车装配总装生产线的组成及主要装配线形式 3）掌握汽车总装配线主要设备的用途及作用	
技能目标	能正确指出汽车总装配线的名称，能正确说出主要设备的名称及基本用途	

汽车是一种复杂的机械产品，按构造可分为发动机、底盘、车身和电气设备四大部分。底盘由传动系统、行驶系统、转向系统、制动系统、操纵系统等组成。按组成汽车的大总成分，有发动机、变速器、离合器、前桥、后桥、车架、车轮、悬架弹簧和驾驶室车厢等。在一个大型的综合性汽车制造厂里，这些总成往往在相对独立的各专业厂中生产，再运到总装配厂或总装配车间进行总装。据统计，一辆中型载货汽车总装配的零部件和总成有500多种、2000多件，而轿车的零部件和总成的数量更多，所以汽车总装配是一项相当复杂的工作。

一、汽车总装配的特点

由于汽车构造复杂，零部件及总成繁多，因此汽车总装配工作非常复杂，它除了具备装配所共有的地位和作用外，还有以下特点：

1) **连接方式多样**。汽车总装配中的连接，一般情况下除焊接方式外，其他连接方式几乎都有，最多的连接是可拆式固定连接和可拆式活动连接，即螺纹联接和键联结、销联接。

2) **装配工作以手工作业为主**。汽车的品种、零部件数量繁多，装配关系复杂，装配位置多样，采用自动化作业的方式很难实现，由此决定了它仍以手工作业为主。

3) **大批量生产**。一般来说，一个汽车制造厂的汽车年产量应在几万辆以上，而通常认为建设一个轿车厂的经济规模为年产15万辆以上。所以汽车制造厂是技术密集型、资金密集型的大批量生产的企业，汽车总装配具有现代化企业大批量生产的特点，它是人与机、技术与管理的有机结合，是汽车制造厂展现先进技术和管理水平的"窗口"。

二、汽车总装配的技术要求

汽车总装配是汽车的最后一道工序，装配质量的高低直接影响整车质量。因此，在整车装配的过程中，必须达到下列技术要求：

(1) **装配的完整性** 汽车产品零件多，每个零件都有自己的作用，在装配时必须按照工艺文件的要求，将所有零部件、总成全部装上，不能漏装、少装，特别要注意一些小零件的装配，如螺钉、垫圈、开口销的装配数量和装配质量。

(2) 装配的统一性　下达生产指令，要按生产计划对基本车型按工艺要求进行装配，不得误装、错装和漏装。装配时必须要满足：两车间装的同种车型统一，同一车间装的同种车型统一，同一工位装的车型统一，简称为"三统一"。

(3) 装配的紧固性　汽车各部件的装配通过连接来实现，其中螺栓、螺母之间的联接最为普遍，汽车装配时所有螺栓、螺母的联接都具备一定的力矩要求。工艺文件上有规定：如果力矩过大，将导致螺纹变形；力矩不够，将使装配件产生松动。所有零部件装配时必须达到工艺文件规定的力矩要求。应交叉紧固的螺栓螺母必须交叉紧固，否则会造成装配不到位的现象，带来安全隐患。

(4) 装配的润滑性　汽车上很多零件都是运动件，机械零件的运动一定要润滑，按照工艺要求，所有润滑部位必须加注定量的润滑油和润滑脂。例如发动机，如果润滑油加注过少或漏加，发动机运转时会很快产生齿轮磨损、拉缸现象，直到整机损坏；若润滑油加注过多，则发动机运转时润滑油很容易窜到燃烧室，产生积炭。因此加油量必须按工艺要求控制。

(5) 装配的密封性　从运动机理和舒适性方面考虑，汽车上很多的部件都需要密封，包括对液体的密封和气体的密封，主要包括冷却系统的密封，各插头不得漏水；燃油系统的密封，各管路连接和燃油滤清器等件不得有漏油现象；各油封装配密封，装油封时，要将零件擦拭干净，涂好机油，轻轻装入，否则会漏油；空气管路装配密封，要求空气管路里连接处必须均匀涂上一层密封胶，锥管插头要涂在螺纹上，管路连接胶管要涂在管箍接触面上，管路不得变形或歪斜。

三、汽车总装配厂的组成

汽车总装配厂（或车间）的组成由建设一个汽车制造厂时的规模、范围以及制订的工艺路线和工厂分工、工厂建设地区的地理环境等外部条件决定，没有固定的模式，但必须包括总装配线，分装线，部件组装线，整车检测线，调整、返修（包括必要的补漆手段）区，试车道路和零部件、总成的存放地等。

1. 车间工艺流程

总装配车间的工艺流程反映汽车的生产过程，轿车总装车间的一般工艺流程如图3-6所示。

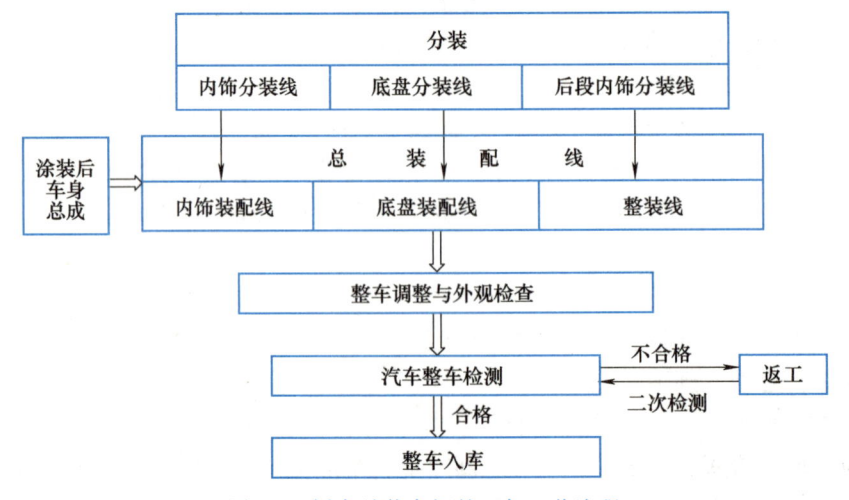

图3-6　轿车总装车间的一般工艺流程

项目三　汽车总装配厂工艺布局

2. 总装生产线的组成及工艺特点

目前轿车基本采用承载式车身，装配特点是以车身为装配基础件，所有总成、零部件都装载在车身上。因此，轿车装配将车身内、外饰和整车装配工作放在一条线上完成。轿车总装配线一般分成内饰装配线、底盘装配线、整装线3部分。

（1）内饰装配线　内饰装配线主要进行车门的拆装、车身上线及进行线束、工艺堵塞、顶篷装饰板、风窗玻璃、仪表板、侧围内饰板、地毯、节气门拉索、发动机盖拉索、行李舱内饰、尾灯、燃油管、制动油管、刮水器及其电动机等部件的装配装饰工作。内饰装配线如图3-7所示。

为了保证总装线实行混流生产，车身上线是由计算机进行控制的，每个车身上线前都贴有条形码，条形码内包含该车的车身号、流水号、车型、备件组织号以及与之配套的发动机型号等信息，从而保证了整条总装线的生产有条不紊地进行。

图3-7　内饰装配线

（2）底盘装配线　底盘装配线主要进行前悬架、后悬架、燃油箱、发动机、变速器动力总成、减振器、传动轴、排气管、消声器、车轮等车底部件的装配。底盘装配线如图3-8所示。

根据不同车型结构，底盘部件装配可以采用模块化装配，即先将发动机与变速器总成、前悬架总成、发动机前托架（带三角臂、转向器、横向稳定杆等）、传动轴、排气管、燃油箱、后悬架等底盘部件分装好，然后安装并定位到合装小车上。合装小车在合装区与底盘装配线同步，通过小车上的液压举升装置，将分装好的底盘合件直接举升上线与车身合装。

图3-8　底盘装配线

（3）整装线　整装线指车身与底盘合装后进行的装配，主要进行前保险杠装配，座椅装配，前面罩及前照灯装配，车门装配，发动机各种管路连接，燃油、制动液、冷却液及制冷剂等各种油液的加注工作及整车下线前的调整工作。整装线如图3-9所示。

运行材料的加注主要是为了保证汽车下线后能正常行驶。为了保证加注质量，制动液、冷却液及制冷剂加注前需进行必要的检测和抽真空，具体方法如下。

图3-9　整装线

1) 加注制动液。由于制动系统内可能存在泄漏或者可能含有水分等杂质，加注制动液前先应进行制动系统的渗漏检查。首先采用液氮扫气，干燥、净化汽车制动系统，然后分两次抽真空。第一次抽真空达到一定的真空度后保持一定时间，如果真空度变化不大，则表示没有渗漏；第二次抽真空进行制动液加注。如果发现泄漏，则应做上标记，并在返修区进行检查返修。制动液的加注由操作工自动检测加注完成。

2) 加注冷却液。在加注冷却液前，需进行油、水密封性检测。水循环系统的密封性检测，主要是检测散热器、水管、缸体水道及水泵的密封性。测试时，将水管塞头与散热器口相连、加压，并保持一段时间，若无压力下降，则为正常，可以加注冷却液。在加注冷却液时，需要进行抽真空，获得一定的真空度后才可加注。

3) 加注制冷剂。在加注制冷剂之前，要进行两次抽真空检测、一次氮气加压扫气，如果无泄漏，则进行加注。第一次抽真空时，达到一定的真空度后保持一定时间，若无明显变化，则说明无大的泄漏。继续抽真空，达到一定的真空度后保持一定时间，若无明显的变化，则说明无小的泄漏，可以进行加压检测。液氮加压扫气，一是检测制冷系统有无由内向外的渗漏，二是扫除制冷系统内的潮湿空气，以便加注纯净干燥的制冷剂。加注时，将加注头接到制冷系统的高、低压油管接头上，启动自动检测加注循环程序即可自动完成加注任务。

4) 加注燃油。燃油的加注和加油站燃油加注的方法一样。燃油箱的密封性检查一般在汽车零部件制造环节进行，即上线的燃油箱都已经过了密封性检查并合格。燃油加注的量各个厂家都有一定的标准，通常是5L左右。

3. 分装线组成及工艺特点

分装线又称为部装线，指制造厂在进行装配时，为了节约生产节拍的时间，部分零部件总成可以在装配车间内或装配车间外单独组成的部件装配线。分装线主要包括仪表板总成分装线、车门分装线、车轮总成分装线、发动机与变速器动力总成分装线、风窗玻璃分装线等。

(1) 仪表板总成分装线　目前仪表板总成分装线主要采用两种方式，一种是空中悬挂式，另一种是地面式。空中悬挂式一般采用带吊具的普通悬挂输送机或积放式悬挂输送机；地面式一般采用带随行夹具高出地面的双链牵引输送链。同时，为了操作方便，随行夹具可按需翻转一定角度，并设有定位机构。在分装线上配有线束检测仪。

仪表板分装线上的分装部件一般包括仪表板框架、仪表板线束、组合仪表、组合开关、转向柱、空调鼓风机、暖风换热器、蒸发器及壳体总成等。仪表板分装完成后，需要采用线束检测仪100%进行仪表板功能检测，检测仪表板功能是否正常。检测时，将仪表板总成的相关线束插头接对应的仪表板线束检测仪接口，按下检测按钮即可逐项检测转向、灯光、报警等功能。检测完毕合格后，通过扫描仪表板总成上所贴的条形码由计算机控制上线，从而保证不同车型安装相应型号的仪表板总成。

(2) 车门分装线　车门分装线的形式与仪表板分装线的形式基本相同，也分为空中悬挂式和地面式两种，但多采用空中悬挂式。在车门分装线上主要进行玻璃升降器、门锁、玻璃、防水帘、内手柄、外手柄、内饰板、密封条等部件的装配。由于采用这种工艺不仅可以提高车门零件的装配效率，便于实现自动化装配，而且拆掉车门后，便于座椅、仪表板及车身内部其他零部件的装配，所以车门分装工艺应用越来越广泛。

项目三　汽车总装配厂工艺布局

(3) 车轮总成分装线　车轮分装采用的主要设备是车轮装配机、充气机及车轮动平衡机，各设备之间的连接一般采用机动辊道。在车轮分装线上，首先将轮胎安装到轮辋上，充气到规定的压力，然后进行动平衡检查和调整，再送到总装配线上。

在各种分装线中，车轮分装线自动化程度最高，如某轿车厂的无内胎车轮自动装配线具有自动装配、快速自动充气、车轮动平衡、自动选择配重等功能。

(4) 发动机与变速器动力总成分装线　发动机与变速器分装主要进行发动机和变速器的装配，同时装配发动机和变速器的部分附件和管路。根据不同的车型结构采用的方式不一样，若不带副车架，一般直接采用环形地链牵引小车式，同时将前悬和后悬总成装上。小车上设有液压举升装置，可与底盘装配线同步运行，直接上线。

(5) 风窗玻璃分装线　风窗玻璃分装线的工作主要包括粘胶部位的清洁、涂胶预处理、安装玻璃密封条等。分装完成后，用玻璃吸盘将玻璃放到玻璃放置台上，然后由自动涂胶机和高精度机械手自动完成玻璃位置找正，自动涂上一整圈胶，通过吸盘将玻璃吸起，安装到车身适当位置。

4. 整车检测线

整车出厂检测是汽车生产过程对整车质量进行综合检测的一个重要环节。整车装配完成后，在整车检测线上对其主要性能进行检测，并进行必要的调整，直到所有性能指标符合要求（要求百分之百全检）为止。目前轿车生产厂均采用计算机控制全自动检测线，检测线可对整车质量检测实现自动控制、自动采集数据和判定、自动打印输出检测结果。由于车型不同，各厂检测线的组成也略有不同。图 3-10 所示为整车检测线的一般组成。

四轮定位 → 侧滑 → 制动 → 转向
综合电气 ← 淋雨 ← 尾气检测 ← 灯光

图 3-10　整车检测线的一般组成

一些生产厂在检测线上还进行外观检查，配备整车电气综合检测设备。检测线上具体的检测内容如下：

(1) 外观检查　外观检查在灯廊内进行，主要检查车身漆面质量、表面有无划伤、碰伤，车门及车窗密封条的装配间隙是否正常，紧固件的拧紧力矩是否满足要求以及有无漏装、错装等现象，不合格项在返修区进行返修。

(2) 车轮定位参数检测　车轮定位参数检测四轮定位参数是否符合要求。一般的轿车主要检测车轮前束和车轮外倾角，检测线上一般仅对前束进行调整，其他参数由产品结构保证。不同的生产厂采用的车轮定位检测设备不同，但原理基本相同。将汽车驶上车轮定位仪，4 个车轮定位卡盘自动靠在 4 个车轮上，测出 4 个车轮的外倾角和前束值，在显示屏上显示测定值。如果前束值不合格，则通过观察显示屏的读数来进行调整。

(3) 车轮侧滑量检测　侧滑试验动态检测车轮前进时车轮侧向滑移量是否符合要求，即检测前轮前束值与前轮外倾角的配合是否合适，并检查悬架的几何特性。具体的检测方法：汽车的前轮或后轮驶过试验台的两块滑板时，扫描车轮的驶入点和驶出点，显示屏显示出测定值和是否合格的标志。

(4) 转向角检测　转向角检测主要测定汽车转向轮左、右的最大转角是否符合设计要求。检测时，将转向盘分别由中间位置向左、右转到最大角度位置，显示屏上显示出的角度即为转向轮内、外转角的最大值。

(5) 制动性能检查　制动性能检查分为行车制动性能检查和驻车制动性能检查。行车制动性能检查主要检查汽车制动器的制动力和制动时的稳定性等几个指标，驻车制动性能检查主要检查驻车制动系统的工作是否正常。检测时，将汽车前轮先驶上试验台，并对制动踏板施加一定的力，测量每个车轮制动力及左、右车轮制动力之差，测得的值应符合规定值；然后，将汽车后轮驶上试验台，对制动踏板施加同样的力，测量每个车轮制动力及左、右车轮制动力之差，应符合规定值。后轮在试验台上时，还要进行驻车制动力检查。

(6) 前照灯检查　前照灯检查主要检查前照灯发光强度及调整前照灯远光光束照射位置是否合格。检查过程由检测仪自动完成，检查方法如下：将汽车停在距检测仪光屏 1m 远的位置，打开远光灯，发动机转速保持 1500r/min。此时，检测仪自动跟踪灯光位置，并在表盘上显示发光强度及光束照射位置的数值。通过调节前照灯的调整螺栓来调整光束照射位置。轿车新车的发光强度规定值不小于 15000cd。

(7) 怠速排放污染物检查　怠速排放污染物检查俗称尾气检测，主要检查尾气中 CO、HC 的含量是否超标，采用排气分析仪检查怠速排放。检测时，发动机暖机、怠速运转正常，将分析仪探头插入汽车排气管中，分析仪将 CO、HC 含量分析结果输入到数据处理机，分析结果由屏幕显示或打印。

(8) 防雨密封性检查　该项检查主要检测汽车的密封性，通常在淋雨试验室内进行。汽车由地面链传送通过淋雨试验室，高压水从设置的角度不停地冲刷汽车。淋雨试验时间约为 3min，试验后车内不得有漏水、渗水现象。

(9) 整车电气综合检测　该项检测主要检查汽车上的电器装配是否到位，电器设备是否正常。使用的设备为整车电气综合检测台。该设备有一个主控制柜，控制程序和软件装在此控制柜的计算机中，有一个带显示及数据采集功能的单片机，并具有结果打印输出功能。

进行检测时，将蓄电池负极拆下，单片机插头分别与蓄电池正极、主机及拆下的蓄电池负极相接，输入车型、车身号等参数后，开始进入检测程序。整套检测系统不只是对各仪表和灯光的功能进行检测，还对整车各电器系统的电压、电流进行测试，以检查可能存在的接触不良、短路等隐患，保证电器系统的装配质量。

(10) 路试检查　路试检查是抽测项目，在同一批次汽车中或某一个时间节点生产的汽车中抽出几辆整车，在专用的试车道路上进行路试，检查汽车的综合性能，确保整车的质量。

5. 整车返修区

随车检验卡上记载零件没装配到位的汽车和整车检测线检验不合格的汽车，都要送往整车返修区。整车返修一般包括机械部件返修、电气部件返修、钣金件返修、补漆等。在返修区一般设有整车举升机、地沟、补漆室以及必要的检测设备。

四、整车装配车间总平面布局

整车装配车间总平面布局设计首先需要根据轿车的结构特点编制装配工艺过程卡，内

容包括轿车生产纲领、生产节拍、装配线的工位数和设备台数；再根据厂址条件、零部件供应方式、车间的物流等综合因素进行车间平面布置，力求各生产线的布置符合生产过程规定的工艺顺序，使零件、部件及成品的运输路线最短。轿车装配车间平面布置图如图3-11所示。

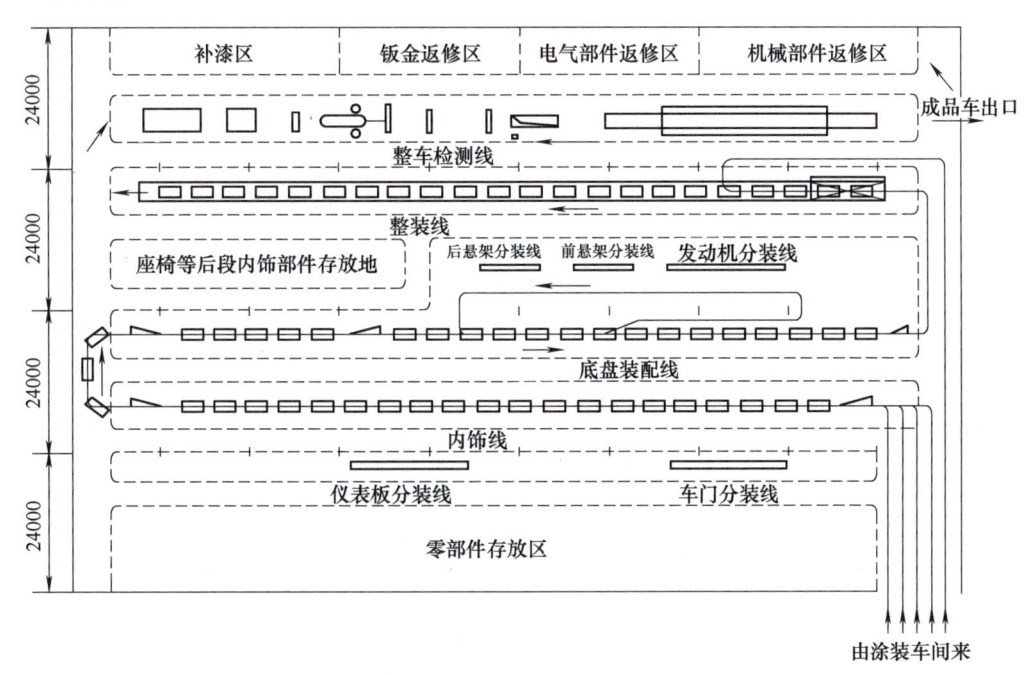

图3-11 轿车装配车间平面布置图

五、汽车装配厂主要装配线形式和主要设备

1. 主要汽车总装配线形式介绍

大批量生产的汽车总装配的车体移动靠总装配线来实现。汽车厂的总装配线多种多样，其基本结构主要有以下几种：桥式链、板式线或带支架的板式线、地拖链台车式装配线、普通悬链或推式悬链、自行小车式，或由它们中的几种互相结合起来组成的总装配线。各装配厂在它的技术参数确定后，选择最合适的结构形式非常重要。

2. 主要装配设备简介

汽车装配所用的设备主要包括六大类：输送设备、起重运输设备、油液加注设备、出厂检测设备、质量控制设备以及装配零件和各总成所用的各种专用装配设备。

（1）**输送设备** 输送设备主要用于总装配线、各总成分装线以及大总成的输送。根据轿车装配工艺特点，既有车身内、外装饰装配，也有车下底盘部件装配，因此轿车总装配线通常由两类输送机组成：一类是高架空中悬挂式输送机，另一类是地面输送机，如图3-12所示。

1）**普通悬挂输送机**（图3-13）。普通悬挂输送机是具有空间封闭线路连续的运输设备，它按固定线路以相同的、连续的动作运送货物；在工厂中可以用来在车间内部或车间与车间之间进行货物的搬运，同时可以在搬运过程中完成一定的工艺操作，如浸漆、烘干、保温、

冷却和装配等，在汽车、电视机、自行车、仪器、家用电器、化工等行业广泛应用。它的运行速度为 0.5~15m/min，具有结构简单、价格低、空间利用充分、易于工艺布置、地面宽敞、动力消耗小的优点。但用作内饰装配线时，操作的稳定性较差。另外，工件上、下需配置升降设备，不便于多品种空间储存，适合于单一品种大量生产，属于刚性输送线，无积放功能。

2) **积放式悬挂输送机**（图 3-14）。积放式悬挂输送机能够连续地在车间内部或车间之间运输各种物件，同时可在流水生产线的各工序间传递工件，进行各种工艺处理，将各种不同节奏的单独运输线路有机联合成一个完全自动化系统，完成运输和工艺作业的综合机械化和自动化，可采用计算机及大屏幕监控系统，对运行情况进行实时监控和故障自诊处理。

图 3-12 汽车装配用输送设备

积放式悬挂输送机的优点：可利用升降机构，根据工艺需要来实现输送机线路中某一段承载轨道的上升或下降；利用停止器根据工艺需要来控制载货小车的定点停止，以便在静止状态下进行装配，便于实现装配自动化；载货小车之间具有自动积放功能，便于储存和实现柔性装配，以解决生产工序之间的不平衡问题，最大程度地提高生产效率；运行速度快，运行速度可以达 15~18m/min；通过道岔和附加链接很容易对输送系统进行扩充和改造，是适于高生产率、柔性生产系统的输送设备。它集精良的工艺操作、储存为一体，在轿车生产线中被广泛应用。积放式悬挂输送机的缺点是造价较高。

图 3-13 普通悬挂输送机

图 3-14 积放式悬挂输送机

3) **自行葫芦输送机**（图 3-15）。自行葫芦输送机也称为电动自行小车，是一种比较新的全自动输送系统。其特点是可采用集中控制、分散控制或集散控制的方式，并能实现自动控制。载货小车可以根据工艺需要，按设定的程序在工位上进行自动停止、自动升降、自动行走等各种动作；在需要装配的工位，工人可手动控制叫车、放车、上升、下降、前进、后退等工作；在配备道岔的输送线上，小车能将成品按工艺要求自动分类、积放、储存，实现多品种混流生产。

项目三 汽车总装配厂工艺布局

自行葫芦输送机运行速度为 10~30m/min，最大速度为 60m/min，是集仓储、运输、装卸、工艺操作四大物流环节为一体的柔性生产系统，适用于有频繁升降要求的工艺操作区域，并且有准确的停止和定位功能；其缺点是造价高，属间歇流水设备。

发动机、变速器、车桥等大总成，从发动机厂或零部件库至装配工位的转移，一般采用积放式悬挂输送机和自行葫芦输送机运输。

4) **地面板式输送机**（图 3-16）。板式输送机有单板式和双板式两种，单板式一般用于前段车身内饰线；双板式用于后段车身内饰线，在双板的中间根据工艺要求可设地沟，便于车下调整作业。板式输送机的运行速度为 0.6~18m/min。板式输送机的操作性好，结构简单、故障率低、便于维修；缺点是刚性输送，没有柔性，且造价较高。

图 3-15 自行葫芦输送机　　　　图 3-16 地面板式输送机

5) **滑橇式输送系统**（图 3-17）。滑橇式输送系统具有自动实现运输、储存、装配等功能，是一种机械化程度较高的综合性地面输送系统，主要特点是容易实现快速线与慢速线间物料的转移，系统方便可靠；与所载物品一起可以通过不同的工艺区段，满足不同的工艺要求；没有水平转弯和垂直转弯，线路之间可平移、直角转弯、垂直提升、水平旋转，输送机布置灵活，生产适用性强，可以和其他输送设备相连组成更大的输送系统；通过 PLC 控制可以实现输送过程自动化，适合多品种、大批量生产。其缺点是占地面积大、价格昂贵。

图 3-17 滑橇式输送系统

6) **单链牵引地面轨道小车式输送机**。该输送机的优点是结构简单、建设速度快、造价较低、便于布置，适用于多品种生产；缺点是刚性输送，没有柔性。

(2) **起重运输设备**　轿车装配车间所用的起重设备主要有电动单梁悬挂起重机（图 3-18）、单轨电动葫芦（图 3-19）、气动葫芦、立柱式旋臂吊等。

厂房内运输设备一般采用蓄电池叉车、手动托盘搬运车、电动托盘搬运车等。厂房外运输一般采用内燃机车。

图 3-18　电动单梁悬挂起重机

图 3-19　单轨电动葫芦

近年来，一种新的物料搬运设备——自动导向搬运车（AGV 小车，图 3-20）在各大整车厂应用。AGV 小车是一种靠蓄电池驱动、按输入程序选择行驶路线及停靠位置的无人驾驶车辆。根据需要其行驶路线可以修改、延长或缩短。由 AGV 组成的自动导向搬运系统（AGVS）是一个程序控制系统，通过主计算机对每辆小车上的微机进行控制，使小车自动地把物料在准确的时间内送到车间内的各个预定位置。另外，它还装有安全报警装置，在行驶中碰到人和障碍物时会自动停止。它的优点是可实现对物流的一体化控制，安装灵活，生产线易于调整，可与机器人和输送带等设备配合，便于实现自动化装配。

图 3-20　AGV 小车

（3）油液加注设备　各种油液的加注设备和加注方法见表 3-2。

表 3-2　各种油液的加注设备和加注方法

序号	液体名称	加注设备	加注方法
1	散热器冷却液	冷却液真空加注机	抽真空后，定量加注
2	制动液	制动液真空加注机（图 3-21）	
3	空调制冷剂	制冷剂真空加注机	
4	动力转向液压油	动力转向真空加注机	
5	发动机机油	发动机机油定量加注机	定量加注
6	变速器齿轮油	变速器齿轮油定量加注机	
7	风窗玻璃洗涤液	洗涤液定量加注机	
8	后桥齿轮油	后桥齿轮油定量加注机	
9	燃油	电动计量加油机（图 3-22）	

项目三 汽车总装配厂工艺布局

图 3-21 制动液真空加注机

图 3-22 电动计量加油机

（4）出厂检测设备 整车出厂检测设备及检测内容见表 3-3。

表 3-3 整车出厂检测设备及检测内容

序 号	检测项目	检测设备	主要检测内容
1	前轮定位	前束试验台	检测前轮前束值和前轮外倾角
2	侧滑	侧滑试验台	侧滑试验是汽车在动态下对前轮定位的准确性进行检测，即动态检查前轮前束与前轮外倾角是否正确匹配
3	转向角	转向试验台	检测汽车转向轮的左、右最大转角
4	灯光	前照灯检测仪	检测前照灯的发光强度和光轴位置
5	制动	制动试验台	检测各个车轮的制动力，同轴左、右轮制动力的差值
6	车速表	车速表试验台	检测车速表的精度，汽车动力传动装置工作情况，如变速器有无跳档、脱档现象及传动装置有无异响等
7	排气分析	排气分析仪	检测发动机怠速时废气中 CO 和 HC 的浓度
8	淋雨	淋雨试验室	检测整车的密封性
9	电气综合检测	整车电气综合检测台	对整车电气系统进行综合检测

（5）质量控制设备 质量控制设备比较常见的是 Andon 系统，它是一个声光多媒体的多重自动化控制系统，是一套专门为汽车生产、装配线设计的信息管理和控制系统，已经成为汽车完整生产线中不可缺少的一部分。Andon 系统能够收集生产线上有关设备、生产以及管理的信息。在对这些信息进行处理之后，Andon 系统控制分布在整个车间的指示灯和声音报警系统。Andon 系统的核心部分是 Andon 现场控制柜。

Andon 系统最大的优点是能够在操作员解决生产中遇到的问题时提供一个新的、更加有效的途径。一旦发生问题，操作员可以在工作站拉一下绳索或者按一下按钮，触发相应的声音或使相应的指示灯亮，提示监督人员立即找出发生故障的地方以及故障的原因，大大减少了停工时间，提高了生产效率。Andon 系统的另一个主要部件是信息显示屏。显示屏（图 3-23）分布在主要通道的上方或者主要处理设备附近。每个显示面板都能够提供关于单

个生产线的信息，包括生产状态、原料状态、质量状况以及设备状况。显示器还可以显示实时数据，如目标输出、实际输出、停工时间以及生产效率。根据显示器上提供的信息，操作员可以更加有效地开展工作。另外，不同的声音报警可以使操作员和监督人员清楚地了解到其辖区内发生了什么问题。队长或者组长可以根据显示器上显示的信息识别并且消除生产过程中的瓶颈问题。

（6）车架打号机（图3-24）　汽车车架或车身骨架上的号码是汽车档案资料的编号，每辆汽车一个号码，不能重复。这种号码是在总装配线上打上去的。常用的打号设备是用计算机控制的液压或气动自动打号机，可以自动定位、自动打字、自动数字递增。

图 3-23　Andon 物流显示屏

图 3-24　车架打号机

（7）底盘翻转器　载货汽车的装配一般先把车架反放于装配线的支承上，装上前桥、后桥以及其他一些零部件后，把车架翻转正放于装配线，需有一台底盘翻转器来完成此项工作。它一般根据汽车的车架结构、翻转时的底盘质量及翻转速度进行设计制造。形式比较简单的翻转器有梁式翻转器和链条式翻转器。前者翻转动力头和辅助夹具夹住车架前、后两端来实现车架翻转；后者用两条链条套在车架两头合适的位置来实现车架翻转。还有其他形式的翻转器，可以根据车间布置和工艺需要来设计制造。

另外，还可以有其他的一些设备来完成必需的工作，以减轻工人体力劳动，特别在轿车装配方面不少地方采用机器手或机器人来完成，例如车轮拧紧机（图3-25）、玻璃打胶机（图3-26）、座椅搬运机器手等。随着我国国力的强盛和汽车工业的发展，轿车的总装工艺设备正在向自动化、智能化方向迈进。

图 3-25　车轮拧紧机

图 3-26　玻璃打胶机

项目三 汽车总装配厂工艺布局

巩固练习

1. 汽车装配的特点有哪些？具体的技术要求是什么？
2. 汽车总装配生产线由哪些流水线组成？各线具有什么样的特点？
3. 汽车总装配线的主要设备有哪些？底盘加注设备主要有哪些？

动手试一试

分组，参观生产现场，熟悉汽车总装配厂的生产组织形式，熟悉汽车总装配厂具体的设备及使用方法。

素养课堂

福特 T 型车流水装配线是革命性创举

1905 年，一个有着爱尔兰血统的美国农民亨利·福特成立了福特汽车公司，从此之后世界汽车的发展史因为他而改变。当时欧洲的汽车都是贵族们的专属，普通人很难拥有，这个出身平民的工程师一心想改变这种现状，让更多的人驾驶并拥有一辆汽车是他的梦想。在福特 T 型车诞生前 5 年的时间里，亨利·福特带领他的团队研发了 19 款不同的车型，并按字母的顺序命名，在发动机和传动系统上都做了很多尝试，也为此后福特 T 型车的诞生打下了基础。

福特 T 型车（Ford Model T）是福特汽车公司于 1908 年至 1927 年推出的一款汽车产品。第一辆成品福特 T 型车诞生于 1908 年 9 月 27 日，位于密歇根州底特律市的皮科特（Piquette）厂。从第一辆福特 T 型车面世到停产，共计有 1500 多万辆被销售。福特 T 型车的生产是当时先进工业生产技术与管理的典范，为汽车产业及制造业的发展做出了巨大贡献。在 20 世纪世界最有影响力汽车（英文）的全球性投票之中，福特 T 型车荣登榜首。

福特 T 型车的面世使 1908 年成为工业史上具有重要意义的一年：福特 T 型车以其低廉的价格使汽车作为一种实用工具走入了寻常百姓之家，美国亦自此成为了"车轮上的国度"。该车的巨大成功来自亨利·福特的数项革新，包括以流水装配线大规模作业代替传统个体手工制作，支付员工较高薪酬来拉动市场需求等措施。

福特 T 型车的革命性创举——流水装配线，是由威廉·克莱恩在参观芝加哥的一个屠宰厂动物肢解与传送带传送的过程后将其引进福特汽车公司的。个体工人重复切片的高效率工作引起了他的注意，此后他将流水装配线的概念报告给了彼得·马丁，虽然马丁对此抱着怀疑态度，但仍然鼓励他继续。亨利·福特博物馆的档案室中很好地保存了威廉·克莱恩的关于参观屠宰厂启发的文件，他由此成为了现代流水装配线之父。

福特 T 型车带来了汽车工业的腾飞。为了进一步降低成本，亨利·福特对于传统的生产方式进行了大胆的改变。传统的手工式生产已经不可能达到如此高的产量，1913 年他率先建立了一条流动的生产线，从一个零件到一辆整车都在这条流水线上完成，大大提高了生产效率。同时将更多的电子产品装配到汽车上，将汽车分解成各个总成，底盘、车身、发动机等独立装配和拆卸，让客户有更多的自由选择余地。

福特 T 型车是世界上第一种以大量通用零部件进行大规模流水线装配作业的汽车。1913 年到 1914 年，经过优化的流水装配线已经可以在 93min 内生产一辆汽车，而同期其他所有汽车生产商的生产能力总合也不及于此。从 1913 年生产起到第一千万辆汽车问世，此时全世界十分之九的汽车都是福特汽车公司生产的。直到 1927 年停产，全世界共有超过 1500 万辆福特 T 型车被生产，而这个纪录保持了将近一个世纪。

项目四

汽车装配工艺设计

项目导引

小王入职汽车总装配厂后,工作认真负责、积极肯干、善于思考,积极参与解决生产线问题,被提升为装配小组长,他需要认识汽车装配工艺设计内容,会编制汽车总装配厂工艺卡、会编制汽车分装线作业指导书。汽车总装配线如图 4-1 所示。

图 4-1 汽车总装配线

任务一 认知汽车装配工艺设计内容

认知汽车装配工艺设计内容		学时:90min
知识点	1)汽车装配工艺的概念 2)汽车装配工艺的设计原则 3)汽车装配工艺的具体内容	
知识目标	1)掌握汽车装配工艺概念及设计依据 2)掌握汽车装配工艺设计的原则 3)掌握汽车装配工艺设计的内容及要求	
技能目标	能准确说出汽车装配工艺设计所需要的文件内容	

一、汽车总装配工艺的概念

产品从取得原材料到制成成品所经过的一切劳动阶段,称为该产品的生产过程。根据限

定的原材料和产品种类的不同，产品的生产过程可以很复杂，也可以比较简单。生产过程由工艺过程、检验过程、运输过程（即物流）、自然时效过程及等待停歇过程等组成。常见的生产过程为工艺过程、检验过程和运输过程。

工艺过程是生产对象质和量的状态以及外观发生变化的生产过程。完成工艺过程的手段、方法、条件统称为工艺。

汽车总装配就是使汽车各零部件和总成具有一定的相互位置关系，并形成整车的工艺过程。**研究和确定汽车由零部件、总成形成整车的过程中所需的方法、手段、条件并编制为文件的工作，称为汽车总装配的工艺设计。**

在汽车总装配过程中，离不开在制品的运输过程（即物流）以及产品质量检验过程，故总装配工艺设计也要包括这两部分内容。

二、设计原则

汽车总装配工艺设计应遵循先进、合理、经济、可靠、达到良好的综合效果的原则。设计时，具体要考虑以下几个方面。

1）保证产品质量。产品质量最终由装配保证。即使所有零件都合格，但如果装配不当，也可能导致产品不合格，因此，应选用合理和可靠的装配方法，全面、准确地达到设计所要求的技术参数和技术条件，并要求提高精度储备量。

2）满足装配周期的要求。装配周期是根据产品的生产纲领计算出的完成装配工作所给定的时间，即所要求的生产率。大批量生产中，多用流水线来进行装配，装配周期的要求由生产节拍来满足。单件小批量生产中，多用月产来表示装配周期。

为提高生产率，应按产品结构、车间设备和场地条件，处理好进入装配作业的零件前后顺序，尽量减小钳工装配工作量，减轻体力劳动，提高装配机械化和自动化程度，注意自动装配工序的特殊要求等。

3）降低装配成本。应先考虑减少装配投资，如降低消耗，减小装配生产面积，减少工人数量和降低对工人技术水平的要求，减少装配流水线或自动线等的设备投资等。

4）保持先进性。在充分利用本企业现有装配条件的基础上，尽可能选用与产量相匹配的先进、成熟的工艺方法和设备。

5）注意严谨性。装配工艺规程应做到正确、完整、统一、清晰、协调、规范，所使用的术语、符号、代号、计量单位、文件格式与填写方法等要符合国家标准的规定。

6）要有一定的产品变化和产量变化的适应能力。

7）工时定额制订要合理。根据限定的工艺设备和装备，以熟练的操作工人正常的操作速度来选定工时定额，并适当留有余地。

8）车间工艺平面布置要综合考虑总装配线、工人操作地、零部件总成存放地和通道的合理性。工人作业位置（简称工位）的布置要有利于工人操作，做到疏密有致和均衡。

9）考虑安全性和环保性。制订装配工艺规程时，要充分考虑安全生产和防止环境污染问题。

三、设计依据

进行汽车总装配工艺设计的依据是汽车的产品资料和生产纲领。产品资料包括与总装配

项目四 汽车装配工艺设计

有直接关系的汽车各种总成和零部件的图样、汽车总成或各系统的装置图、工艺路线分工表、总装配总成和零部件清单、整车技术条件及其他有关的产品技术要求。

生产纲领是工厂建设要预期达到的年产量,多品种生产时还要分别列出各种汽车的年产量。产品的生产纲领规定了新建或改扩建汽车工厂生产的产品范围和生产能力,也就规定了工厂的建设规模。表4-1为汽车制造厂生产类型与产品特征及产量之间的关系。

表4-1 汽车制造厂生产类型与产品特征及产量之间的关系 （单位：辆/年）

生产类型		汽车种类		
		小轿车及1.5t以下轻型载货汽车	载货汽车	
			2~6t	8~15t
单件生产		10以下	10以下	10以下
成批生产	小批	2000以下	1000以下	500以下
	中批	2000~10000	1000~10000	500~5000
	大批	10000~50000	10000~30000	5000~10000
大量生产		50000以上	30000以上	10000以上

四、汽车总装配工艺设计的内容和所需编制的文件

在汽车产品、生产纲领确定后,就可进行总装配的工艺设计。工艺设计人员要认真阅读、分析、研究产品图样和有关的资料,弄清各零部件和总成之间的相互位置关系、连接方式和质量要求。有条件时,要参加产品的试制、试装,以增加对整车构造的了解,增加感性认识,并及时提出产品改进意见,从而提高汽车的装配工艺性。汽车总装配工艺设计需编制以下工艺文件：总装配工艺卡、工时定额表、车间工艺平面布置图、设备明细表、工具清单及工位器具（包括工艺装备和吊具）清单、检查工艺卡、辅助材料消耗定额等。

1. 总装配工艺卡

在对汽车产品进行工艺分析的基础上,根据产品的具体结构以及零部件、总成的相互连接关系和顺序,编制总装配工艺卡。编制总装配工艺卡时,需确定以下内容：

1) 部件、总成上线方式及所用设备和吊具。
2) 零部件及总成的分装内容和所需的工艺装备。
3) 各装配工序的工时定额。
4) 装配所需的各种工具、量具。
5) 装配线旁边和分装地的零部件、总成储存架和工位器具。

总装配工艺卡是汽车总装配工作的基础文件,它是生产过程中指导工人操作、组织生产、进行质量检验和管理的依据和法规,是工厂建设阶段进行工厂设计的原始资料和进行生产准备的依据。

2. 工时定额表

工时定额是完成各装配工序所需的作业时间,它们的累计数就是总装配的工时定额。工时定额与所选用的设备、工艺装备、装配机具的水平（即工艺水平）有关,也与工人的作业速度有关,所以工时定额要以限定的工艺水平为前提,按熟练的操作工人、正常的作业速

度来确定。一个新产品工时定额的确定，一般在对产品结构进行分析和初步工艺分析的基础上，参考其他汽车厂类似作业内容的工时定额加以适当修正；或者利用新产品试装的机会对每一装配内容的作业时间进行实测后加以适当调整；也可以用当前国际上通用的预定动作时间标准法——MTM 法来确定。工时定额是总装配工艺卡的一项内容，是计算装配线长度和装配工人数的依据。

工时定额表是工艺部门向工厂劳动工资部门提供的对人员配备和人员工资进行定额管理的依据。它可以由工艺卡上工时定额进行汇编取得，内容应包括工序号、工序名称、工时定额 3 部分，并把装配线上工时和线外分装工时区别开来。

3. 车间工艺平面布置图

车间工艺平面布置图是工艺设计的主要文件，它能直观地展示车间内设备布置情况、总装配线工作地的布置情况、各分装地及零部件总成储存地的区域位置及内部布置状况；车间内其他相关部门的位置，车间内水、电、压缩空气等动力使用点以及车间的长度、宽度和高度等内容。它是工厂设计阶段供其他专业进行设计的原始资料和依据，是生产准备阶段车间进行各种工艺装备、工位器具、分装地、零部件总成存放地布置的依据。

在绘制总装配车间工艺平面布置之前，首先要计算和确定总装配线的长度等技术参数，其次要考虑好总装配线操作区所需的宽度，最后要与其他部门协商确定在总装配车间内所需设置的辅助单位的占地面积和位置。

(1) 汽车总装配线技术参数的计算和确定　汽车总装配线是总装配车间的主要设备，它是汽车在总装配过程中运送在制品的载体，其形式和结构要适应汽车的产量和产品的结构特点，其长度应满足生产纲领并留有一定的发展改造余地。确定好总装配线的技术参数，选好总装配线的结构形式，是汽车总装配工艺设计的重要一步。有时某些技术参数是指令性的。

1) 根据生产纲领和生产班制，计算生产节拍。一个工厂在建厂设计阶段就应根据生产纲领确定生产班制。大批量生产的汽车总装配车间一般采用两班制生产。

生产节拍指在总装配线上连续进行汽车总装配时，相邻两汽车下线的平均间隔时间，即

$$\text{生产节拍} = \text{年工作日} \times \text{日工作时间} \times \text{装配线开动率} / \text{生产纲领}$$

装配线开动率是总装配线实际运行时间与规定运行时间的比率。装配线开动率越大，说明在一定时间内的运行时间越长，生产率也就越大。

影响装配线开动率的因素主要有两个：一个是规定的非工作时间，如班前会、班后会占用的工作时间以及班中法定的工间休息时间；另一个是因设备故障、某种零部件总成供应不及时等突发性事件造成装配线停止运行。这两个原因都会造成总装配线实际运行时间低于规定的运行时间。

为确保生产任务的圆满完成，在计算生产节拍时，确定总装配线合适的装配线开动率是十分必要的。在工厂建成投产后的日常组织生产中，必须加强对总装配线及车间内其他设备和工艺装备的维护，遇到突发性设备故障时，维修部门要积极组织抢修，减少停线时间。生产组织和调度部门要减少和避免因零部件、总成供应不及时而造成总装配线停线。总装配线的停线时间是工厂对总装配车间及其他有关部门服务质量的考核指标，生产部门对停线时间和停线原因都要有记载，并落实责任单位进行考核。

在进行生产节拍计算时，装配线开动率可以在 85%~95% 的范围内视具体情况选取。

2) 总装配线上装配工位数的计算。总装配线上装配工人作业的位置数简称装配线工位

数。它等同于总装配线上一个班次的操作工人数（不是一个班次车间工人总数），即

装配线工位数=线上工时定额×生产纲领/（工人设计年时基数×生产班次）

3）**确定工位密度，计算总装配线的装配车位数。**工位密度指总装配线上每个车位长度内平均可以安排的装配工位数。它以围绕一个装配在制品同时操作的工人互不干涉、互不影响工作为原则来确定。汽车越大越长，工位密度可取得大些，通常轿车取 2~3，载货汽车取 4~6。

总装配线的装配车位数就是总装配线上可同时摆放的供装配用的车体数量，即

装配车位数=装配线工位数/工位密度

4）**确定车位长度，计算总装配线有效长度。**车位长度由在制品（即车体）长度和两车体之间的间隔距离决定。车体长度一般取所装汽车的最大外廓长度，两车体之间的间隔距离以工人在相邻两车体的前端和后端同时作业时互不干涉为原则来确定，也要使利用车架前、后端夹紧定位的底盘翻转器操作不受影响，一般取 0.7~1.2m，车体短则偏向于取小值，即

车位长度=在制品（即车体）长度+两车体之间的间隔距离

总装配线的有效长度指总装配线上总装配作业所需的长度，为装配段长度与汽车在线上做必要的调整、检查、排除故障直至汽车驶下总装配线所需的长度之和，即

总装配线有效长度=车位长度×（装配车位数+调整车位数）

汽车调整由调整工在总装配线的装配段和调整段的交界区接车，直至汽车开下总装配线到完成全部调整工作，都由一人承担。

总装配线的总长度还要考虑在总装配线设计时因结构需要，在地面上所需占用的长度，如张紧装置长度、桥式链或带支架板式链与板式链的过渡段长度等。在进行车间平面布置图设计时，必须表示总装配线的总长度，并以此确定总装配车间的长度。

5）**总装配线运行速度的计算。**总装配线运行速度指达到生产纲领时的速度，即

总装配线运行速度=车位长度/生产节拍

工厂建成后实际组织生产时，产量由小到大，装配工人也由少到多，因而生产节拍由大到小，总装配线的运行速度从小到大与之相适应。在一个工厂正常生产的情况下，汽车产量会有变化，需要对总装配线的运行速度做适当调整，因此总装配线的运行速度要设计成可以无级调整的，以便最大程度地适应产量的需要。

(2) **总装配线作业区宽度的确定**　总装配线作业区的宽度包括以下内容：汽车的最大宽度；工人作业区宽度（要考虑汽车装好驾驶室后，打开车门不影响工人作业和不碰撞线旁工位器具）；工位器具和小件存放地宽度；大件或总成存放地宽度以及车间内运送零部件总成所需运输车辆的通道宽度。

(3) **总装配车间工艺平面布置图的内容**　总装配车间的总装配线长度和作业区宽度确定后，还需与其他部门协商确定车间需布置的其他内容，如零部件总成的分装地、机电维修值班室、工具库、生活间及卫生间等，并要确定它们的位置、面积。

总装配车间的工艺平面布置要遵循以下原则：车间道路畅通；分装地要在上线点就近布置；大工件储备地集中一侧布置；零部件摆放要集装化（专用货箱、货架）；车间的长度和宽度要符合建筑模数。

总装配车间工艺平面布置图的具体内容有：①总装配线长度及作业区；②车间通道；③起重机或单轨电动葫芦等各种运输设备的运行轨道及其标高，设备平面图号；④其他设备

和主要工艺装备（如分装台、气动吊等）的安装位置及其平面图号；⑤操作工位；⑥其他分装地、储存地、生活间、卫生间等的位置；⑦厂房的长、宽、高及按建筑的要求表示墙体、门、窗、柱子及柱轴编号；⑧车间内水、电、气等的动力供应点；⑨对车间的照明、地坪负荷、通风除尘、采暖和防暑降温要求及对厂房的结构或材料等要求加以明确的说明。

4. 设备明细表

在车间进行工艺设计时，应根据生产纲领、产品结构特点、质量要求、工艺内容及整体工艺水平来确定所需的各种设备，同时需编制设备明细表。

设备明细表是工厂设计阶段电气设计专业配备变配电间和电缆电线设计的依据，是工厂建设期间设备部门进行设备采购、组织设计制造的依据，是工厂建成后进行设备管理、维修的台账，也是工厂进行资产和财务管理的依据之一。设备明细表需列出以下内容：序号、设备名称、规格型号及数量、制造厂、电力安装容量、价格及价格依据。若为非标设备，则在"制造厂"一栏内注明"非标"。复杂而造价较高的工艺装备，如分装台、气动悬挂起重机等需列入设备明细表内。

5. 工具清单及工位器具清单

总装配车间内工具、工位器具和各种吊具、夹具、简易工装特别多，可以编制工具清单和工位器具清单，作为工具管理部门采购、设计制造、分发、日常维修管理的依据。工具清单内除包括各种气动工具、扳手、锤子外，也包含简易的检测器具，如定扭力扳手、卡尺、量规、卷尺等。

6. 检查工艺卡

将总装配工艺卡内各工序的检查内容、检查方法、检查手段、质量要求及质量指标集中起来编制成文即为检查工艺卡。它可供质量检验部门或管理部门进行质量稽查、考核、管理。检查工艺卡内应列出所用检具或量具的名称、规格和型号（或编号），并提出对计量器具进行定期鉴定的要求，以保证计量的准确度和可信度。

产品质量是制造出来的，不是检查出来的，企业的质量应通过生产制造部门的自主检查与质量检验和管理部门的稽查、考核相结合的办法来保证。生产车间的每个工人对自己装配的零件要进行自检，达到工艺卡上规定的要求，车间内要组织人员加强质量互检及抽检，进行内部评比、考核，称为自主检查。专职质量检验或管理部门除了协助车间搞好质量检查和管理外，要对装配质量进行分项或全面的、定期或不定期的抽查，称为稽查。把检查结果记录在案进行反馈，同时对车间进行考核，车间再考核到个人，奖惩结合、荣誉与经济结合，以促进质量的提高和稳定。

7. 辅助材料消耗定额

辅助材料指除汽车零部件和总成外，装车所需要的各种其他材料，如汽车所需加注的燃油，各种润滑油、润滑脂、冷却液、制动液、检查制动管路密封用肥皂液，装车用密封胶，擦拭零件用的棉纱、擦布等。按每辆汽车所需的用量进行列表，内容包括名称、规格或型号、数量。辅助材料消耗定额是材料供应部门进行采购和核算、考核生产成本的依据。

需要指出的是，总装配工艺卡在工厂设计阶段直至工厂建成投产、正常生产，根据工作的需要及外部条件的情况，有一个由浅入深，不断充实完善和深化的过程。

项目四 汽车装配工艺设计

巩固练习

1. 什么是汽车装配工艺?汽车装配工艺设计的依据是什么?
2. 汽车装配工艺设计的原则有哪些?
3. 汽车装配工艺设计的内容有哪些?
4. 如何计算生产节拍、生产工位数、总装配线有效长度和总装配线运行速度?

任务二 编制汽车总装配工艺卡

编制汽车总装配工艺卡		学时:90min
知识点	1) 汽车总装配工艺卡编制所需资料 2) 汽车总装配工艺卡编制步骤 3) 汽车总装配工艺卡编制要求	
知识目标	1) 掌握汽车总装配工艺卡编制所需要的资料 2) 掌握汽车总装配工艺卡编制的步骤及编制内容 3) 掌握汽车总装配工艺卡编制注意事项	
技能目标	能说出汽车总装配工艺卡编制的步骤及要求,能正确识读总装配工艺卡	

汽车总装配工艺卡是规定产品或部件装配工艺规程和操作方法等的工艺文件,是制订总装配计划和技术准备,指导装配工作和处理装配工作问题的重要依据。它对保证汽车总装配质量,提高装配生产效率,降低成本和减轻工人劳动强度等都有积极的作用。

一、制订总装配工艺规程的原始资料

(1) 产品图样和技术性能要求 产品图样包括总装图、部装图和零件图。通过总装配图上产品和部件的结构、装配关系、配合性质、相对位置精度等装配技术要求来制订装配顺序、装配方法。零件图是装配时进行补充加工或核算装配尺寸链的依据,技术条件可作为制订产品检验内容的方法及设计装配工具的依据。

(2) 产品的生产纲领 产品的生产纲领决定了产品的生产类型,而生产类型不同,其装配工艺特征也不同,在设计总装配工艺规程时可作参考。

(3) 已有生产条件 不管是新建厂房还是旧线改造,在制订总装配工艺时,本车间已有设备和即将购置的设备基本确定。已有生产条件包括已有的装配设备、工艺设备、装配工具、装配车间的生产面积、装配工人的技术水平等。只有在这个基础上制订的装配工艺规程才能切合实际,符合生产要求。

(4) 相关标准资料 相关标准资料指各种工艺资料和标准等。

二、制订总装配工艺规程的步骤与内容

(1) 分析产品图样 从产品的总装图、总成图了解产品结构,明确零部件间的装配关系;分析并审查产品的装配工艺性;分析并审核产品的装配精度要求和验收技术条件;研究装配方法;掌握装配中的技术关键并制订相应的装配工艺保证措施;进行必要的装配尺寸链计算,确保产品装配精度。

（2）确定装配的组织形式　根据产品的生产纲领、结构特点及现有生产条件，确定生产组织形式。

（3）划分装配单元　在汽车总装配工艺的编制中，将产品划分成可进行独立装配的单元是最主要也是最重要的步骤。这对于大批量装配结构复杂的汽车产品来说非常重要，应尽可能减小进入总装的单独零件，缩短总装配周期；将产品划分成装配单元时，应便于装合和拆开；要考虑供配零件的状态，尽量选择供应状态的零件，如各单元件的基件，并明确装配顺序和相互关系。

（4）选择装配基准　无论哪一级的装配单元，都需要选定某一零件或比它低一级的装配单元作为装配基准件，选择时应遵循以下原则：

1）选择产品基体或主干零件为装配基准件，保证产品装配精度。

2）装配基准件有较大的体积和质量，有足够支承面，满足陆续装入零部件时的作业要求和稳定性要求。

3）装配基准件的补充加工量尽量小，尽量不再有后续加工工序。

4）选择的装配基准件有利于装配过程的检测、工序间的传递运输和翻身转位等作业。

（5）确定装配顺序　确定装配顺序应注意以下问题：

1）预处理工序在前，如零件的去飞边、清洗、防锈、防腐、涂装、干燥等。

2）先下后上，先内后外，先难后易。首先进行基础零部件的装配，使产品重心稳定，然后装配产品内部零部件，使其不影响后续装配作业。先利用较大空间进行难装零件的装配。

3）使采用相同设备、供配状况的和需要特殊环境的装配，在不影响装配节拍的情况下，尽量集中。处于基准件同一方位的工序尽量集中。

4）及时安排检验工序。

5）易燃、易爆、易碎、有毒物质放在最后，以减小安全防护工作量。

（6）划分装配工序　装配工序的划分工作包括以下内容：

1）确定工序集中、分散的程度。

2）划分装配工序并确定其具体设备。

3）制订各工序操作规范，如过盈配合所需压力、紧固螺栓联接的拧紧力矩及装配环境要求等。

4）选择设备及设备供应。

5）制订各工序装配质量要求及检测项目。

6）确定工时定额，并协调各工序内容。

（7）填写装配工艺文件　装配工艺文件主要有装配工艺过程卡片、检验卡片和试车卡片等。

（8）编制总装配工艺卡　编制总装配工艺卡应注意以下事项：

1）尽量把作业内容划分为既不能再分，又可成为一个相对独立的单元——基本装配单元。

2）根据产品结构特点，考虑合适的装配顺序，前工序的作业内容不能影响后工序的操作，后工序的作业不能影响前工序的装配质量。

3）每道工序要写明作业内容、操作要求、检查方法、所需要的设备、工艺装备、工

具、工时定额等。

4）要有装配关系图，以直观地表达零部件之间的装配关系，更好地指导工人操作。

三、总装作业指导书的编制

总装作业指导书是在一定的产量条件下，根据生产节拍和装配工位数，在总装配工艺卡的基础上编制的每个装配工位工人的作业卡，也称为操作规范，是具体指导工人操作的工艺文件。它的特点是与产量相适应，具有阶段性，特别是一个新厂建成后，产量由小到大逐步提高，最后达到设计的生产纲领，因而人员的配备、总装配线的运行速度都从慢到快，装配工位数也理所当然地由少到多，所以总装作业指导书只能在一定的产量范围内适用。产量不断增加，不适应装配线速度和生产节拍时，应对总装作业指导书工位数进行修订，对工位卡的内容做调整，重新编制新一轮的版本，以确保装配质量。

在总装配工艺卡编制到足够深度时，即其工序内容细化到既不能再分，又可成为一个相对独立的装配单元时，总装作业指导书的编制可将当时产量条件下计算得到的生产节拍作为每个装配工位的作业时间单位，这时可对工艺卡内容进行合理的分解、组合及适当调整。编制总装作业指导书的注意事项如下：

1）装配线上每个装配工人的作业指导书顺序号要与实际工作位置顺序相对应，并符合产品的装配顺序，避免工人作业位置与作业内容交叉矛盾。

2）每个工人的作业指导书作业时间（工时定额）要尽可能一致，并与生产节拍接近，即作业充实度要高。但原则上不能大于生产节拍时间，以保证工人顺利完成规定的全部作业内容。

3）每个工位安排的作业内容，尽可能使工人的作业区集中，作业内容尽可能单纯，使工人作业时少走路，减少零件品种的差错，使用的工具品种和数量少。使一个工人装配的标准件规格、品种少，可以减少装配差错。

总装作业指导书的形式很多，这由各个企业的具体情况而定。表4-2是某汽车制造企业的总装作业指导书。其内容包括工位号（按装配线两侧分别为左、右顺序编号）及工位名称；序号，作业内容，零部件名称，图号和数量；所用工具、工装或量检具的名称、规格、数量；质量要求及指标，检验方法，注意事项；零部件装配的相互位置关系图。

巩固练习

1. 编制汽车总装配工艺规程需要哪些资料？
2. 编制汽车总装配工艺规程的步骤是什么？
3. 在划分装配单元时有什么具体的要求？
4. 编制总装配工艺规程时确定装配顺序应注意哪些问题？
5. 编制总装作业指导书时有哪些注意事项？

动手试一试

分组，分别识读附录A中的工艺卡文件，提炼该工艺文件中主要的装配顺序、主要质量检查方法和检查设备、主要装配工艺、工装设备、每个工位的具体装配内容。

表 4-2 总装作业指导书

作业人员资格	培训合格后上岗	总装作业指导书	辅料名称	油漆笔、螺纹紧固胶	产品型号	xxxxxx	第 1 页
					产品名称	xxxxxx	共 1 页
					辅料规格	xxxx	自然环境
特性分类	工序名称	装配手动变速器	设备/工装/工具		工序类别	一般工序	控制方法
	工步	操作内容	名称及型号	数量	操作要领		自检油漆标记
	序号						异常处理方法
	1	取工具	取气动扳手1把，扭力扳手2把				1）通知班长或者质量技术员
							2）在轿车装配调试检验责任卡上做好记录
	2	安装	1）先将变速器输入轴与汽油机离合器的花键孔等高，在对准孔位后变速器输入轴推入离合器花键孔内，并适当晃动，以便轴与花键孔紧密啮合	万向接杆	1		劳保用品
			2）用2件M12×1.25×30六角法兰面螺栓将变速器预紧在汽油机相应孔位上，拧紧力矩为(80±10)N·m，合格后用油漆笔涂上绿色漆标	213Ti气动扳手 1/2套筒16	1 1	紧固件先用气动扳手预紧，再用扭力扳手拧紧	
			3）用2件M10×1.25×45六角头螺栓、弹簧垫圈和平垫圈组合件，M10×1.25×40六角头螺栓、弹簧垫圈和平垫圈组合件联接发动机与变速器，合格后用油漆笔涂上绿色漆标	NB-100G扭力扳手 NB-50G扭力扳手 3/8套筒16	1 1 1		

			编制（日期）	校对（日期）	审核（日期）	标准化（日期）	会签（日期）
标记	处数	更改文件号	签字	日期			
标记	处数	更改文件号	签字	日期			

附录 A 某制造厂发动机分装线作业指导书

附表 A-1 总装作业指导书（一）

总装作业指导书			产品型号	FC 系列	FC1-3292-××××
			产品名称	××××	共 1 页 第 1 页
辅料名称	螺纹紧固胶、油漆笔		辅料规格	少量	自然环境
装配发动机左、右悬置总成			设备/工装/工具	工序类别 一般工序	控制方法 自检/油漆标记

特性分类	序号	工步	操作内容	名称及型号	数量	操作要领	异常处理方法
	1	取件	分别取 1 件发动机左悬置和 1 件发动机右悬置				1) 通知班长或者质量技术员 2) 在轿车装配调试检验责任卡上做好记录
	2	取工具	取气动扳手和扭力扳手				
	3	安装	1) 将螺纹紧固胶胶液涂在左、右边梁的 7 个螺纹孔内			装配前，先在位于机舱的螺纹孔内涂上适量的螺纹紧固胶	
			2) 用 3 件 M10×1.25×25 六角法兰面螺栓将发动机右悬置总成固定在右边梁上，拧紧力矩为 (52±5) N·m，合格后用油漆笔涂上绿色漆标	2115 气动扳手 3/8 套筒 13	1 1	本工序各力矩值必须符合工艺要求，紧固件先用气动扳手预紧，再用扭力扳手拧紧	
			3) 用 4 件 M10×1.25×25 六角法兰面螺栓将发动机左悬置总成按顺序预紧在左边梁上，拧紧力矩为 (52±5) N·m，合格后用油漆笔涂上绿色漆标（螺栓预紧与拧紧顺序见附图 A-1）	3/8 300mm 接杆 1/2 套筒 13 NB-100G 扭力扳手	1 1 1	用扭力扳手拧紧时，若螺栓未转动就听到"咔嗒"声，表明力矩值偏大，需反向松动螺栓后再按工艺要求拧紧	

附图 A-1

				劳保用品		
				编制（日期）	校对（日期）	审核（日期）	标准化（日期）	会签（日期）

标记	处数	更改文件号	签字	日期	标记	处数	更改文件号	签字	日期

附表 A-2 总装作业指导书（二）

总装作业指导书				产品型号	xxxx	FC 系列		FC1-3292-xxxx	
				产品名称	无	xxxx		共 2 页	第 1 页
辅料名称	装配洗涤壶（带电动机总成）和喷嘴总成			辅料规格	无	工序类别	一般工序	工作环境	自然环境
作业人员资格	xxxxxxxxxxxxxx xxxxxxxx	培训合格后上岗		设备及工装/工具			操作要领	控制方法	自检
工序名称	工步		操作内容	名称及型号	数量				异常处理方案
特性分类	序号								
	1	取件	取 1 件洗涤壶（带电动机总成）、软管带接头总成、洗涤软管塑料固定卡和 2 件喷嘴总成						
	2	取工具	取电动扳手						
	3	安装	1）将 2 件喷嘴卡到机盖对应孔位上 2）将洗涤软管一端的两端头分别接到盖下部洗涤器喷嘴上，并将软管自带卡子固定在机盖铰链上 3）用 3 件 M6×20 六角头螺栓和平垫圈组合件将洗涤壶带电动机总成固定紧固到右前翼子板下侧	电动扳手 磁性套筒 10	1 1				1）通知班长或者质量技术员 2）在轿检验责任卡上做好记录

项目四　汽车装配工艺设计

	劳保用品			
	4) 将软管沿右前翼子板后侧内部的孔腔穿下，并用1件线束定位夹和2件洗涤壶软管塑料固定卡分别将其固定在机盖右侧第一圆孔内和前翼子板下部车身上		软管卡入洗涤壶左边卡槽内，不弹出	
	5) 将软管另一端连接到洗涤壶（带电动机总成）上，并将软管卡入洗涤壶左边卡槽内			
4	将工具放回原处	放工具		

				编制（日期）	校对（日期）	审核（日期）	标准化（日期）	会签（日期）
标记	处数	更改文件号	签字	日期	标记	处数	更改文件号	签字	日期

附表 A-3　总装作业指导书（三）

总装作业指导书			产品型号		FC1-3292-××××	
×××××××××××× ××××××××			产品名称	FC 系列	共 1 页	第 1 页
作业人员资格	培训合格后上岗	辅料名称	油漆笔			
工序名称	装配冷却风扇调速电阻总成		辅料规格	绿色	自然环境	控制/油漆标记
特性 分类	序号	工步	操作内容	设备/工装/工具	工作环境	自检处理方案
				名称及型号	数量	一般工序	异常处理方案
	1	取件	取 1 件冷却风扇调速电阻总成			工序类别	1）通知班长或者质量技术员
	2	取工具	取电动扳手	电动扳手	1	操作要领	2）在桥车装配调试检验责任卡上做好记录
	3	安装	1）将冷却风扇调速电阻总成放置到机舱左边梁前端 2）用 2 件 M6×16 六角头螺栓弹垫、平垫组合件将冷却风扇调速电阻总成紧固到右前翼子板下侧	磁性套筒 10	1		劳保用品
	4	放工具	将工具放回原处				

							编制 （日期）	校对 （日期）	审核 （日期）	标准化 （日期）	会签 （日期）
标记	处数	更改文件号	签字	日期	标记	处数	更改文件号	签字	日期		

项目四 汽车装配工艺设计

附表 A-4　总装作业指导书（四）

作业人员资格 xxxxxxxxxxxxxx xxxxxxxx	培训合格后上岗	总装作业指导书		产品型号	FC 系列	FC1-3292-××××
				产品名称	××××	共 1 页 第 1 页
工序名称	辅料名称	辅料规格		设备及工装型号	工序类别	自然环境
安装空气滤清器谐振箱总成	无				一般工序	工作环境 控制方法
特性分类	序号	工步	操作内容	名称及型号	数量	操作要领 自检
	1	取件	取 1 件空气滤清器谐振箱总成			异常处理方案
	2	取工具	取电动扳手	电动扳手	1	1）通知班长或者质量技术员 2）在轿车装配调试检验责任卡上做好记录
	3	安装	1）将空气滤清器谐振箱总成放置到左前翼子板前端下侧 2）用 2 件 M6×20 六角头螺栓大平垫圈组合件及 1 件 M6 六角法兰面螺母将空气滤清器谐振箱总成紧固	磁性套筒 10	1	劳保用品
	4	放工具	将工具放回原处			

编制（日期）	校对（日期）	审核（日期）	标准化（日期）	会签（日期）

标记	处数	更改文件号	签字	日期	标记	处数	更改文件号	签字	日期

附表 A-5 总装作业指导书（五）

总装作业指导书		产品型号	FC 系列	共1页	FC1-3292-××××	第1页
		产品名称	××××	工作环境		自然环境
		辅料规格		工序类别		控制方法
辅料名称		设备/工装/工具		操作要领		自检/油漆标记
		名称及型号	数量	一般工序		自检处理方案
作业人员资格	××××××××× ×××××××	培训合格后上岗				异常处理方案：1) 通知班长或者质量技术员 2) 在轿车装配调试检验员责任卡上做好记录
特性分类	工序名称	安装空气滤清器前进气管		电动扳手 磁性套筒10	1 1	劳保用品
	工步	操作内容				
序号						
1	取件	取1件空气滤清器前进气管				
2	取工具	取电动扳手				
3	安装	1) 将空气滤清器前进气管一端空出（在C01与空气滤清器总成口连接），另一端放置到机舱内左边梁及前横梁处 2) 用1件M6×12六角头螺栓和平垫圈组合件, 1件底护板塑料按扣将空气滤清器前进气管紧固				
4	放工具	将工具放回原处				

						编制	校对	审核	标准化	会签
						（日期）	（日期）	（日期）	（日期）	（日期）
标记	处数	更改文件号	签字	日期						
标记	处数	更改文件号	签字	日期						

项目五

汽车车门的拆装、调整与装配工艺卡编制

项目导引

小张是汽车车门分装线的班组长，工作认真负责，积极参与解决生产线生产、工艺、设备问题，作为班组长，他需要指导组员拆卸汽车车门、进行车门装配，并会编制汽车车门装配工艺卡。汽车车门分装线如图 5-1 所示。

图 5-1 汽车车门分装线

任务一 认知汽车车门

认知汽车车门	学时：45min
知识点	1）汽车车门的组成 2）汽车车门的类型
知识目标	1）掌握汽车车门的组成 2）掌握汽车车门的类型
技能目标	能正确认识、开启汽车车门，并能指出汽车车门的类型

一、轿车车门简述

车门（图 5-2）是汽车车身的重要部件之一，它是乘员和货物的上下通道，它的结构和布局直接影响汽车的美观、强度和舒适性。

图 5-2　车门

轿车的车门一般由门体、车门附件和内饰盖板组成。门体通常由车门内板、车门外板、车门窗框（有的车上还装有三角窗）、车门加强横梁和车门加强板等组成。车门内板是各种附件的安装基体，上面装有内饰板、门铰链、升降玻璃及其导轨、玻璃升降器、门锁、车门开度限位器等附件；有的轿车门内还布置有暖气通风管道和立体声收放音机的扬声器等，车门通过铰链安装在车身壳体上。汽车行驶时，车身壳体将反复扭转变形。为避免车门与门框摩擦产生噪声，通常在车门与门框之间留有较大的间隙，用橡胶密封条将间隙密封。汽车的前、后门窗玻璃通常采用既有利于视野又美观的曲面玻璃，通过橡胶密封条嵌在窗框上或用专门的粘合剂粘贴在窗框上。

车门数指汽车车身上包括行李舱门在内的总门数。一般的两厢轿车和 SUV 汽车以及 MPV 汽车都是五门的（后门为掀起式）；还有一些运动型两厢车设计成三门的。

当汽车受到侧面撞击时，车门很容易受到冲击而变形，可能直接伤害到车内乘员。为了提高汽车的安全性能，不少汽车公司在汽车两侧门夹层中间安置一两根非常坚固的钢梁（即侧门防撞杆），如图 5-3 所示。当侧门受到撞击时，坚固的防撞杆能大大减轻侧门的变形程度，能减少汽车撞击时可能对车内乘员的伤害。

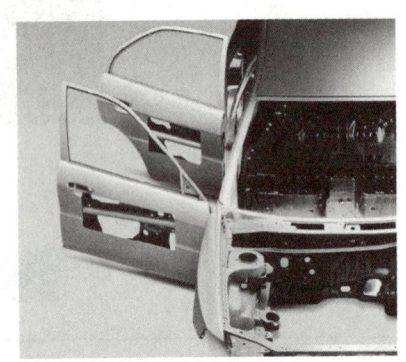

图 5-3　侧门防撞杆

二、车门的类型

1. 按开启方式分类

（1）顺开式车门（图 5-4）　顺开式车门指即使在汽车行驶时仍可借气流的压力关上的车门，顺开式车门相对比较安全，而且便于驾驶人在倒车时向后观察，故目前被轿车广泛采用。

（2）逆开式车门（图 5-5）　逆开式车门在汽车行驶时若关闭不严，就可能被迎面气流冲开，因而用得较少，一般只是为了使上下车方便或在迎宾礼仪需要的情况下才采用。

（3）水平移动式车门（图 5-6）　微型车和 MPV 车中广泛使用这种车门，它的优点是车身侧壁与障碍物距离较小时仍能全部开启。

项目五　汽车车门的拆装、调整与装配工艺卡编制

图 5-4　顺开式车门

图 5-5　逆开式车门

（4）掀背式车门（图 5-7）　掀背式车门广泛用作轿车及轻型客车的后门，也应用于比较低矮的汽车。

图 5-6　水平移动式车门

图 5-7　掀背式车门

（5）折叠式车门　折叠式车门开启时基本不占用横向的空间，被广泛应用于大、中型客车。

（6）剪刀式车门（图 5-8）　剪刀式车门主要应用于一些跑车上，车门的开启形状好似剪刀。除兰博基尼 V12 发动机跑车外，Countach、Diablo 和 Murcielago 等车型都是剪刀式车门的代表作。它的铰链在前挡泥板附近，剪刀式车门给人一种前卫和高档的感觉。

（7）鸥翼式车门（图 5-9）　鸥翼式车门主要应用在跑车上，因车门的开启形状像海鸥

图 5-8　剪刀式车门

图 5-9　鸥翼式车门

97

的翅膀而得名，便于乘员进出和行李的放置。鸥翼式车门外观个性动感，给人以振翅欲飞的感觉。这种运用在跑车车门上的个性化设计，经过多年发展已经成为一种古典与浪漫的标志。

2. 按门体结构分类

(1) 整体式车门（图 5-10） 整体式车门应用最广泛。这种车门内骨架和外板通过包边合成一个整体，拆装简单，只需卸下车门内饰板就可以进行工作。但是车门内部结构复杂，相关的零部件较多，如升降器、车门中控电动机、门锁联动机构、线束等，这些附件的拆装比较麻烦。车门钣金修复时，由于空间狭小，不利于工具的进入，操作时非常不方便。

(2) 分体式车门（图 5-11） 分体式车门的面板与内骨架是分离的，维修时需要拆卸门内饰板和内骨架。这种车门对钣金维修非常有利，有足够的空间可以利用。但每次拆卸内框后，都要对其安装位置进行反复调整，以保证与其相邻部件位置的正确，否则会影响车门开关的轻松程度和密封性能。最具代表性的分体式车门是红旗乘用车的车门。

图 5-10　整体式车门　　　　　　图 5-11　分体式车门

(3) 高尔夫乘用车车门（图 5-12） 高尔夫乘用车的车门吸收了上述两种车门的优点。整体式升降器上安装了所有的附件，升降器和门锁等安装在一块高强度的铝合金板上（图 5-13），然后用螺栓固定在车门上，既提高了车门的整体强度，又提高了车门的密封性能。

图 5-12　高尔夫乘用车车门　　　　　　图 5-13　高尔夫乘用车车门的铝合金板

(4) 速腾乘用车车门（图 5-14） 速腾乘用车的车门在高尔夫乘用车车门的基础上作了新的改进，主要体现在不拆卸车门内饰板的情况下，可以把车门面板拆下，进行车门的钣金

项目五　汽车车门的拆装、调整与装配工艺卡编制

维修和更换零部件的工作。

从图 5-14 可以看到，车门面板拆下后，车门内部结构一览无遗，玻璃升降器、门锁、玻璃及附件、扬声器等零部件的维修和更换非常方便。

速腾乘用车的车门拆装简单、方便，极大地降低了劳动强度，提高了工作效率，在相关零部件更换时优势明显。

(5) 无框车门（图 5-15）　无框车门指没有车门玻璃框的车门，其车窗玻璃完全升到顶的时候，玻璃的上沿没有框架。为了在敞篷状态下保持车辆的开放性与美观，无框车门常用在软顶、硬顶、纯敞篷车中，也有少量的房车与轿跑车中存在这样的设计。

无框车门设计方式可以减少汽车的自重、风阻，增强动感，减少噪声，同时可尽量增大出入空间，减少对乘员的压抑感；但比有框的技术含量高，成本高。实用中的区别体现在车辆的侧面密封性上，同样做工的车门，有框车门的设计密封性优于无框车门。

图 5-14　速腾乘用车车门　　　　图 5-15　无框车门

任务二　拆卸汽车车门

拆卸汽车车门	学时：135min
知识点	1) 汽车车门的结构 2) 汽车车门的拆卸方法
知识目标	1) 掌握汽车车门的结构 2) 掌握汽车车门的拆卸要求和顺序 3) 掌握汽车车门的间隙调整要求 4) 掌握汽车车门拆卸工具的使用方法
技能目标	能正确进行汽车车门的拆卸

一、车门的结构

1. 前门的结构

图 5-16 和图 5-17 所示为丰田威驰轿车左前车门及附件示意图。它是一种有框的车门，分为带电动车窗和不带电动车窗两种。附件主要包括玻璃升降器总成、车窗调节器分总成（带电动车窗）、车门内饰板、车门玻璃、电动车窗调节器主开关（带电动车窗）、玻璃升降

器手柄、电动门锁、车门限位器、扬声器、后视镜总成和玻璃压条等。其主要通过两个车门铰链和车体相连，通过车门限位器的调节来保证车门和车体处在同一个平面上。

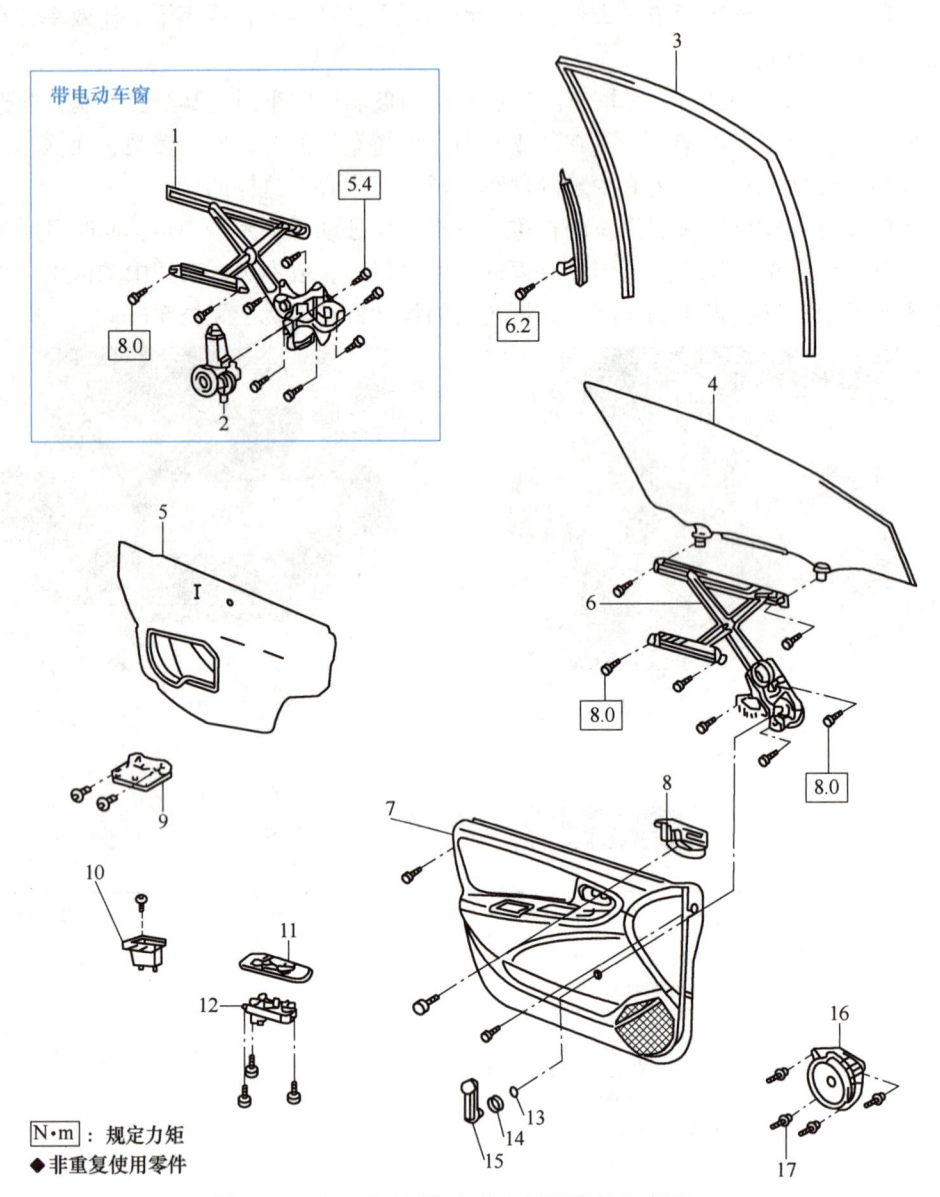

图 5-16　丰田威驰轿车左前车门及附件示意图（一）

1—左侧前门车窗调节器分总成　2—左侧电动车窗调整器电动机　3—左前车门玻璃框
4—左侧前门车窗玻璃　5—左侧前门维修孔盖　6—左前门车窗玻璃升降器总成
7—左前车门内饰板　8—左侧前门内把手分总成　9—车门装饰支架
10—左侧前门拉手　11—前门扶手装饰面板　12—电动车窗调节器主开关
13—卡环　14—垫圈　15—玻璃升降器手柄
16—1号扬声器总成　17—铆钉

项目五　汽车车门的拆装、调整与装配工艺卡编制

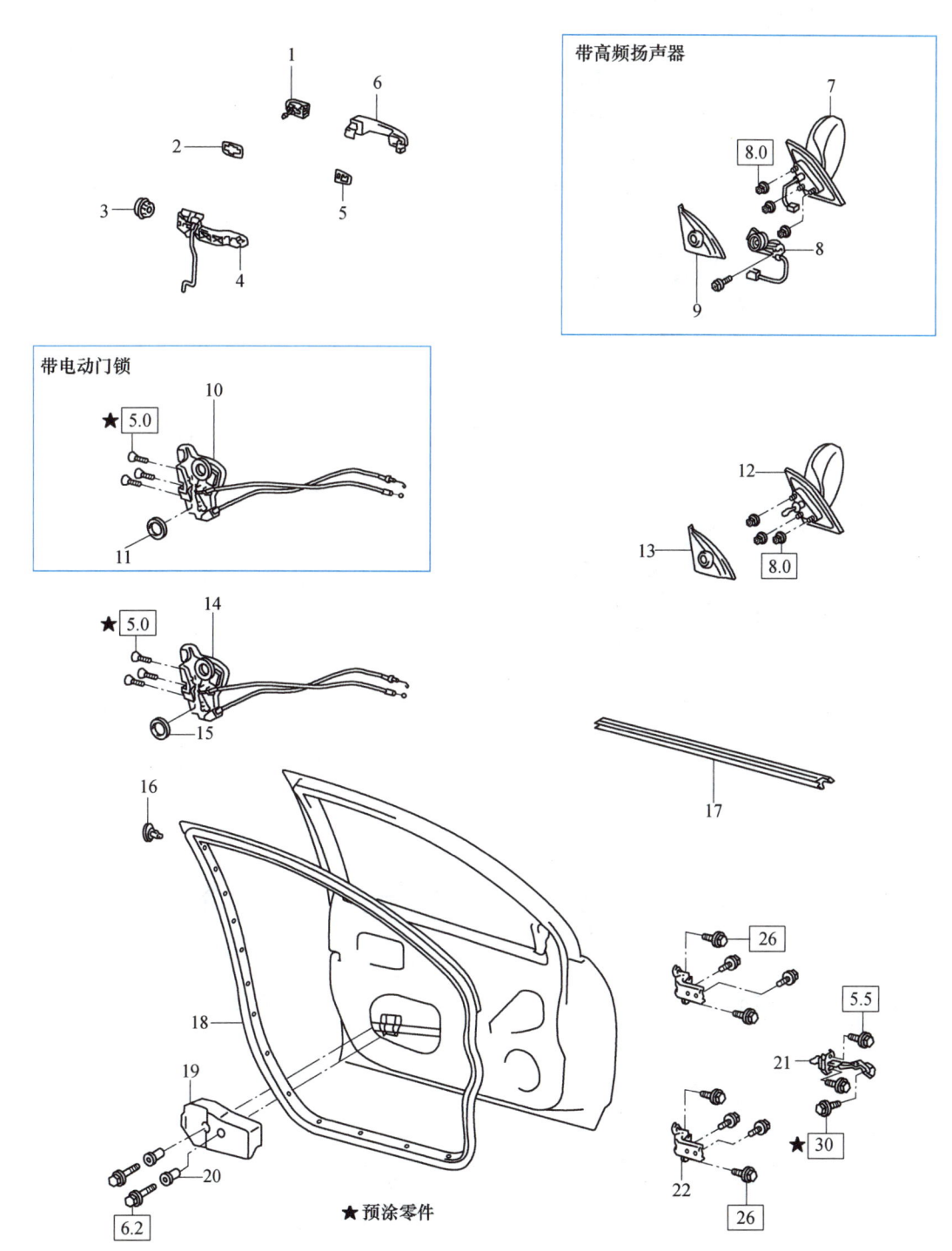

图 5-17　丰田威驰轿车左前车门及附件示意图（二）

1—左侧前门外侧扭平盖　2—前门外侧把手前衬板　3—孔塞　4—左侧前门外把手框架分总成　5—前门外侧把手后衬板
6—前门把手总成外部左侧　7—左侧电动外部后视镜总成　8—2号扬声器总成　9—左侧前门三角框架支架装饰
10—左前门带电动机锁总成　11、15—门锁线束包　12—左侧外部后视镜总成　13—左侧前门三脚架支架装饰
14—左前门带电动机总成　16—车门密封条夹子　17—左前门带玻璃压条　18—左侧车门密封条
19—1号前门加固缓冲装置　20—衬套　21—车门限位器　22—车门铰链

2. 后门的结构

图 5-18 和图 5-19 所示为丰田威驰轿车后车门及附件示意图。和前门相类似，它是一种

有电动车窗

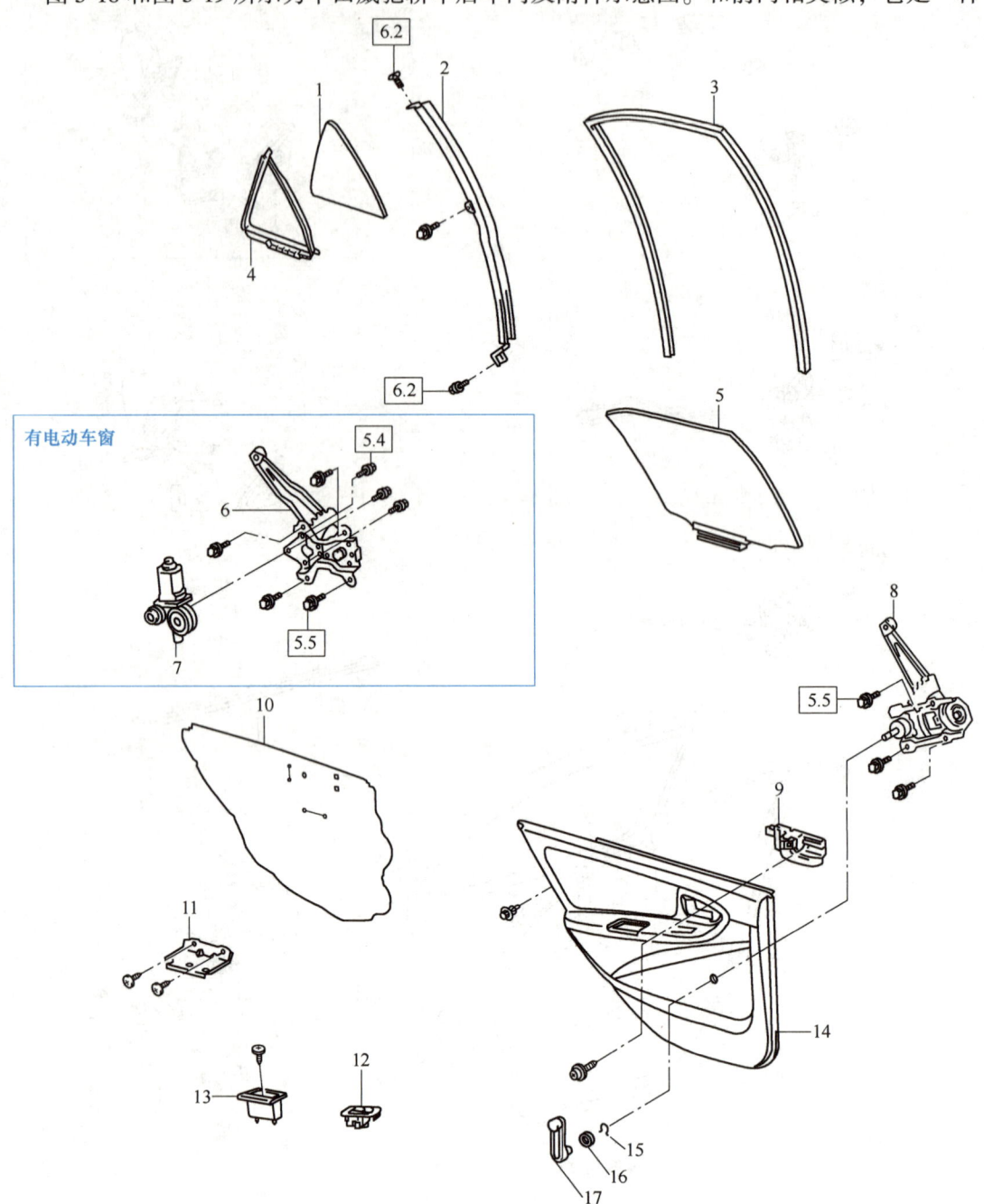

图 5-18　丰田威驰轿车后车门及附件示意图（一）

1—左后门三角窗玻璃　2—左后门分隔条　3—左后门玻璃导槽　4—左后门三角窗玻璃密封条
5—左后门车窗玻璃　6—左后门电动车窗调节器分总成　7—左侧电动车窗调节器电动机总成
8—后门车窗调节器　9—左后门内把手分总成　10—左后门维修孔盖　11—1 号后门装饰支架
12—后门电动车窗调节器开关总成　13—门拉手　14—后门装饰板分总成
15—卡环　16—垫圈　17—车窗调节器内把手

项目五 汽车车门的拆装、调整与装配工艺卡编制

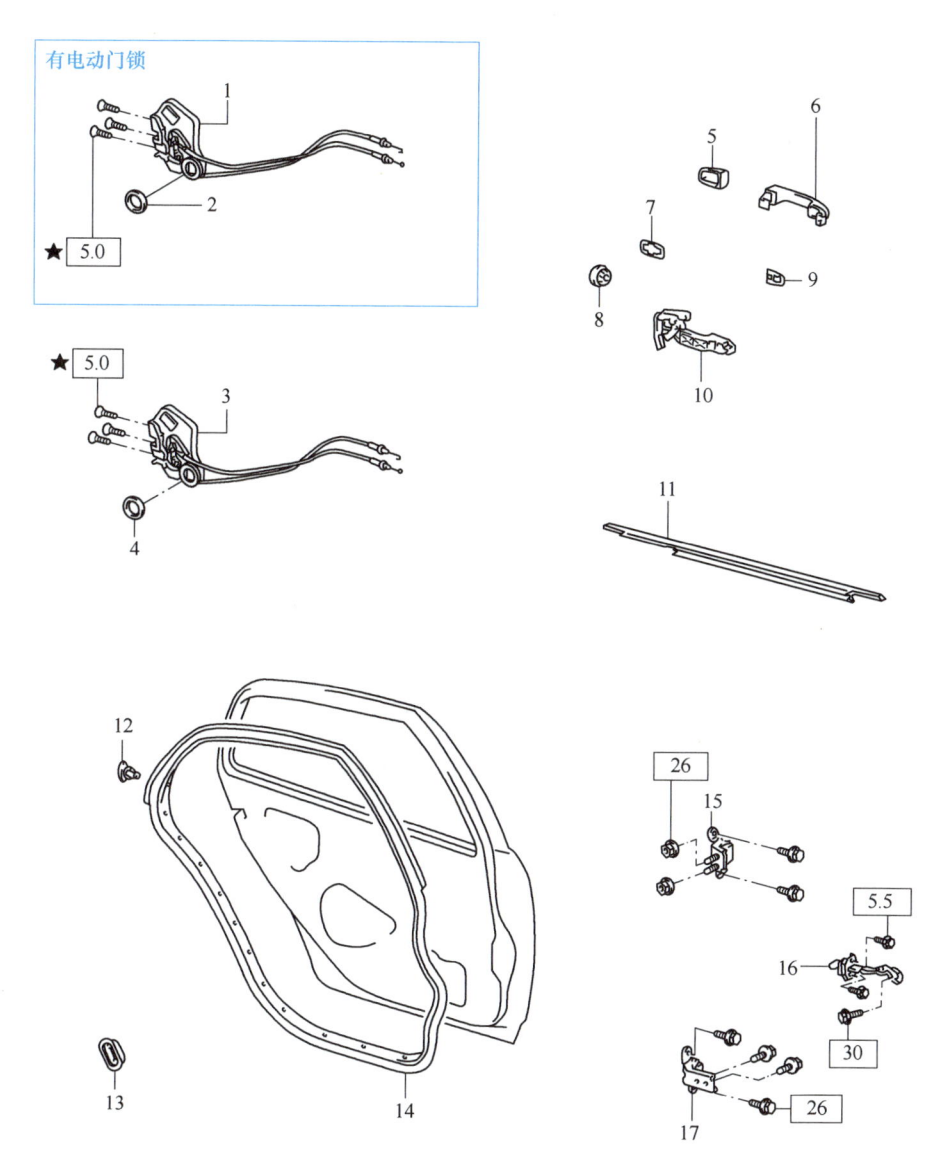

图 5-19 丰田威驰轿车后车门及附件示意图（二）

1、3—左后门锁总成 2、4—门锁线束包 5—左后门外把手盖 6—左后门外把手总成
7—后门外把手前衬垫 8—孔塞 9—后门外把手后衬垫 10—左后门外把手框架分总成
11—左后门压条 12—密封条夹子 13—儿童保护锁孔塞
14—左后门密封条 15、17—门铰链
16—门限位器

有框的车门，分为带电动车窗和不带电动车窗两种。附件主要包括玻璃升降器总成、车窗调节器分总成（带电动车窗）、车门内饰板、车窗玻璃、电动车窗调节器主开关（带电动车窗）、玻璃升降器手柄、电动门锁、车门限位器和玻璃压条等。

二、车门附件的拆卸

提示：用螺丝刀松开钩子、夹子和用螺丝刀撬取塑料件前，将螺丝刀头用胶带缠住。

1. 前门总成的解体

(1) **拆卸车门把手** 如图 5-20 所示,拆下螺钉和把手。

(2) **拆下前门车窗调节器把手总成**(无电动车窗,图 5-21)

1) 用抹布拆下卡环。

2) 拆下车窗调节器把手和垫圈。

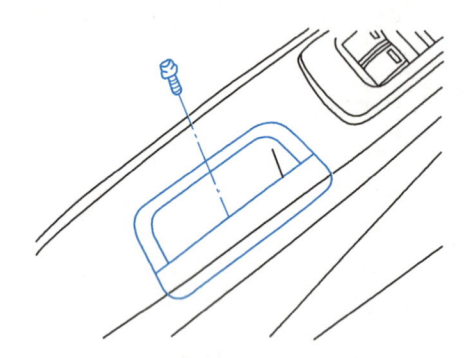

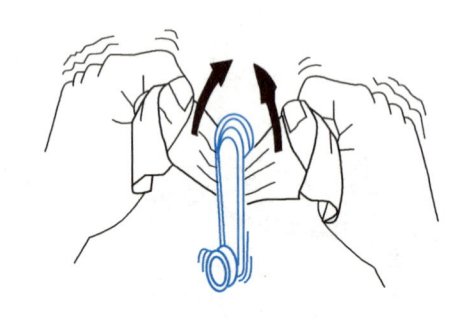

图 5-20 车门把手拆卸示意图

图 5-21 前门车窗调节器把手总成拆卸示意图

(3) **拆下车窗玻璃升降控制开关总成**(有电动车窗,图 5-22)

1) 用螺丝刀松开钩子和夹子,从装饰板上拆下调节器开关。

2) 断开开关插头。从主开关上拆下 3 个螺钉和装饰面板。

(4) **拆下左侧前门三角门框支架饰条** 用螺丝刀松开 2 个钩子和夹子,拆下三角门框支架饰条。

(5) **拆下左前车门内饰板**(图 5-23)

1) 拆下螺钉和 2 个夹子。

2) 用螺丝刀松开 7 个夹子,然后托起装饰板拆下。

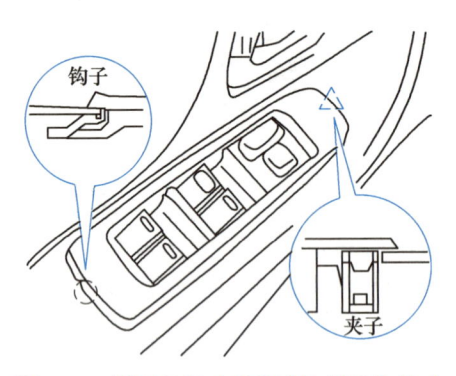

图 5-22 拆下车窗玻璃升降控制开关总成

图 5-23 左前车门内饰板拆卸示意图

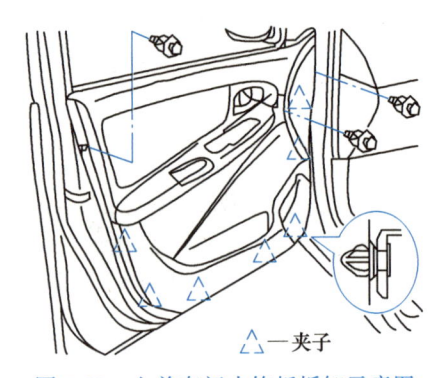

(6) **拆下左前车门内把手** 如图 5-24 所示,松开 2 个钩子,拆下内把手,然后从内把手上断开 2 根拉线。

(7) **拆下 1 号前扬声器总成**(有扬声器,图 5-25)

1) 用直径小于 4mm 的钻头钻去 3 个铆钉头,拆下扬声器。

2) 用钻枪垂直钻铆钉,去除铆钉凸缘。

项目五 汽车车门的拆装、调整与装配工艺卡编制

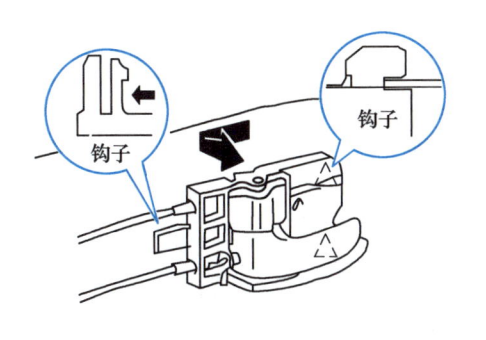

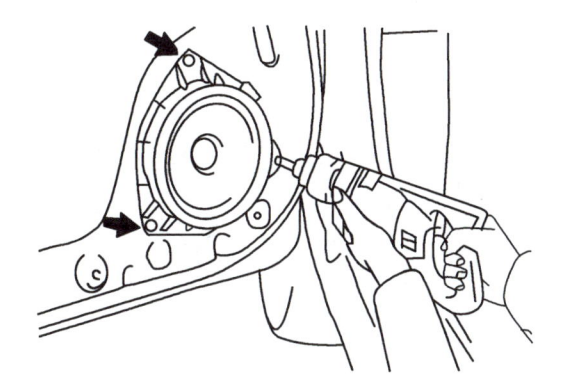

图 5-24 左前车门内把手拆卸示意图

图 5-25 拆下 1 号前扬声器总成

注意：①用钻枪扩孔会损坏铆钉或弄断钻头；②小心处置断的铆钉，避免烫伤。

3）即使凸缘已去除，还需用钻枪继续钻，钻出残留的碎片。
4）用吸尘器从车门内部吸出钻下的铆钉和粉末。

（8）**拆下左前车门密封薄膜** 如图 5-26 所示，拆下门上的定位胶带。
（9）**拆下 2 号前扬声器总成**（有高频扬声器）
（10）**拆下左侧外部后视镜总成**（图 5-27）

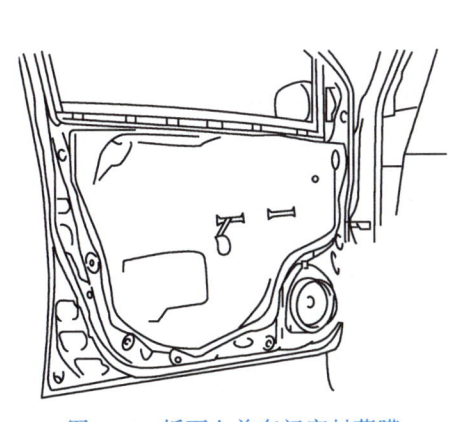

图 5-26 拆下左前车门密封薄膜

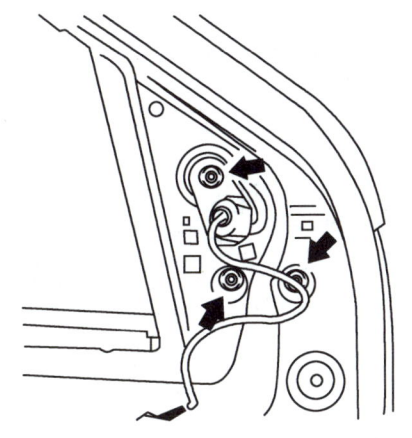

图 5-27 拆下左侧外部后视镜总成

1）有电动后视镜的断开插头。
2）拆下 3 个螺母和外部后视镜。
注意：拆下螺母后，外部后视镜可能会掉落。
（11）**拆下左前门外侧玻璃压条（闭水条）**
（12）**拆下左前门车窗玻璃**（图 5-28）
提示：将抹布塞入车门板内以防划伤玻璃。
1）打开车窗，直至螺栓在维修孔中露出。
2）拆下固定车窗玻璃的 2 个螺栓。
3）如图 5-29 所示，拆下车窗玻璃。

注意：①不要损坏车窗玻璃；②拆下螺栓时，车窗玻璃可能会掉落。

4）拆下车窗玻璃滑槽。

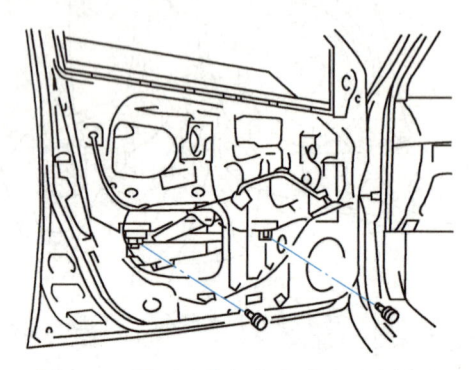

图 5-28　拆下左前门车窗玻璃联接螺栓 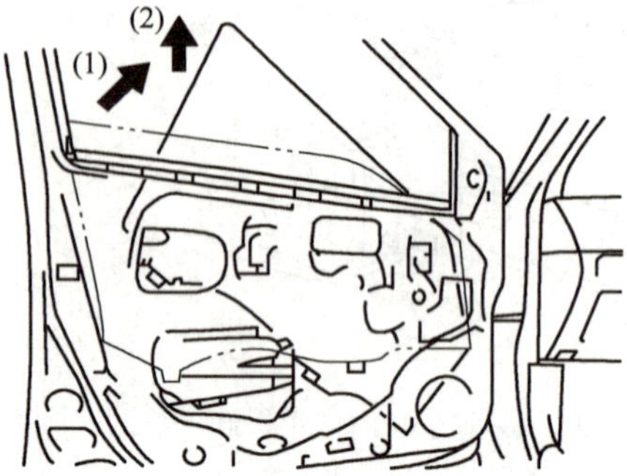　　图 5-29　左前门车窗玻璃拆卸后的移动方向

（13）拆下前门加固缓冲装置　如图 5-30 所示，拆下 2 个螺栓、2 个衬套和 1 号前门加固缓冲装置。

（14）拆下左前车门车窗调节器（图 5-31）

1）有电动车窗：断开车窗调节器插头。

2）拆下 6 个螺栓和车窗调节器。

注意：拆下螺栓时，左前车门车窗调节器可能会掉落。

提示：通过维修孔拆下门窗调节器。

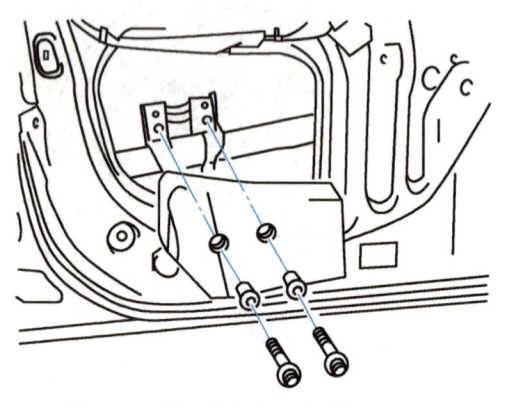

图 5-30　拆下前门加固缓冲装置螺栓 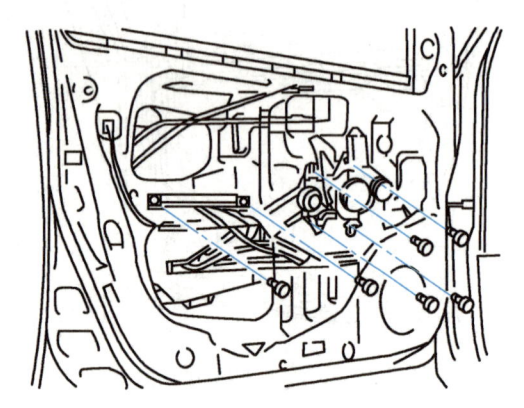　　图 5-31　拆下左前车门车窗调节器

（15）拆下左侧电动车窗调节器电动机总成（有电动车窗）

1）在调节器电动机齿轮和调节器齿轮上做记号。

2）拆下 3 个螺钉和电动机。

（16）拆下左前门玻璃活动滑道　如图 5-32 所示，拆下螺母和框架后下部。

（17）拆下左前车门外把手盖板（图 5-33）

1）拆下孔塞。

2）使用套筒扳手松开螺钉，拆下装有门锁钥匙筒的外部把手盖板。

项目五 汽车车门的拆装、调整与装配工艺卡编制

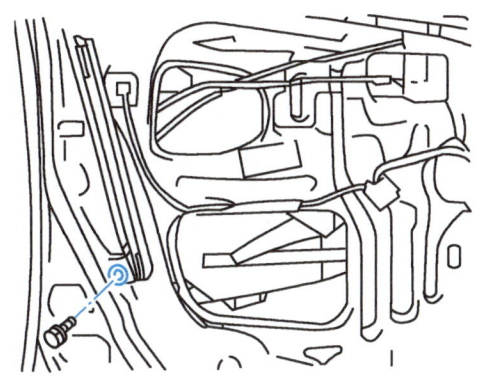

图 5-32 拆下左前门玻璃活动滑道

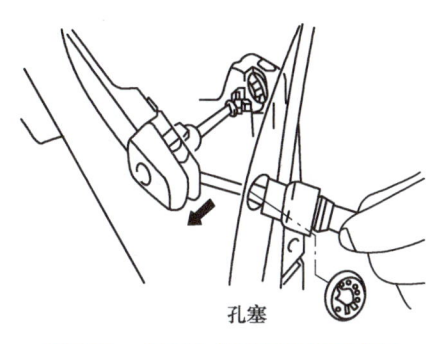

图 5-33 拆下左前车门外把手盖板

（18）拆下左前门锁总成（图 5-34）

1）若有电动门锁，断开门锁插头。
2）拆下 3 个螺钉和门锁。

提示：通过维修孔拆下门锁。

3）拆下门锁线束包。

（19）拆下左前车门外部把手总成　如图 5-35 所示，沿箭头方向推动外部把手，拆下外部把手，拆下 2 个前门外部把手衬垫。

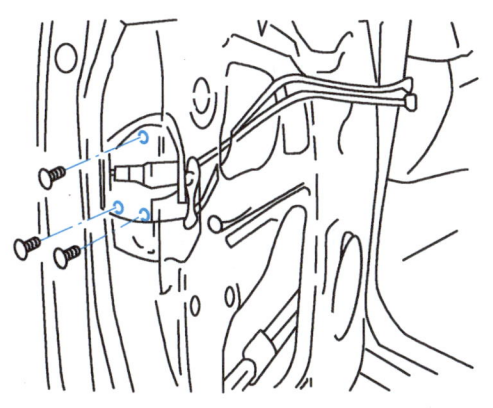

图 5-34 拆下左前门锁总成

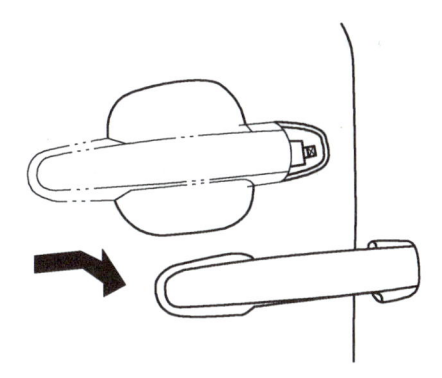

图 5-35 拆下左前车门外把手总成

（20）拆下左前车门外部把手支架分总成（图 5-36）

1）用套筒扳手将外部把手支架上的螺钉松开。
2）用钳子松开夹子，拆下外部把手框架，如图 5-37 所示。

注意：确保将夹子和外部把手一同拆下，如果夹子还接在门板上会被损坏。

提示：通过维修孔拆下外部把手框架。

3）拆下外部把手相连件。

（21）拆下左前门限位器　如图 5-38 所示，拆下 3 个螺栓和车门限位器。

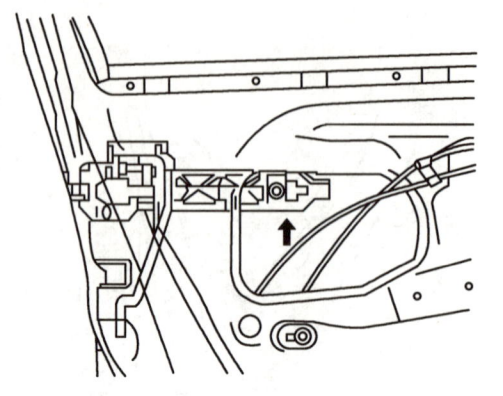

图 5-36　拆下左前车门外把手支架分总成

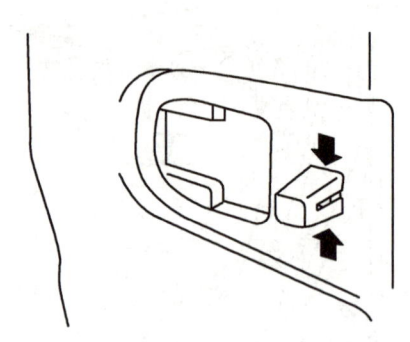

图 5-37　拆下左前车门外把手框架

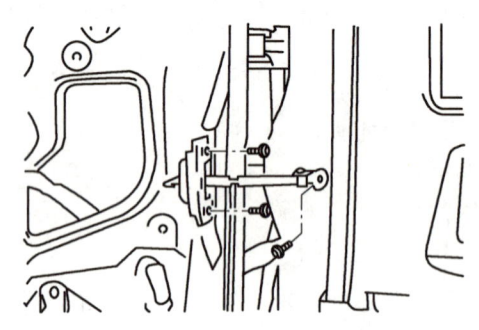

图 5-38　左前门限位器拆卸示意图

提示：通过维修孔拆下车门限位器。

（22）拆下左前门密封条　用夹子拆卸工具松开夹子，拆下密封条。

提示：如果夹子损坏，需更换新件。

2. 后门总成的解体

提示：右侧按与左侧相同的步骤进行拆卸。

（1）拆下车门把手　如图 5-39 所示，拆卸锁扣和把手。

（2）拆下后门车窗玻璃升降器摇手柄（无电动车窗）

1）用抹布拆下卡环。

2）拆下玻璃升降器把手和垫圈，如图 5-40 所示。

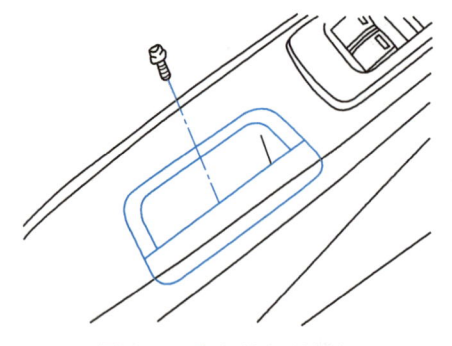

图 5-39　车门锁扣的拆卸

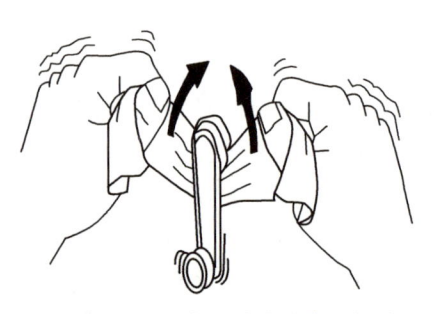

图 5-40　后门车窗玻璃升降器把手

项目五 汽车车门的拆装、调整与装配工艺卡编制

（3）**拆下电动车窗玻璃升降器开关总成**（有电动车窗，图5-41）

1）用螺丝刀松开扣爪，从装饰板上拆下调节器开关。
2）断开开关插头。

（4）**拆下左后车门内饰板**（图5-42）

1）拆下螺钉和夹子。
2）用螺丝刀松开6个夹子，然后托起装饰板拆下。

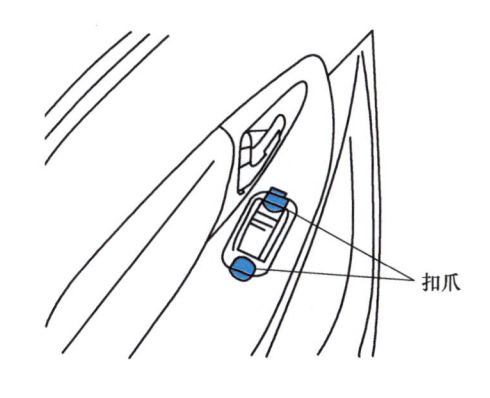

图5-41 玻璃升降器开关

图5-42 拆下左后车门内饰板

（5）**拆下左后车门内把手分总成** 如图5-43所示，松开2个钩子，拆下内把手，然后从内把手上断开2根拉线。

（6）**拆下左后车门密封薄膜**（图5-44）

注意：拆下左车门内侧的定位胶带。

图5-43 左后车门内把手

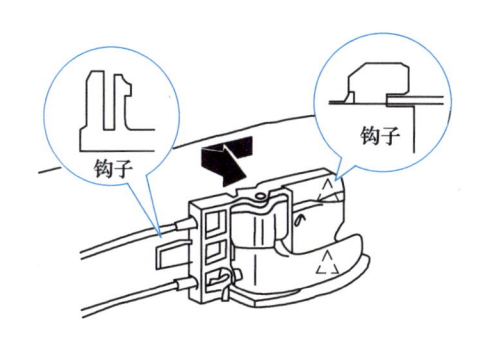

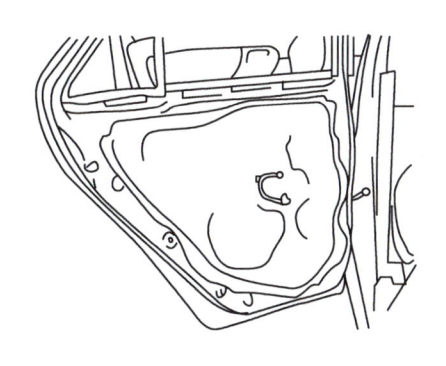

图5-44 左后车门密封薄膜

（7）**拆下左后车门外侧玻璃密封压条**

（8）**拆下左侧后车门车窗分隔条**（玻璃活动滑道，图5-45）

1）拆下后车门玻璃导槽。
2）拆下螺钉、2个螺栓和分隔条。
3）旋转分隔条45°，如图5-45所示，将它向上拉出。

(9) 拆下左侧后车门三角窗玻璃（图 5-46）

1）拆下三角窗玻璃。

2）拆下三角窗玻璃密封条。

(10) 拆下左后车门车窗玻璃（图 5-47）

提示：将抹布塞到车门内，以防止划伤玻璃。

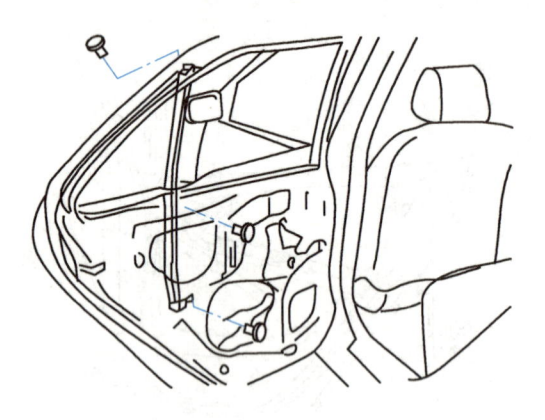

图 5-45　拆下左侧后车门车窗玻璃活动滑道 　　　图 5-46　拆下左侧后车门三角窗玻璃

(11) 拆下左后车门车窗玻璃升降器总成（图 5-48）　若有电动车窗，断开车窗调节器插头，拆下 4 个螺栓和车窗调节器。

注意：拆下螺栓时，后门车窗调节器可能会跌落。

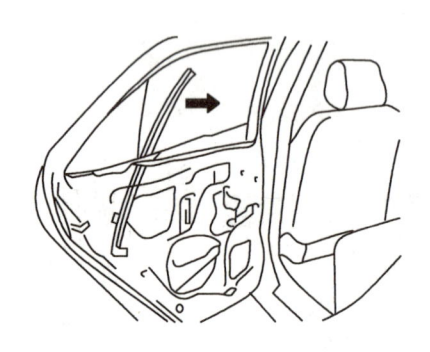

图 5-47　左后车门车窗玻璃拆卸示意图 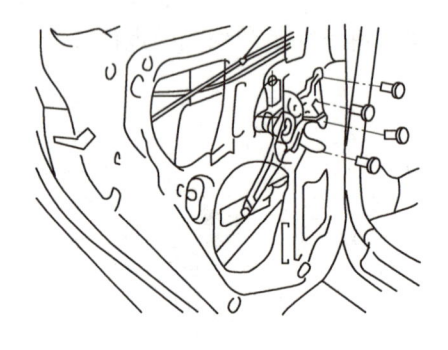　　　图 5-48　左后车门车窗玻璃升降器示意图

(12) 拆下左侧电动车窗调节器电动机总成（有电动车窗）

1）在调节器电动机齿轮和调节器齿轮上做记号。

2）拆下 3 个螺钉和电动机。

(13) 拆下左后门锁总成（图 5-49）

1）若有电动门锁，断开门锁插头。

2）用套筒扳手拆下 3 个螺钉和门锁。

3）拆下门锁线束。

(14) 拆下左后车门外部把手盖板　用套筒扳手拆下装有钥匙的外部把手盖板。

项目五　汽车车门的拆装、调整与装配工艺卡编制

（15）拆下左后车门外把手总成（图 5-50）

1) 拉出并固定外部把手框架的释放板。
2) 沿箭头方向推动外部把手，拆下外部把手。
3) 拆下 2 个后车门外把手衬垫。

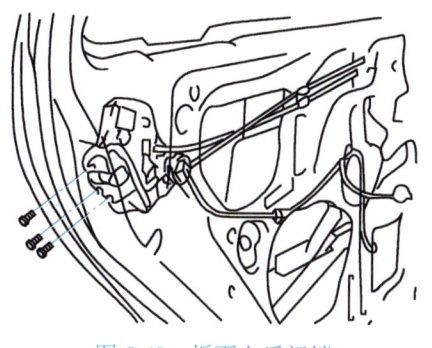

图 5-49　拆下左后门锁

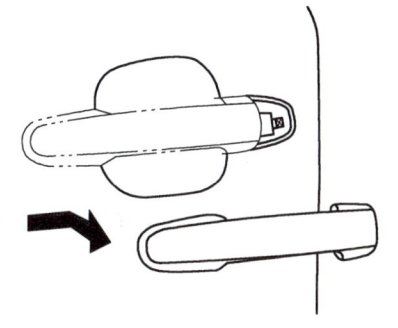

图 5-50　拆下左后车门外把手

（16）拆下左后车门外把手支架总成（图 5-51）

1) 用套筒扳手松开螺钉。
2) 用钳子松开夹子，拆下外部把手框架。

（17）拆下左后车门限位器　拆下 3 个螺栓和限位器。

（18）拆下左后车门密封条　用夹子拆卸工具松开夹子，拆下密封条，如图 5-52 所示。

提示：如果夹子损坏，需更换新件。

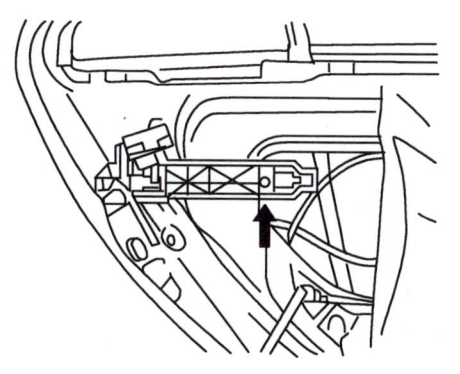

图 5-51　拆下左后车门外把手支架

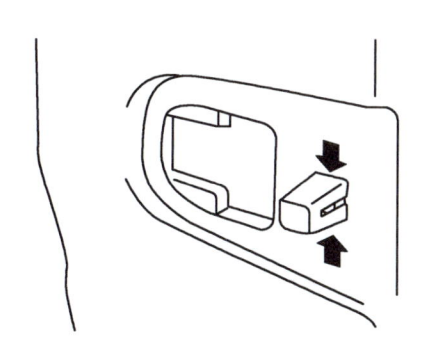

图 5-52　拆下密封条

三、车门拆卸学习工作单（表 5-1）

表 5-1　车门拆卸学习工作单

姓名		班级		学号		成绩	
日期		组号		共 4 页			
工单名称		前、后车门附件的拆卸					

（续）

能力目标	1）能正确识别前、后车门附件的组成，熟悉各零件间的装配关系 2）能正确使用车门的拆卸工具进行前、后车门及附件的拆卸 3）能根据现场情况正确进行前、后车门及附件的拆卸
设备、工具准备	车门及附件、维修手册、扭力扳手、常用拆装工具
信息获取	根据维修手册和教材获取车门装配各工艺参数
工作要点与操作	第一项内容——汽车车门结构认识 1. 写出图示前车门所标序号各零件的名称 带电动车窗 ◆左侧前门维修孔盖 1._____ 2._____ 3._____ 4._____ 5._____ 6._____ 7._____ 8._____ 9._____ 10._____

项目五 汽车车门的拆装、调整与装配工艺卡编制

(续)

2. 写出图示后车门所标序号各零件的名称

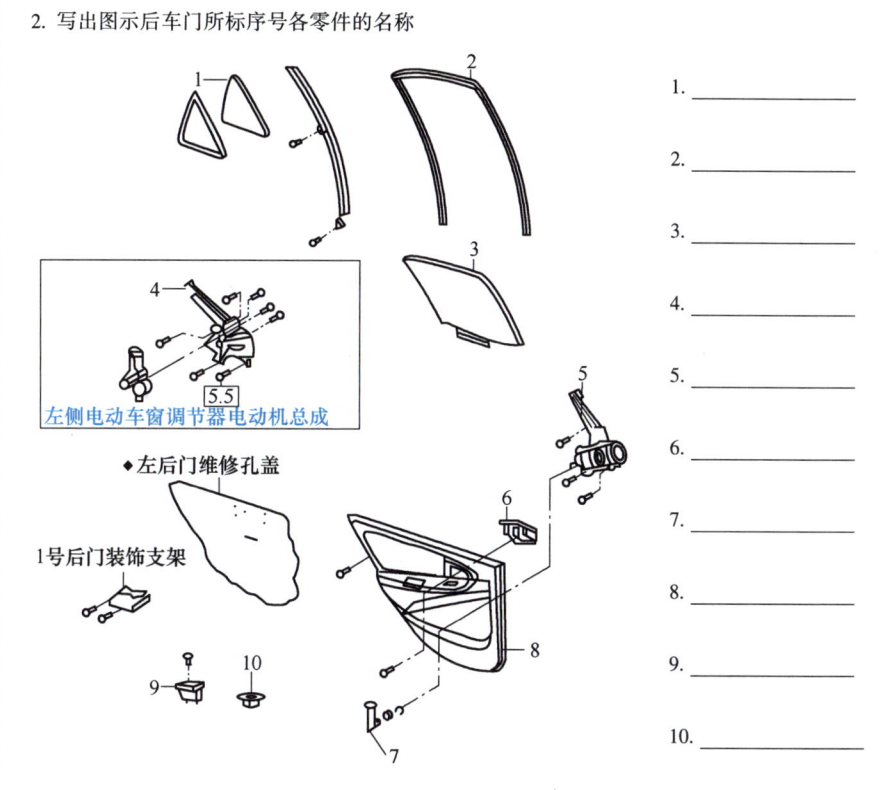

1. _____

2. _____

3. _____

4. _____

5. _____

6. _____

7. _____

8. _____

9. _____

10. _____

图中标注：左侧电动车窗调节器电动机总成；左后门维修孔盖；1号后门装饰支架

第二项内容——汽车车门的拆卸

1. 汽车车门拆卸前的检查

（1）前门间隙的检查（检查各相关间隙的最大值和最小值）

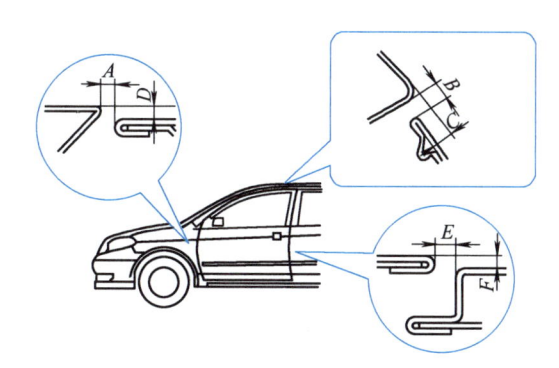

	A	B	C	D	E	F
最大值/mm						
最小值/mm						

工作要点与操作

113

（续）

工作要点与操作

（2）后门间隙的检查（检查各相关间隙的最大值和最小值）

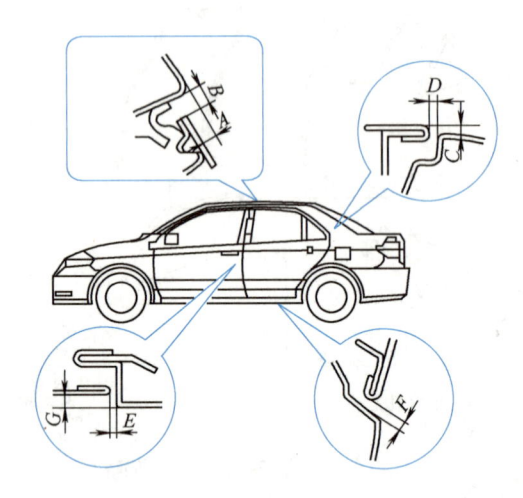

	A	B	C	D	E	F	G
最大值/mm							
最小值/mm							

（3）车门功能性检查（故障现象直接填写在表格中）

	左前门	左后门	右前门	右后门
车门开启情况				
玻璃升降器工作情况				
车门锁开启情况				

2. 汽车车门的拆卸（拆卸时注意零件的摆放及工具的使用）
（1）汽车前门的拆卸步骤

项目五　汽车车门的拆装、调整与装配工艺卡编制

（续）

工作要点与操作	（2）汽车后门的拆卸步骤 （3）车门附件的拆卸步骤

任务三　装配车门与编写装配工艺卡

装配车门与编写装配工艺卡	学时：135min

知识点	1）汽车车门附件的装配 2）汽车车门间隙的调整 3）汽车车门装配工艺卡的编制
知识目标	1）掌握汽车车门附件装配要求和顺序 2）掌握汽车车门的间隙调整要求 3）掌握汽车车门装配工艺卡的编制方法 4）掌握汽车车门拆卸工具的使用方法
技能目标	1）能正确进行汽车车门附件的装配 2）能正确进行汽车车门的调整 3）能编制汽车车门及附件装配工艺卡

一、车门装配技术要求

1. 前门装配时各工序的技术要求（表 5-2）

表 5-2　前门装配时各工序的技术要求

序 号	内 容	螺栓数量	螺栓紧固力矩/N·m	备 注
1	限位器安装在左前门	2	5.5	
2	限位器安装在车身上	2	30	
3	左前门外把手支架分总成安装	2	4.0	
4	左前门锁总成安装	3	5.0	防止漏水
5	左前门外把手盖板安装	2	4.0	
6	左前门玻璃活动框架安装	1	5.0	
7	左前门车窗玻璃升降电动机安装	3	5.4	车窗玻璃安装完毕前，不要向下转动电动机
8	左前门车窗玻璃升降器安装	6	8.0	
9	左前门加固缓冲装置安装	2	6.2	
10	左前门车窗玻璃安装	2	8.0	装完后检查开关
11	左后视镜总成安装	3	8.0	
12	1号前扬声器总成安装			用气动铆钉或手动铆钉枪安装

2. 后门装配时各工序的技术要求（表 5-3）

表 5-3　后门装配时各工序的技术要求

序 号	内 容	螺栓数量	螺栓紧固力矩/N·m	备 注
1	限位器安装在左后门	2	5.5	
2	限位器安装在车身上	2	30	
3	左后门外把手支架分总成的安装	2	4.0	
4	左后门锁总成的安装	3	5.0	防止漏水
5	左后门外把手盖板的安装	2	4.0	
6	左后门车窗玻璃升降电动机的安装	3	5.4	
7	左后门车窗玻璃升降器的安装	4	5.5	
8	左后门车窗分隔条的安装	2	6.2	检查电动车窗的动作

3. 汽车车门的调整方法

调整车门之前，先要对车门的关闭情况、门把手的情况以及车门前后松动等情形进行检查。检查时，把门关上，检查门前、后的间隙是否符合标准，检查车门与车身是否平齐，从车门的侧面观察门是否有凹凸的现象等。若发现有缺陷，可依下列方法进行车门的调整。

1) 整个车门上部间隙或下部间隙不符合要求时，放松车身侧的铰链螺栓，降低（或提

项目五　汽车车门的拆装、调整与装配工艺卡编制

高）铰链的装设位置。

2）车门的后端翘高（或陷入）时，放松车身侧的铰链螺钉，将铰链移向前面（或后方），下面的铰链移向前方（或后方）。

3）车门前部和后部间隙不符合要求时，放松车身侧的铰链螺钉，将铰链移向后方（或前方）。

4）整片门向外突出（或向内凹进）时，放松车门侧的铰链螺钉，将铰链移向外侧（或内侧）。

5）门的上部（或下部）突出时，放松车门侧的铰链螺钉，上面的铰链移向内侧（或外侧），下面的铰链移向外侧（或内侧）。

二、车门调整

车门调整指车门与车体间隙和断差的调整。由于车门和车体门框存在很大的间隙，装配时需要通过调整铰链的方式来调整间隙。

1. 前门的调整

（1）检查左前门间隙（图5-53）应不大于标准值。

A	(5.0±1.5)mm
B	(1.9±1.5)mm
C	(5.5±1.5)mm
D	160mm
E	(5.5±1.5)mm

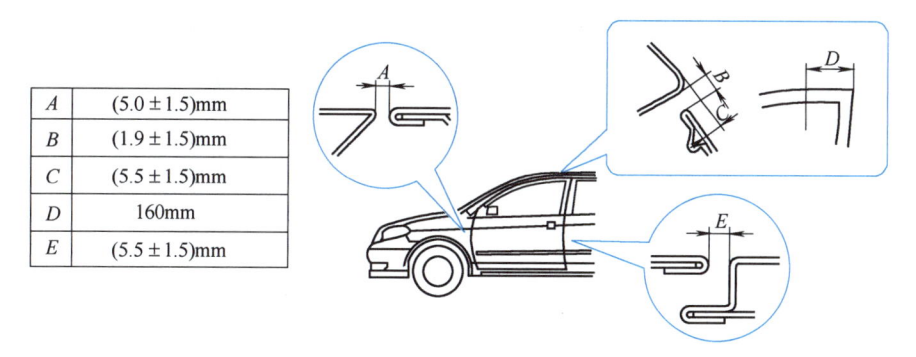

图5-53　检查左前门间隙

（2）调整左前门

1）松开车身侧铰链螺栓，水平、垂直调整车门。

2）调整后紧固车身侧铰链螺栓，如图5-54和图5-55所示，紧固力矩为26N·m。

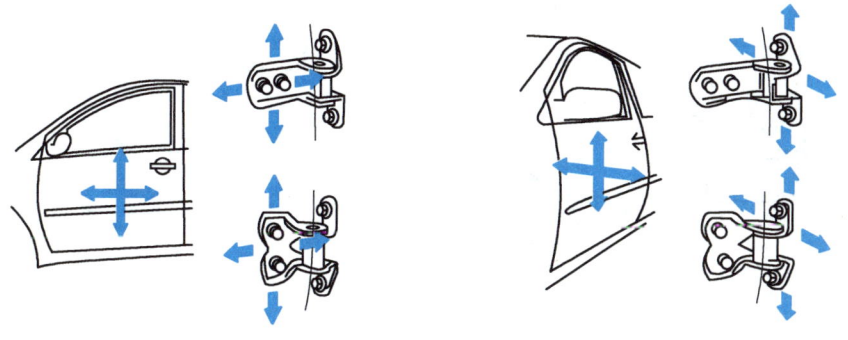

图5-54　车门间隙的调整（一）　　图5-55　车门间隙的调整（二）

3）松开车门侧铰链螺栓，以调整车门前后和垂直的方向。

4）调整后，紧固车门侧铰链螺栓，紧固力矩为26N·m。

5）轻微松开锁扣固定螺栓，用橡胶锤敲击碰撞器，以调整锁扣位置，如图5-56所示。

6）调整后紧固锁扣固定螺钉，紧固力矩为23N·m。

2. 后门的调整

（1）检查左右门间隙（图5-57） 应不大于标准值。

（2）调整左后门分总成（图5-58和图5-59）

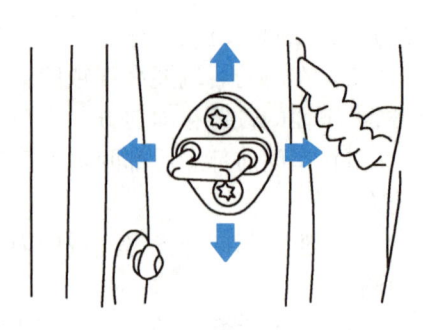

图5-56 车门锁扣的调整（前门）

A	160mm
B	(5.0±1.5)mm
C	(1.9±1.5)mm
D	(5.0±1.5)mm
E	(5.5±1.5)mm
F	(6.0±1.5)mm

图5-57 检查左后门间隙

1）松开车身侧铰链螺栓，前、后垂直调整车门。

2）调整后紧固车身侧铰链螺栓，紧固力矩为26N·m。

3）松开车门侧铰链螺栓，在水平和垂直方向调整车门。

4）调整后紧固车门侧铰链螺栓。

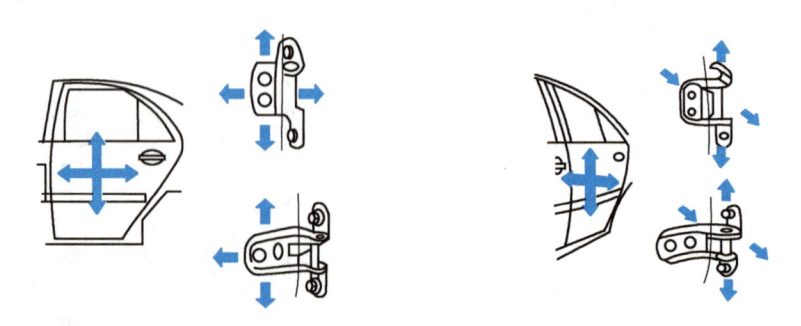

图5-58 车门前后上下方向的调整　　图5-59 车门倾斜和左右方向的调整

5）轻微松开门锁扣固定螺钉，用橡胶锤敲击碰撞器，以调整碰撞器的位置。

项目五 汽车车门的拆装、调整与装配工艺卡编制

6)调整紧固车门锁扣固定螺钉,如图 5-60 所示,紧固力矩为 23N·m。

三、汽车车门装配工艺卡的编写

车门的装配过程与车门的拆卸过程基本相反,在进行装配工艺的编写过程中一定要熟悉装配现场。如果没有流水线,车门的拆装只是在整车上进行,工艺编写按装配工艺进行;如果有一个简易的流水线,工艺编写按装配工位进行。考虑到学校教学和生产实际有区别,只要求按照装配关系、装配顺序和装配要求做好汽车车门及附件的装配工艺。车门装配及装配工艺卡编写学习工作单见表 5-4。

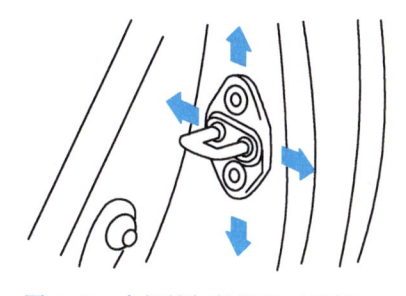

图 5-60 车门锁扣的调整(后门)

表 5-4 车门装配及装配工艺卡编写学习工作单

姓名		班级		学号		成绩	
日期		组号		共 5 页			
工单名称	车门及附件的装配及工艺卡的编写						
能力目标	1)能正确使用相关工具进行车门及车门附件的装配 2)能根据现场实际和装配工艺要求进行前、后车门的装配工艺编写 3)能正确进行车门及附件装配的检查与调整						
设备、工具准备	车门及附件、维修手册、扭力扳手、常用拆装工具						
信息获取	根据维修手册和教材获取车门装配各工艺参数						
工作要点与操作	第一项内容——装配现场的认识 1. 已有的装配工艺设备有哪些? 2. 已有的装配工具有哪些? 3. 已有装配车间的生产面积及装配工位数分别是多少?						

(续)

工作要点与操作	第二项内容——分析产品结构及装配要求 1. 分析产品结构，明确主要零部件间的装配关系。明确车门附件在车门上的装配位置，以及各零件之间的连接关系。 2. 分析并审查产品的装配工艺性。 3. 分析并审核产品的装配精度要求和验收技术条件。确定车门附件装配后的状态，确定玻璃升降器及车门锁正常使用的情况和要求。 4. 确认装配中的技术关键及装配技术要求。明确各装配螺钉的装配力矩值，明确各装配工具的使用方法及要求。 第三项内容——汽车车门附件的装配与调整 1. 划分装配单元。 2. 选择装配基准。 3. 确定装配顺序。 4. 明确装配工序，确定装配设备和装配技术要求。 5. 按技术要求和装配顺序进行汽车车门附件的装配。 6. 填写装配工艺卡，按图中要求将装配工艺卡做好。

项目五　汽车车门的拆装、调整与装配工艺卡编制

（续）

工作要点与操作

第四项内容——汽车车门的装配
1. 汽车车门的装配顺序。

2. 汽车车门间隙的调整。

（1）检查前门间隙（应不大于标准值）。

A	(5.0±1.5)mm
B	(1.9±1.5)mm
C	(5.5±1.5)mm
D	160mm
E	(5.5±1.5)mm

（2）检查后门间隙（应不大于标准值）。

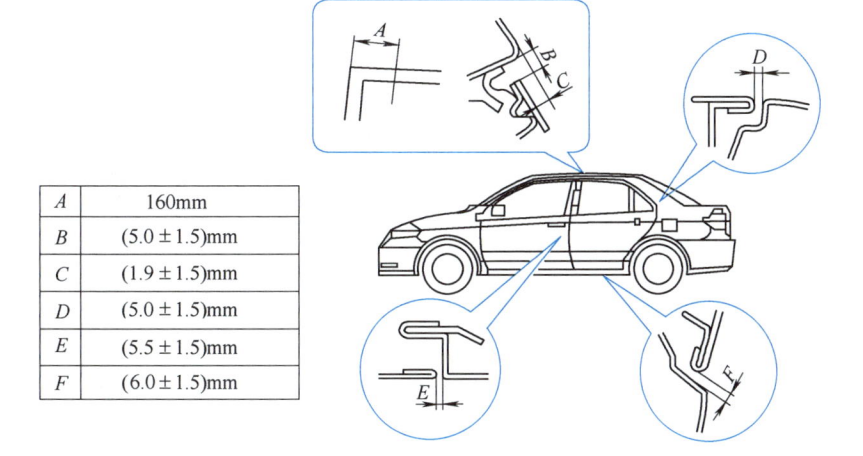

A	160mm
B	(5.0±1.5)mm
C	(1.9±1.5)mm
D	(5.0±1.5)mm
E	(5.5±1.5)mm
F	(6.0±1.5)mm

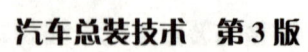

（续）

工作要点与操作	（3）车门调整的描述。 3. 车门功能性检查（故障现象直接填写在下表中）。 |	左前门	左后门	右前门	右后门 | |---|---|---|---|---|
车门开启情况				
玻璃升降器工作情况				
车门锁开启情况					

项目六

汽车生产物流管理

项目导引

小王入职汽车总装配厂，负责生产线物流配送，他需要知道物流和汽车物流，认识汽车物流设计，知道汽车总装车间物流管理流程。汽车总装车间物流如图 6-1 所示。

图 6-1　汽车总装车间物流

任务一　认知物流和汽车物流

认知物流和汽车物流		学时：90min
知识点	1）物流的特性 2）汽车物流的组成 3）汽车物流的主要内容	
知识目标	1）了解物流的发展、第三方物流 2）掌握物流的特性：物流是增值经济活动的原因 3）掌握汽车物流的组成及地位 4）掌握汽车物流的主要内容	
技能目标	能正确认识汽车物流的组成及各部分的作用	

一、物流概述

1. 物流的发展

1962 年 4 月，美国管理学大师 Peter Drucker 首次提出了物流的概念。Drucker 提出的物

流概念很快就引起了企业界的巨大关注，真正的企业物流理念迅速扩展到原材料领域，进而形成综合物流，发展到 20 世纪 90 年代，正式产生了供应链管理理念。

企业物流理念从提出到发展至相对较为成熟与完善，经历了近 40 年的时间。在这近 40 年的时间里，几乎每 10 年企业物流理念就得到一次极大的更新与充实。

企业物流的实质可用 7 个"恰当"来表达：恰当的产品、恰当的数量、恰当的条件、恰当的地点、恰当的时间、恰当的顾客和恰当的成本。7 个"恰当"描述了物流的基本活动，强调了空间和时间的重要性，也强调了成本与服务的重要性。

概括地说，企业物流的发展过程大致可以分为以下三个阶段。

第一个阶段：产品物流阶段，又称为产品配送阶段。这个阶段的起止时间为 20 世纪 60 年代初期至 20 世纪 70 年代后期，属于企业物流的早期发展阶段，物流的主要功能大多围绕产品从企业工厂生产出来到到达消费者手中这一过程的运作上。

在当时，企业重视产品物流的目的是希望能以最低的成本把产品有效地送达消费者手中。企业重视产品物流的主要原因来自两个方面：一是为了扩大市场份额，满足不同层次消费者的需要，扩张其生产线；二是为了减轻企业内部与外部市场的压力，倾向于生产非劳动密集型的高附加值产品。产品物流阶段物流管理的特征是注重产品到消费者的物流环节。

第二个阶段：综合物流阶段。这个阶段的起止时间为 20 世纪 70 年代中后期至 20 世纪 80 年代后期，在这个阶段中，企业物流集中表现为原材料物流和产品物流的融合。

随着当时运输自由化以及全球性竞争的日渐加剧，企业认识到把原材料管理与产品配送综合起来管理可以大大地提高企业运行效率与效益，企业物流迅速地从产品物流阶段向综合物流阶段发生转移。

第三个阶段：供应链管理阶段。这个阶段开始于 20 世纪 90 年代初期，在这个阶段中，企业已经将单纯的个体企业之间的竞争上升到企业群、产品群或产业链条上不同企业形成的供应链之间的竞争。

从 20 世纪 80 年代后期开始，信息技术获得了飞速的发展，信息技术的发展迅速转化为生产力，进而在生产领域掀起了一场前所未有的信息化革命。由信息技术衍生的一系列外部因素的变化，使得企业开始把着眼点放至物流活动的整个过程，包括原材料的供应商和制成品的分销商，进而使企业物流从综合物流阶段向供应链管理阶段转移。

2. 物流的特性

物流指利用现代信息技术和设备，将物品从供应地向接收地准确、及时、安全、保质、保量进行配送的合理化服务模式和先进的服务流程。物质资料从供应者向需要者的物理性流动，是创造时间性、场所性价值的经济活动。物流的特性有下面几点：

（1）存在供需方 供需关系是物流活动的基础和条件，是物料功能和价值得以实现的条件，可以解决所有权转移的问题。汽车生产企业生产几万辆、几十万辆汽车，但只要汽车仍然停放在厂内，汽车所具有的功能和价值就不会得到体现，只有当汽车转移到消费者手中后，才能体现出汽车应有的功能和价值。

（2）物理性流动 物流活动不会改变物料的形状、大小、质量及数量等，也就是不发生物质资料的内在变化。

（3）创造时间性、场所性价值的增值经济活动 企业重视物流的目的是希望能以最低

的成本将产品送达消费者手中。事实上物流更为核心的作用还表现在通过几种经济效用来增加产品或服务的价值。

1）地点效用。企业物流活动增加产品或服务价值的最直观的表现就是改变产品或服务的提供地点。从这个角度说，物流活动通过扩展企业的市场边界来增加产品的价值，而扩展市场边界的最直接表现就是通过运输来转移产品所处的地点。例如，企业通过物流活动将产品从密集的生产地运输到需求分散的各消费地，这就是地点效用。

2）时间效用。时间效用指产品在消费者需要的时间将产品送达，减少备货时间。对于企业来说，产品不仅要送达消费者需要的地点，还应该在消费者需要的时间送达才能实现价值。物流通过运输来改变产品的位置，也产生产品的时间效用。

3）形态效用。形态效用指以制造、生产和组装来增加产品的价值。企业的某些物流活动能产生产品的形态效用。例如，DIY装机商将CPU、主板、硬盘、内存、显示器、机箱等零部件通过物流活动组织在一起形成整机；瓶装饮料公司把果汁、水、碳酸盐等调和在一起制成软饮料。这表明企业物流活动能改变产品形态，而改变产品形态可以使产品增值。

4）占用效用。占用效用与市场营销中的产品推销紧密相关。产品推销就是直接或间接地与消费者接触，增加消费者想拥有产品愿望的一种努力。市场营销依赖企业物流来产生地点和时间效用，进而实现产品的占用效用。

物流活动指运输、保管、包装、装卸搬运、流通加工等物资流通活动以及有关物流的信息活动。一般地说，企业的物流活动归纳起来有两类最基本的运动：物资流和信息流。就广义而言，物流包括人的流动，信息流的作用是综合物流活动的资料、计划和统计数据，以编制的表格、图表、图像等为信息载体，通过信息量值的规划、协调，使物流量在方向、速度、目标方面按确定的时间、空间、地点、路线进行运动。因此，信息流是否畅通、传递是否及时和准确是物流系统运转的关键。

3. 第三方物流

第三方物流指生产经营企业为集中精力搞好主业，把原来属于自己处理的物流活动，以合同方式委托给专业物流服务企业，同时通过信息系统与物流企业保持密切联系，以达到对物流全程管理控制的一种物流运作与管理方式。

第三方物流是相对"第一方"发货人和"第二方"收货人而言的，是通过与第一方或第二方的合作来提供其专业化的物流服务，它不拥有商品，不参与商品的买卖，而是为客户提供以合同为约束、以结盟为基础的系列化、个性化、信息化的物流代理服务。最常见的第三方物流服务包括设计物流系统、EDI能力、报表管理、货物集运、选择承运人和货代人、海关代理、信息管理、仓储、咨询、运费支付、运费谈判等。由于物流业的服务方式一般是与企业签订一定期限的物流服务合同，所以第三方物流也称为合同契约物流。

第三方物流内部的构成一般可分为两类：资产基础供应商和非资产基础供应商。资产基础供应商有自己的运输工具和仓库，通常实实在在地进行物流操作。非资产基础供应商则是管理公司，不拥有或租赁资产，他们提供人力资源和先进的物流管理系统，专业管理消费者的物流功能。广义的第三方物流可定义为两者结合，因此，对物流各环节（如仓储、运输等）的严格管理，再加上拥有一大批具有专业知识的物流人才，使得他们可以有效地运转整个物流系统。故而，第三方物流又称为物流联盟。

第三方物流在发展中已逐渐形成鲜明特征，主要表现在以下5个方面：

1) 关系契约化。首先，第三方物流通过契约形式来规范物流经营者与物流消费者之间关系。物流经营者根据契约规定的要求，提供多功能直至全方位一体化物流服务，并以契约来管理所有提供的物流服务活动及其过程。其次，第三方物流发展物流联盟通过契约的形式来明确各物流联盟参加者之间权责利相互关系。

2) 服务个性化。首先，不同的物流消费者存在不同的物流服务要求，第三方物流根据不同物流消费者在企业形象、业务流程、产品特征、客户需求特征、竞争需要等方面的不同要求，提供针对性强的个性化物流服务和增值服务。其次，从事第三方物流的物流经营者因为市场竞争、物流资源、物流能力的影响需要形成核心业务，不断强化所提供物流服务的个性化和特色化，以增强在物流市场的竞争能力。

3) 功能专业化。第三方物流所提供的是专业的物流服务。从物流设计、物流操作过程、物流技术工具、物流设施到物流管理必须体现专门化和专业水平，这既是物流消费者的需要，也是第三方物流自身发展的基本要求。

4) 管理系统化。具有系统的物流功能是第三方物流产生和发展的基本要求，第三方物流需要建立现代管理系统才能满足运行和发展的基本要求。

5) 信息网络化。信息技术是第三方物流发展的基础。物流服务过程中，信息技术发展实现了信息实时共享，促进了物流管理的科学化，极大地提高了物流效率和物流效益。

二、物流在汽车装配中的地位与作用

汽车物流是指汽车供应链上原材料、零部件、整车以及售后配件在各个环节之间的实体流动过程。广义的汽车物流还包括废旧汽车的回收环节。汽车物流在汽车产业链中起到桥梁和纽带的作用，是实现汽车产业价值流顺畅流动的根本保障。

(1) 物流活动是汽车装配的前提　一辆汽车是由本厂生产的零部件及分布在全国各地制造厂家生产的千余种、数万个零件装配而成的。当这些零件全部集中到一起，按汽车装配顺序和生产节拍要求，将其送到相应的工位后才能装配成汽车。在这个过程中，零件的准备及如期到达装配工位是通过运输来实现的，同时伴有包装、保管、装卸、搬运等物流活动的支持、配合与协作。物流是汽车装配必备的条件和前提。

(2) 物流过程贯穿于汽车装配的全过程　物流对装配生产自始至终都起到既保证装配的速度又保证质量的重要作用。物流是否顺畅、配合是否协调，都影响汽车装配的速度和质量。由于物流不畅或者停滞，零件供应不及时，或者不能按生产节拍的要求及时到达工位，将造成汽车装配停线或延缓装车的速度。如果供应的零件在运输及保管过程中出现磕碰划伤甚至变形，最终不仅影响产量，而且影响质量。人们在考虑提高产量和质量水平的同时，时刻关心物流的能力和水平的提高，千方百计使物流合理化。

(3) 物流技术与汽车装配既相互促进又相互制约　在日趋激烈的市场竞争中，一个企业一条线生产一种车型的方式不能满足生产的要求，一种新的装配技术（多品种混流生产）取代了原有的传统做法，原有的输送系统（如桥式链、板式链等）要做相应的改造。要求车身的输送系统与生产节拍同步，既能满足生产节拍的要求，又要做到有一定的储备，一种新的物流技术（积放式贮运系统）应运而生。该系统具有积放功能，能保证有规律地供货。新的物流技术伴随着新的装配技术的发展而发展。

(4) 物流是可挖掘的"第三财源"　企业降低生产成本的途径有3个：原材料在成本

中占有很大比重，企业研究如何节约用材、合理用材，在满足工艺及产品质量要求的前提下，采用以廉价材料代替贵重材料等办法降低原材料成本的方法称为"第一财源"；在降低消耗的同时，以机械化、自动化代替繁重的体力劳动，稳定操作质量，防止人为事故的发生，以减少昂贵劳动力的消耗来增加效益的方法称为"第二财源"；企业对降低物流费用，减少在制品，加速资金的周转，不断优化物流系统的做法，即物流合理化被称为是可以挖掘的"第三财源"。

物流是汽车装配生产组织的重要手段。它不是一门孤立的学科，同生产、技术、质量、设备及人员的管理密切相关，是企业创造社会效益和经济效益的重要源泉。

企业物流与生产制造的关系主要表现在对企业生产周期的影响。若物流稳定畅通，则生产周期相对稳定且较短。若物流起伏不定，则生产周期的波动可能较大。在现今不少竞争激烈的行业或者原材料的价格变化较为频繁的行业，对物流的快速响应要求更为强烈，例如IT制造业、通信行业等。出于竞争的考虑，现今很多行业都努力缩短生产周期并减少改变生产线的时间与费用，采用零库存方法进行存储与计划的公司更是如此。

三、汽车物流的组成

汽车物流是集现代运输、仓储、保管、搬运、包装、产品流通及物流信息于一体的综合性管理过程，是沟通原材料供应商、生产厂商、批发商、零件商、物流公司及最终用户的桥梁，是实现商品从生产到消费各个流通环节的有机结合。汽车物流的过程包括生产计划制订、采购订单下放及跟踪、物料清单维护、供应商管理、运输管理、进出口、货物的接收、仓储管理、发料、在制品的管理、生产线的物料管理和整车的发运等。汽车物流是国际物流业公认的最复杂、最具专业性的领域。汽车物流的组成如图6-2所示。

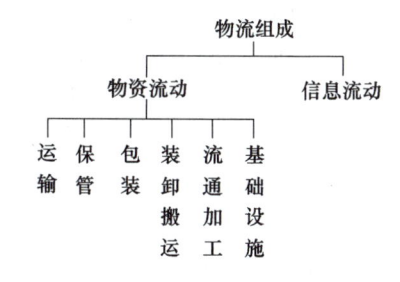

图6-2 汽车物流的组成

1. 运输

运输是汽车物流最为直接的表现形式，物流中最重要的是货物的实体移动及移动货物的网络。

运输过程既不改变物品的形态和特性，也不增加零件的数量，主要指物料从供应地向需要地空间距离的传送过程。

汽车工业方面的运输方式有公路、铁路、水路、航空及管道等，按运输的范围可分为城市间的运输、城市内的运输、工厂内部的运输等。

2. 保管

汽车装配作业是按一定的工艺过程和生产节拍来组织的，它不可能一下把所有零件在同一时间、同一地点组装完毕，必须配置仓库，存放各种零部件，按一定的顺序和时间向总装配线的各个工位送货，完成汽车的装配。

零件存放必须要进行保管活动，保管包括物料的堆存、管理、保养等活动，目的是克服供应与使用在时间上的差异，是物流的重要组成部分。保管需要配置存放物品的场地、仓库或露天堆场，并且由人来管理。

保管过程中的工作内容主要包括仓库里存放的零件如何存放、如何送货、如何保证零件

在存放过程中的质量、如何保证经济贮存量等。

3. 包装

汽车零部件形态各异,为了保证产品完好地运送到装配车间,大多数零部件需要不同形式和程度的包装。包装类型分为商品包装和工业包装,商品包装除了保护商品便于运输,还兼有广告和利于销售的作用。

在汽车工业内部,包装是极易被人们忽视的一个环节,原料、毛坯、半成品、外协件等在搬运过程中缺乏必要的保护,存在零件破损、丢失的隐患。

从保护产品和利于流通来看,包装技术要考虑的问题主要有包装的形态、大小、材料、质量等的设计和包装箱的复用频度。

4. 装卸搬运

装卸搬运是运输和保管过程中产生的物流活动。把物料装到运输工具上运送到目的地后,把物料卸下来,然后贮存在仓库里,始终都伴随着装卸搬运活动。装卸搬运环节很容易造成物料破损、丢失、磕碰划伤等,因此目前这一阶段已被人们重视,采取的措施主要有严格确定装卸作业方式,合理选择和配置搬运机械,集装化、单元化运输等。

5. 流通加工

流通企业或生产企业在为用户提供商品时,为了弥补生产过程中的不足,往往需要在物流过程中进行一些辅助性的加工活动,称为流通加工。例如,装袋、定量化小包装、拴牌子、贴标签、混装和刷标记等工序。生产的外延流通加工包括剪断、打孔、折弯、拉拔、组装等工作,有效地满足了用户的需要,衔接了产、需。

流通加工与生产加工的区别在于:流通加工的对象是进入流通过程的商品,具有商品的属性,而且流通加工大多是简单加工,不是复杂加工,是对生产加工的辅助及补充。生产加工的目的在于创造价值及使用价值,而流通加工的目的在于完善其使用价值,并在不做大改变的情况下提高价值。流通加工的组织者是从事流通工作的人,应能密切结合流通的需要进行这种加工活动。从加工单位来看,流通加工由商业或物资流通企业完成,而生产加工由生产企业完成。

6. 信息流动

对工厂而言,物流信息主要包括两方面的内容:原材料、毛坯、协作配套件的采购、供应、贮存、运输等状况;物料品种及数量、库存量、供货品种及数量、送至哪个工位、何时送、用何种方式送等反映物流动态的资料。物流信息是支撑和指挥生产正常进行的基础,对实现系统功能有重大影响。

四、汽车物流的主要内容

1. 物流技术

物流技术指在实现物流功能中必须使用的技术,物流技术包括硬技术和软技术。就运输而言,硬技术包括运输工具、运输设施等。软技术包括运输管理、运输系统规划及改进等方面的技术,保管、包装、装卸搬运等也依靠与其相关的技术去实现各自的功能。物流技术本身不创造有形的物质,是对作业对象(物料)实现距离、时间转移的技术。

汽车装配中的物流技术包括各种运输链、各种起重机、推杆悬链、自行葫芦、汽车、叉车、手推车、集装器具、各类设施等以及物流系统规划设计、物流合理化、物流设计及评审等。

项目六　汽车生产物流管理

汽车物流技术指各种物质资料从供方向需方转移时，实现物流各种功能，如运输、保管、包装、装卸搬运等所需要的材料、机械设备、器具、设施等硬技术和信息、计划、运用、评价等软技术。汽车装配过程中，上道工序向下道工序移动时，运输链就是运输中的硬技术，它应满足生产节拍、载质量、周围环境等方面的要求。与此同时，零件供应按生产计划的要求进行。零件的供应计划，供应的数量、品种，运送路线，运输方式等属于软技术。

2. 物流系统

系统是指为了实现某一共同目的而使多种相关因素相结合的复合体。系统应具备以下条件：含有目的；由两个或两个以上要素构成；各要素之间存在有机联系和相互作用，使系统保持稳定；具有一定的结构，保障系统的有序性，从而使系统具有特定的功能。

物流包括了运输、保管、包装、装卸、搬运、流通加工等要素，由这些要素组合起来就构成了物流系统。对不同的物流系统，其涉及的内容和范围不同，系统的大小也各异，如运输、包装、保管等，在各自的活动中可以是一个子系统，当两个以上子系统组合起来时，就构成了物流系统。系统是相对环境而言的，环境的制约是系统形成和存在的条件。物流系统在既定的环境中形成，与周围环境共同构成一个大的社会体系，并在其中发挥自身的作用。

3. 物流管理

汽车装配中的物流管理主要包括零件的接收、贮存、保管、供应以及装配过程中零件的上线计划，制订零件供应路线，运输车辆的配置及管理，计划变更的执行，为装配服务的各物流部门关系的协调等。物流管理指在装配生产中与其他物流活动进行的综合性业务管理。物流管理主要内容有：

1）编制各种零件供应计划。
2）各类人员（仓库、运输、现场管理人员）的教育及业务培训。
3）集装器具制造计划及管理办法。
4）车间或仓库平面布置的改进。
5）控制和调整实际的物流活动。
6）分析、设计和改进物流系统。
7）研究为客户服务的水平，编制订货条件。
8）确定恰当的搬运方式和路线。
9）物流信息收集、整理和传输。

巩固练习

1. 物流的特性是什么？为什么说物流活动是增值的经济活动？
2. 汽车物流由哪些部分组成？在汽车制造中具有什么样的地位？
3. 汽车物流的主要内容包括哪些？
4. 第三方物流指的是什么？

任务二 认知汽车物流设计

认知汽车物流设计	学时：135min
知识点	1）物流设计方法 2）运输设计 3）仓库设计 4）集装器具设计
知识目标	1）了解汽车物流设计的流程 2）掌握汽车物流设计的方法及各种方式的使用场合 3）掌握汽车物流运输设计、仓库设计、集装器具设计的内容和要求
技能目标	能正确认识汽车物流设计的内容和过程

物流设计是工厂设计的重要内容之一。无论是新建工厂还是老厂技术改造，都要进行物流设计。建设一个新厂，从选厂到总体布置、车间工艺布置、仓库的设置等，要研究工厂的各种物流活动，将各个物流子活动有效地衔接起来。老厂改造中，物流设计要着眼全局，合理运用多方面的技术进行系统的优化。物流设计成为制约工厂全局、影响生产效率及经济效益的重要因素之一，忽略了物流往往导致越改造越不合理，使企业在经济上的损失变成长期的，甚至是不可挽回的。

物流设计是综合运用物流技术与物流管理的成果，建立起符合企业策略又高效运转的物流系统，服务于生产，是企业生产能力和技术水平的体现。物流设计应尽量利用成熟的先进技术，建立快速、高效的运行系统，节约投资和提高生产效率。同时，要考虑到企业自身的承受能力和发展策略，使物流系统可控可调，建立起与其他相关部门间良好的协作关系。

一个好的物流设计需要工艺、总图及其他专业的密切配合与支持。此外，物流管理人员是解决现场物流问题的主力，因为他们熟悉现场，能够对设计的不足之处进行改进和完善，物流设计者应主动听取他们的意见，并把正确、合理的措施纳入设计，从而不断提高设计质量和水平。

一、物流设计方法

物流设计的方法很多，较为常用的有经验法、提问写实法、标准工程法和系统分析法等。

1. 经验法

经验法是一种简便直观的方法，包括与从事多年物流工作有丰富经验的人员（包括现场操作的工人）进行座谈，到与所做项目相类似的工厂实地调查，了解物流中存在的问题、有哪些好的经验以及行之有效的方法。这种方法适用于简单的项目，具有时间省、速度快、效果显著的特点，可以少走弯路，但只适用于一定范围及某些特定的环境，有一定的局限性。

2. 提问写实法

提问写实法的实质是列出一个表格，提出合适的问题，采用查看工厂的原始记录和实地

观察的方法来解决问题。原始记录主要有工厂原始凭证、财务报表、订货及收货清单、财务结算单、运费支出单等。实地观察主要观察与物流有关的事物,并记下数据。

研究一个仓库的问题,应从入库验收、贮存到发货进行全过程跟踪。货物的运送路线、验收的程序、如何保管、配送指令的发出及如何配送、配送工具的采用等都是应该采集的数据。采集的数据越多,最终得出的结论就越接近实际。工厂一般上午收货,接收场地比较紧张,装卸作业繁忙,发货的场地空闲,而下午的主要作业是第二天上午生产产品的配送,此时发货区忙而接收区空闲,为此可以调整平面布置,将收、发货区放在一起,既利用了作业面积,又避免工人忙闲不均。

采取提问写实法要注意以下几点:一是采集的数据和提出的问题要有代表性,数据在厂休日、午休、工作繁忙与空闲时间采集代表性比较差;二是要随机,在正常工作时间内不要集中在某一点,要把时间和地点分散开;三是采集的数据应尽量多,得出的结论更准确。这种方法主要应用于旧厂房的改造。

3. 标准工程法

标准工程法实质上就是5W1H(What,Where,When,Who,Why和How)法,首先找出物流系统中存在的问题,经过核实,确认问题是准确的,查明原因,然后提出解决问题的方法。标准工程法主要应用于旧厂房的改造。例如,车间反映配送叉车数量不够。首先提出问题,即What;接着调查核对发生在什么地方,是车间、仓库还是其他地方,即Where;要问清是何时出现这个问题,是白班还是夜班,是上午还是下午,即When;是谁在操作叉车,是驾驶人、搬运工还是管理人员,即Who;然后分析为什么叉车数量不够,即Why;通过这些调查进行分析,就明确了如何去做,即How。

运用标准工程法要从不同的角度核实问题的准确性。例如现场发生的问题也许并不是当初提出来的问题,甚至是完全不同的问题,那么解决的办法会截然不同,因此要把问题从不同侧面细致周到地查实确认,目标明确了才会有解决的办法。有了准确的问题,要采用恰当的办法才能处理好,因此派谁去、采用什么方法是成败的关键。这种方法比较简单,关键要严格按以上的步骤去做,中间的调查不能主观武断,一定要实事求是。

前面3种方法基于对老厂原有情况的分析,缺乏系统性、逻辑性,又缺少定量的分析技术,而对于大型、复杂、综合性的工厂,无论是建新厂还是老厂技术改造,都采用系统分析法。

4. 系统分析法

系统分析法是一种全面的分析方法,是以物料为研究对象,通过对各种物料移动的分析,设计出物流系统的方法。在具体设计中可以采用并行工程的方法进行,其步骤如图6-3所示。

(1)外部环境 外部环境即所研究项目的边界条件,包括项目的周围环境、与哪些部门相邻、外部道路、交通运输状况等。外部环境的确定是设计的前期工作。任何项目都不是孤立的,外部环境的确定和内部情况设计相互制约。当外部环境无法修改时,要加强对系统内

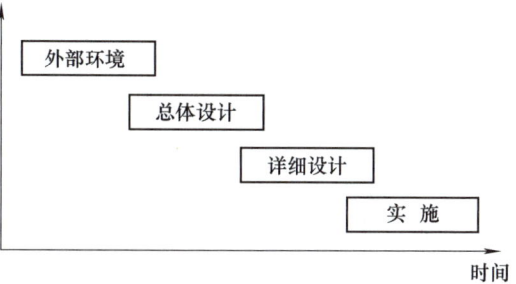

图6-3 系统分析法步骤

部的控制来符合外界的要求。在对零部件库的贮存方式进行确定时，要想提高仓储能力，必须弄清零部件库内部贮存方式，也要考虑运入或运出的方式和方法，只有两者都符合要求时，才认为该系统是一个较理想的系统。

（2）总体设计　总体设计指对所研究项目内主要区域间的搬运方法进行规划，确定采用的路线系统、设备和单元化容器。对一个工厂来说，这一步就是对各车间之间的运输做出总体规划，即采用汽车或者叉车运输、采用悬挂运输或连续运输等、应该走哪条路线、使用什么样的单元化容器，这一步为可行性研究报告或初步设计。

（3）详细设计　这一步是工厂施工设计阶段的主要工作，具体实施按详细设计的内容来进行。在总体设计的基础上，对主要区域内各点之间的物流方案进行详细规划，对车间内工段之间或工位之间的物流活动做更深入细致的布局。例如，汽车总装配线第一个工位是车架上线，然后依次通过桥式链输送下去，各工位的零件如何传送，每个工位都要做详细规划，直到整车下线。

（4）实施　即对详细设计的内容进行实施，包括设备采购、安装调试、人员培训、系统试运行等。这一步即为设备安装调试和生产准备阶段。

二、物流设计的输入条件

输入条件是工厂在不同的设计阶段时设计工作的依据。随着设计的深入，各种输入条件逐步明朗和具体。新工厂设计中，在项目建议书、可行性研究报告、初步设计中，主要的边界条件指产品的纲领（年产量）、车型、生产方式、工作班次、分期建设的规模、工厂外部运输方式、工厂内运输方式、物料名称、物流量及流向、设计应遵循的原则等。工厂技术改造中，工厂现状，总图布置，厂房、道路的具体情况，道路的宽度、平直度、坡度，工厂开设大门的位置以及工厂提出的约束条件等，都是设计的边界条件。

全局性的输入条件（如生产纲领、车型、建设规模等）来源于企业高层领导，是指导物流设计的根本性原则。设计时，要始终围绕工厂方针目标去构思物流的规划设想。边界条件越具体、详细，设计工作越充分，得出的结论以及设计方案越有实际意义。

确定输入条件的方法有两种：一是设计者根据本人的经验提出建议，征求领导同意后确定；二是与领导共同讨论确定。

输入条件在设计工作中必不可少，设计者要充分理解、分析，既充分利用这些条件，又不盲目轻信，用科学的态度处理设计中遇到的各种问题，最终取得好的成果。

三、物流设计流程

物流设计流程如图6-4所示。

1）明确输入条件。设计者要根据项目的繁简程度以及重要性差异，在分析和理解的基础上，先筛选输入条件再进行取舍。

2）计算物流量。物流量的大小为选择运输方式以及配置车辆数量提供依据。同时，通过统计可以有个数量的概念，例如工厂全年的运输量，厂内、外的运输量等，分析运输量的来龙去脉，从哪里运入、从哪里运出等。根据运输距离、运输量以及有关的环境因素，初步确定采用何种运输方式，为以后的细化工作确立基本的思路。

3）确定设计任务。根据客户的要求以及项目实施必须包含的内容，最终确定设计任

务，这是由项目本身来确定的。例如一个总装配车间应该进行运输、仓库、集装器具及其管理方面的设计，而一个配套件仓库的重点是仓库的设计。设计任务的具体内容分别是运输、仓库、集装器具等方面的设计。

4）设计评审。在初步完成各项设计后，邀请工厂领导、有关方面专家、现场管理人员参加。设计人员详细介绍设计方案后，应和其他人员进行充分讨论，广泛听取各方面的意见。

5）根据评审意见，将需要修改的地方进行修改。

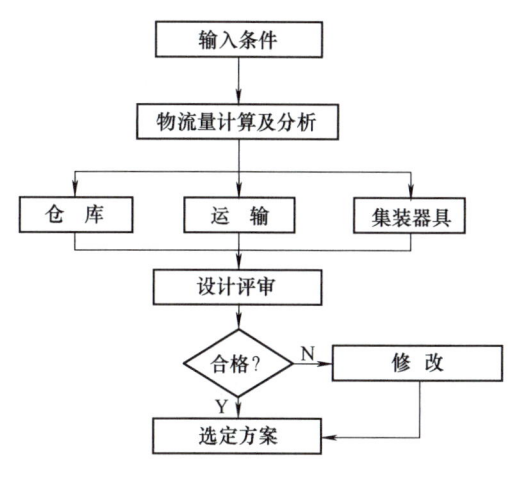

图 6-4 物流设计流程

6）选定设计方案。选定设计评审不需要修改或评审后修改完的方案，作为施工时具体的方案。

设计程序应依据项目的大小进行取舍，不能千篇一律，设计者掌握了规律，就能运用自如。

四、物流设计的主要内容

物流设计主要包括运输设计、仓库设计和集装器具设计。

1. 运输设计

（1）运输设计原则

1）整体性原则。进行运输设计时，要站在全局的角度综合考虑各种因素的影响，分清主次。在满足生产要求的前提下，顾全大局，同时要着眼于整体优化，便于发展、留有余地，具有可控可调的灵活性。

2）直线前行的原则。在设计物流行走路线向总装配线供应零件时，应让行走的路线尽可能为直线，避免物流线路交叉和迂回、倒流，不允许出现停滞和堆积，尽可能减少空行程。

3）最小移动距离的原则。物流设计中零部件的移动距离应尽可能短，避免不必要的行进距离，节省物流时间、降低物流费用。

4）集装单元化原则。集装单元化指以集装单元为基础组织的装卸、搬运、储存和运输等物流活动的方式。

它通过标准化、通用化、配套化和系统化实现物流功能作业的机械化、自动化；物品移动简单，减少重复搬运次数，缩短作业时间和提高效率，提高装卸机械的机动性；改善劳动条件，降低劳动强度，提高劳动生产率和物流载体利用率；物流各功能环节中便于衔接，容易进行物品的数量检验，清点交接简便，减少差错；容易高堆积，减少物品存放的占地面积，能充分灵活地运用空间；能有效地保护物品，防止物品的破损、污损和丢失。

在向总装线供货时，为了避免零件及总成在运输过程中磕碰划伤以及便于组织生产，减轻工人劳动强度，应尽量采用集装单元化运输。

5）经济性原则。任何一个方案的设计和选择，经济性是必须考虑的问题。在多方案比较中，采用最经济的方案来降低物流费用、节约成本，将利于市场竞争。

6) 安全性原则。生产必须安全，安全促进生产，任何方案的确定必须保证人身安全、生产安全，避免事故的出现。

(2) 运输设计的内容　运输设计是汽车物流设计中重要的一环，是汽车总装配生产作业正常进行的必备条件。设计内容主要包括厂外运输设计、厂内运输设计和车间内部的运输设计。

1) 厂外运输设计。厂外运输主要指汽车零部件企业到汽车装配厂之间零部件的运输过程。设计时，首先要对供货厂家生产的零件做细致的调查，包括零件形状、外形尺寸、质量、品种、数量等，编制物流量表。然后，根据物流量、物流距离和交通运输条件来确定运输方式。在满足生产要求且节约投资的前提下，计算所需的运输车辆数以及不同车辆装载零件的形式及数量。最后，编制厂外运输管理规则，规范运输工作。

目前，较多的汽车生产企业采取与社会运输部门签订运输合同，来承担厂外运输任务的方式。

2) 厂内运输设计。厂内运输指汽车装配厂各车间之间物流流动采取的运输方式。对于一个综合性工厂，主要包括冲压、焊接、涂装、装配四大工艺在内的车间。厂内运输设计的任务是设计出符合工艺流程要求的物流系统，系统要求明确各车间之间采用的运输方式、如何衔接以及各车间运输任务的分工等。在这个设计内容里要关注几个重点：一是车身制造过程中在各车间之间的流转；二是各大汽车总成如何上线；三是配套件仓库到总装配车间的运输；四是各分装地零件到总装配线上的运输。

3) 车间内部的运输设计。对总装配车间来说，重点要解决的是各工位上零件按要求的节点供应。一般通过各输送链保证生产节拍，通过叉车及手推车来保证线旁工位上零件的供应，使装配生产按要求不间断地进行。

(3) 物流量的统计及分析　物流量是运输设计最重要的基础资料，其是否准确将直接影响设计的最终结果。如果数据不正确，甚至会形成相差悬殊的运输方案。

物流量的统计依据是工厂生产纲领、车型、工作班制、零部件及协配件的质量等，由产品设计部门提供图样来计算零件的质量和尺寸，或由零部件制造厂家提供产品质量。

(4) 运输设备选型　装配线上的运输设备是根据生产的车型、生产纲领和生产节拍等在工艺文件设计中已经确定的。物流设计时，这方面的重点是如何保证零件的正常供应，范围主要指厂内、车间之间及车间内部，运输设备的选型较为单一。

运输设计确定零部件运输方式、运输车辆及叉车的数量，计算出设备及设施建设的投资，按劳动量配备一定数量的各类人员，最终构成了一个完整的运输系统，满足生产的需要。

2. 仓库设计

仓库设计是汽车物流设计重要的一环，各种零部件到达总装配厂后，上线前都要贮存在仓库里。仓库设计是否得当直接影响装配的正常运转。

(1) 仓库设计原则

1) 确定各种零件的经济贮存期。零部件在仓库的贮存应有一个合理的贮存期，若零部件贮存期过长，将造成零部件的周转期过长，引起资源的浪费。所以在确定贮存期时要综合考虑，征求供应商、运输等部门的意见，共同讨论，在充分调查、研究的基础上确定。

项目六　汽车生产物流管理

2）尽量减少库存，减少库存面积。要合理确定零部件的安全库存，加速资金的周转。零部件贮存过多，将占用更多的流动资金，造成资源的浪费；如果贮存过少，将会影响生产。库存面积的设计按照安全库存的容量进行。

3）充分利用企业原有的设施，尽量节约投资。

4）仓库设计既要考虑工厂的现实，又要兼顾发展，同时仓库设施建设及使用应具有灵活性。例如采用可拆式组合货架，根据市场变化扩大或减少仓库的使用面积，并可以做到方便拆迁、改善平面布置等。

5）便于管理和机械化作业，减轻工人的劳动强度。

6）尽量利用先进的管理手段和技术，提高仓储作业效率及管理水平。

(2) 仓库设计的任务　仓库的作用是贮存汽车的零部件，保证零部件的正常供应和周转，是汽车装配生产的后勤部，是汽车生产不可缺少的重要组成部分。仓库设计的任务是设计如何进行零部件验收、贮存保管及向总装配线供货的组织和设计，同时在满足生产要求的前提下，实现仓储各环节的有效作业及衔接。

进行仓库设计要考虑的因素有很多，第一要计算企业在完成计划产量时，仓库应该有多大的面积（包括工位贮存面积、分装地面积、装卸作业区的面积、零件贮存的面积等）；第二要能保证仓库管理过程中零件不被碰坏、保管完好无损，同时又能有效、便捷、及时地向总装配线供货等。因此，仓库设计必须兼顾各方面的要求、环境、工作特点，同时要考虑仓库使用上的经济性、合理性、先进性和安全性。

(3) 仓库管理的内容　仓库管理的内容包括接收供应商送达的零部件，按照要求进行外观检查和数量清点，合格零部件送到仓库指定的区域存放，不合格零部件单独存放后通知供应商做出处理意见，根据汽车生产日计划按要求配送零件至相应的工位。仓库作业的基本流程如图6-5所示。

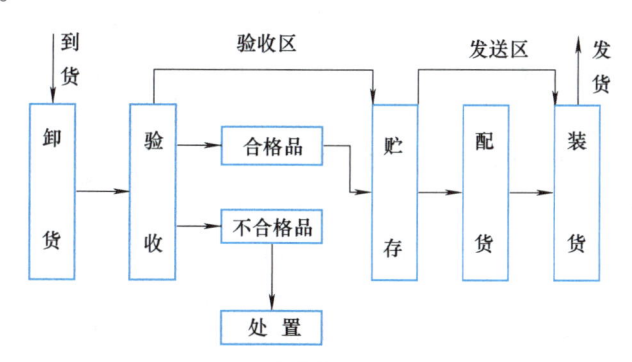

图6-5　仓库作业的基本流程

(4) 仓库位置与仓库的平面布置　由于仓库与总装生产关系密切，向生产工位运送零件的活动极其频繁，直接影响生产、质量、经济效益，因此选择和确定仓库的位置十分重要。

确定仓库位置应遵循以下原则：靠近总装车间；利于收、发货；有较大收货区；方便及时接收供应商的零部件；与外部衔接顺畅，道路平直，避免以斜坡道与收货区相连接；空容器堆场尽量靠近仓库；仓库周围有较大的活动空间，便于发展等。

仓库的平面布置要按功能划定为验收区、贮存区、发货区（包括配料）、办公区、行走通道等。验收区靠近库房的一端，与接收地相邻。贮存区依照一定的原则来存放：按供应商生产的零件分区存放；按汽车装配顺序存放；按重要性程度或易丢失的中小零件存放等。发货区、办公区应靠近装配车间。主干道的宽度应满足叉车双向行驶及消防的要求。

(5) 仓库面积的确定　仓库指贮存汽车零部件的仓库。仓库的面积既不能过小，也不能过大，既能贮存足够数量的零部件以满足装车需要，又要尽量减少贮存量以加速资金的周转，节约成本。贮存期的长短涉及许多方面，例如，供应厂商的生产情况、技术水平、信誉程度、质量保证体系、运输距离、运输工具效率、装载方式以及汽车装配的生产纲领、车型及某些特殊要求等。零件的贮存期是计算仓库面积的依据，贮存期越长，面积越大，投资越大。只有通过大量调查研究，才能确定经济合理的贮存期。

根据贮存期，按实际堆存法计算仓库面积的计算公式为

$$S = nA/K + S_1 + S_2$$

式中　S——仓库面积，单位为 m^2；

　　　n——贮存期，单位为天；

　　　A——单位产量零件实际占地面积，单位为 m^2；

　　　K——面积利用系数，货架取 0.3，堆垛取 0.5；

　　　S_1——验收面积，单位为 m^2；

　　　S_2——辅助面积，单位为 m^2。

(6) 仓储管理　仓储管理是物流管理的一个重要的方面，它直接影响生产管理是否顺畅、产品追溯是否到位，因此，物流设计时一定要落实好仓储管理。

1) 仓储管理的对象。仓储管理的对象主要有以下几个方面：一是零部件贮存数量、品种及本身的质量控制、贮存保管的方法；二是设备的使用、保养；三是集装器具的使用、交换、更新和补充；四是人的管理，既保证做到人管物、设备，又要保证做到人管人，即组织者对作业者的有效管理。

2) 仓储的入库管理。入库的流程如图 6-6 所示。这是仓储作业的第一道工序，是贮存活动的开端。

仓库管理人员接到送货信息后，做好接货的准备，通过与生产部门、运输部门密切协作，按规定的时间、地点、方式接收，认真检查货物卡片与实物是否相符，手续是否齐备。

验收是入库管理的重要工序，需要验收的资料包括货物单据、凭证、合格证、装箱单等。对照实物，对零件品种、规格、型号、数量、质量、外观、外包装等进行验收。不合格品单独存放，按不合格品处理办法进行处理。验收完成后，按制度办理入库手续，建账、存档、登记和输入计算机存储。

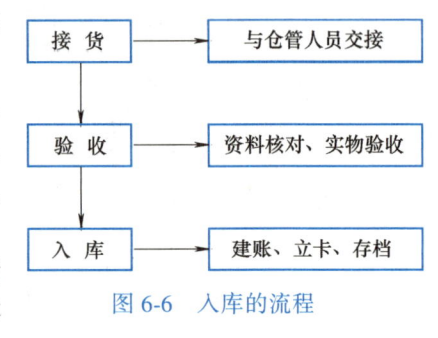

图 6-6　入库的流程

入库作业遵循的原则：进库快，货物验收入库迅速及时；质量好，严格控制进货质量，不合格品禁止入库；尽量采用机械化作业，减轻工人的劳动强度；效率高，各环节有机配合。

3) 在库管理。贮存工作质量是衡量仓储工作质量的重要标志。保管作业内容主要包括决定贮存的方式（料箱堆垛或货架摆放）；安排保管场所，根据物料的特征和要求划分为若

项目六 汽车生产物流管理

干贮存区分区存放；编排库房号、货架号、层号、货位号，便于快速识别查找以及提高出、入库作业效率等；定期清仓盘点。对有特殊要求的物料或贵重物品，需要垫高的采取垫高的方式，为防丢失，单独封闭存放等。常用的在库管理方法有定置法和 ABC 分类法。

定置法就是使每一件物品都有最适合的地方存放，确保它们按照要求放在规定的地方的管理方法。定置管理可减少寻找物品的时间，减少取放和操作的时间，从而提高效率、节省成本。定置管理谋求改善人、物、场所的状况，实现三者在时间、空间的优化组合，达到作业高效、安全和文明。

ABC 分类法运用了"关键的少数和一般的多数"规律，集中精力解决少数关键的问题，一般对待多数的一般性问题；根据物料的价值及生产中的地位，进行分类管理；在库房面积使用、摆放位置、保管方法、出入库时间方面优先安排 A 类和 B 类零部件的安排和控制。

仓管人员要定期检查盘底，每天按照出入库报表进行及时记录，核对账物是否相符，发现问题及时处理。

在库管理应遵循的原则：实行目视管理，库存状况及时反映；实行定置管理，加快出、入库作业，提高仓储效率；先进先出，确保物料正常周转。

随着科学技术的发展，现在的仓库管理更多地采用计算机管理系统。例如 ERP 系统，仓库管理是 ERP 系统的一个子模块，所有信息在整个系统中可以共享，通过系统可以进行库存查询、零件超量及缺件报警、库存量统计分析等，作为决策和指挥生产的依据。

4）出库管理。出库作业是仓库管理最后一道工序，是关键的环节，主要工作是核对出库零部件品种、数量、规格等。为避免差错，应将实物与出库单反复核对，确认无误才可出库。

出库作业方式分为取货制、送货制或两者皆有。在汽车总装配中，大总成一般根据日作业安排，采取看板直送法，直接送至工位或分装地。中小件及标准件采用取货制，由总装车间到协配库取货。此外，还采用定时、定量及巡视的方式，由仓库送货，以弥补取货制的不足。定时送货一般适用于生产稳定、节拍均衡的情况，定量供应适用于零部件质量稳定的情况，而巡视属于随时补充的性质，依产量及品种变化而定。

随着生产的发展及管理水平的提高，集配供货方式成为出库作业发展的趋势。集配更适用于装配生产线，主要有批量集配、工序集配以及随线集配等方式。通过不同的配货方式可满足不同形式的装配需要，保证装配质量，避免零件的丢失。

3. 集装器具设计

（1）集装器具的作用 将零件集中起来运输，同时保护零件不致磕碰划伤所使用的容器称为集装器具，也称为料架。汽车装配过程中需要不断地向装配线供应零部件，不可能采用一件一件的送货方式，通常是将零部件盛在容器里连同容器一起送至工位。集装器具主要包括料箱、托架、料斗和料盒等。

集装器具既可存放于工位旁和仓库内，又可用于运输，便于装卸、取、堆垛、运输，也便于采用机械化作业，减少工人繁重的体力劳动，提高生产效率，保证质量。

集装器具在企业生产中应用越来越广，使用的数量及品种越来越多，在生产中发挥着越来越大的作用。

（2）集装器具的设计原则

1）集装器具应实现标准化、通用化和系列化。在整个物流系统中，为了考虑容器互换

和互用、提高使用效率，集装器具应实现标准化和通用化。

2）应便于机械化作业，具备使用多种运输工具的灵活性，既可以叉取，又能吊装，提高作业效率。

3）尽量提高装载效率。

4）尽量采用可折叠、可拆装的结构形式，便于空容器的返空，提高运输效率。

5）尽量减小集装器具的质量，少用或不用工、角、槽钢。

6）符合人体工程学的要求，便于工人操作，减轻疲劳，以保证产品的质量。

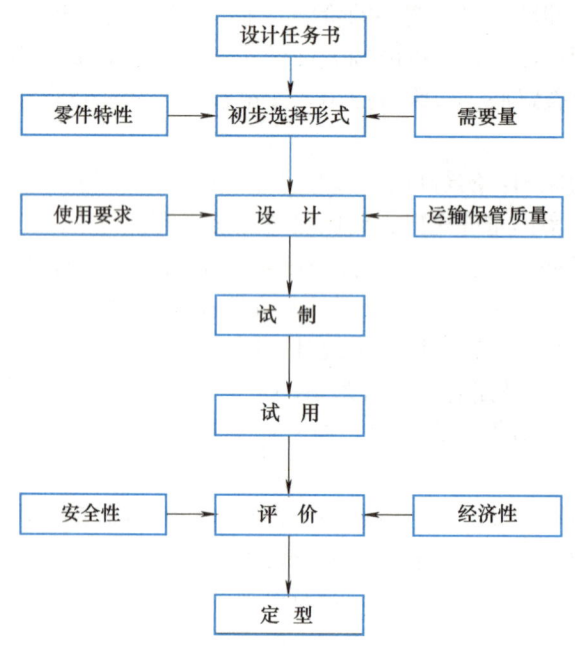

（3）集装器具的设计程序　集装器具的设计程序如图6-7所示。

图6-7　集装器具的设计程序

（4）汽车装配厂集装器具

1）物流工位器具。

① 分类。作为生产物流设备中最常用的设备，物流工位器具的应用范围很广，几乎涵盖了整个供应链上的各个环节，从供应商采购、运输、入库装卸，到贮存、上线配送、现场配料等。

按所有权形式不同可分为主机厂自制或外购，交由物流公司租用，供应商财产（自备）。

按使用方式不同可分为车间固定工位使用，车间、物流公司、供应商周转配送使用。

按周转方式不同可分为物流公司与车间之间周转，物流公司与供应商之间周转。

按工位器具种类不同可分为专用工装（如料箱、料架）、通用货架、标准周转箱、标准托盘、异形周转箱、衬格等。

② 功能及使用范围。它可防止产品装卸搬运过程中磕碰、划伤，同时也可以防尘、防锈等，有利于现场定置定位管理，提高装卸搬运效率，符合装配工艺要求，节约工位面积。

项目六　汽车生产物流管理

同时，企业采用可以反复周转使用的物流工位器具比一次性包装材料成本更低、效率更高，并且从环境保护角度考虑可以大幅减少木材的使用。例如，上海大众从德国进口的CKD件，几乎都是采用可周转使用的铁制折叠箱进行包装的。

2）物流容器。为了便于物料的存放和机械化作业，现代化生产线都采用物流容器作为其生产工具和设备，主要包括标准托盘（铁、木、塑料）、料箱（周转箱、物料箱、铁箱）、专用料架、衬格、平板推车和货架。

集装器具管理包括设计、制造及使用。设计管理不是一般意义上的设计方法，而是设计的组织管理。尽管设计简单，但真正做到好用并不容易，需要广泛征求现场、运输、操作工人和仓库保管员的意见，尽量达到各方面人员的要求，使其更合理。如果设计的组织管理不当，设计结果很可能是失败的。由于集装器具使用量很大，占用资金很多，因此制造要慎重，应少量试制后进行试验，经评审合格后才能批量制造。使用集装器具是管理的重点，又是极薄弱的环节，首先是合理使用和堆放，然后是使用过程中的交换、破损器具的维护、补充和更新等，都要建立相应的制度，规范人员的管理行为，做到既充分运用，又避免浪费。

巩固练习

1. 物流设计的方法有哪些？设计流程是什么？
2. 物流设计的内容包括哪些？物流设计中仓库设计是如何进行的？
3. 物流设计中集装器具的设计原则是什么？

任务三　汽车总装车间物流管理

汽车总装车间物流管理		学时：90min
知识点	1）总装物流管理的定义 2）总装物流容器的分类 3）总装物流容器的使用 4）总装物流异常的处理办法 5）总装物流异常的预防措施	
知识目标	1）掌握汽车总装物流管理的概念 2）掌握汽车总装物流容器的分类及使用 3）掌握汽车总装中的零件配送模式 4）掌握汽车总装中的物流异常处理办法及预防措施	
技能目标	能正确理解汽车总装物流管理的模式	

一、汽车总装车间物流概述

汽车总装车间物流布局如图6-8所示。

汽车物流指对汽车生产过程中的包装、流通加工、仓储、装卸搬运、运输、配送、物流信息等活动进行计划、组织和控制，如图6-9所示。

汽车总装物流管理的目的是使人、时、物得到合理的运用，以取得最佳的经济效果。

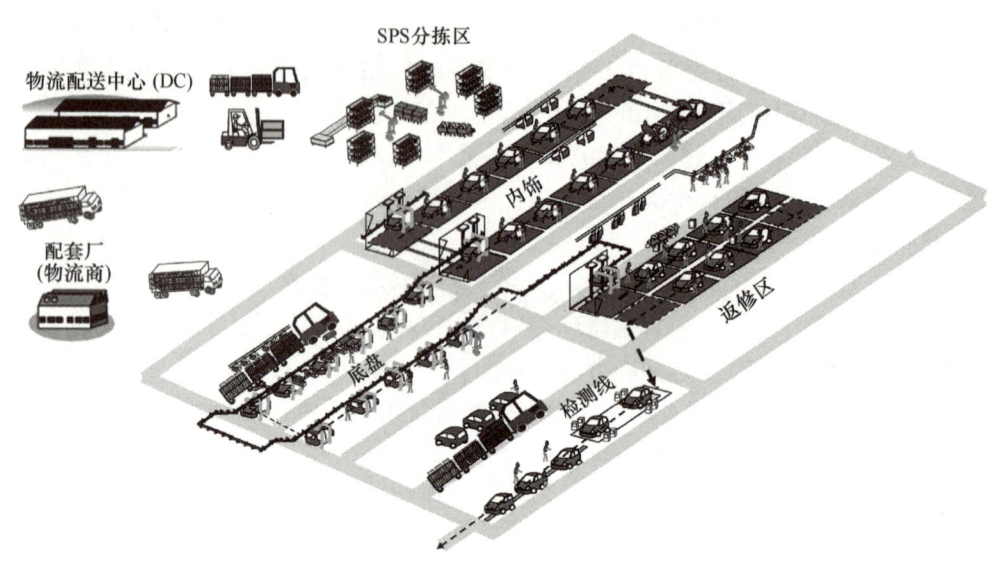

图 6-8 汽车总装车间物流布局

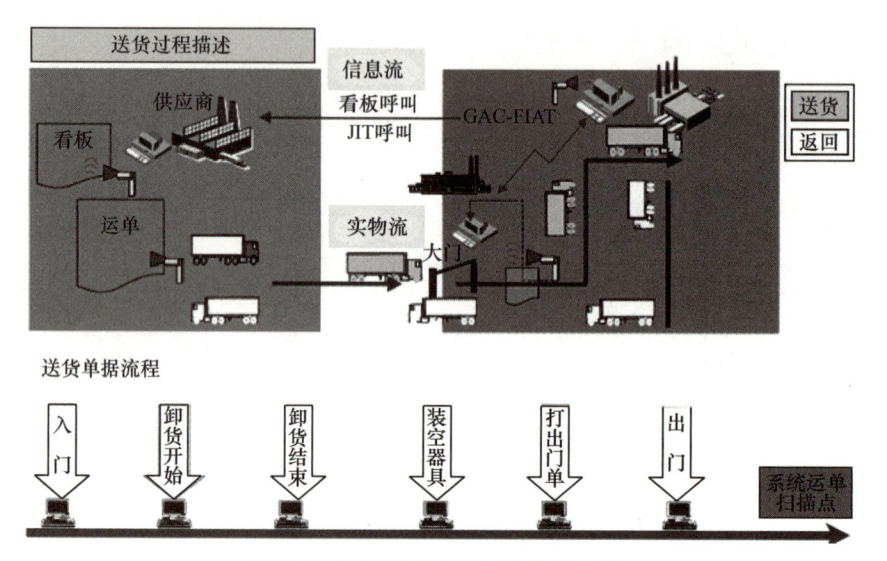

图 6-9 零部件配送过程中信息传递

二、总装物流容器

包装是物流的起点，每种零部件送至仓库、主机厂或线边都必须有统一规定的包装容器。一般汽车主机厂都会对包装容器的大小、装载量、操作性等做出详细规定，部分主机厂还会对容器进行评审，以适应主机厂的需求。根据容器的存放位置，可以大略分为包装容器和线边容器。前者主要存放在仓库，后者一般放在线边。

1. 包装容器

一种零部件采用何种包装方式一般取决于零部件自身的性能及零部件厂与主机厂的距离。零部件包装容器基本分为以下 4 种：

项目六　汽车生产物流管理

（1）**标准塑料箱**　如图 6-10 所示。
（2）**专用塑料箱**　内带隔衬，如图 6-11 所示。

图 6-10　标准塑料箱　　　　　图 6-11　专用塑料箱

（3）**金属料筐**　如图 6-12 所示。
（4）**专用料架**　不规则物料专用。这些物料基本都有通用形式，只是针对此物料进行稍微的改动，部分需要重新设计，如图 6-13 所示。

图 6-12　金属料筐　　　　　图 6-13　专用料架

对于紧固件，一般零部件厂采用纸箱包装，送到主机厂后需要转换包装，换成标准塑料箱送到线边，一般纸箱不允许直接送到线边；对于部分塑料、橡胶材质的零部件，采用专用塑料箱的方式配送；对于较重的金属件一般采用专用的金属料筐配送，部分较小的金属件也有采用标准/专用塑料箱配送的；对于较大的零部件或形状较为复杂的零部件一般采用专用料架，如图 6-14 所示。

2. 线边容器

无论什么零部件，送到生产线边均需要包装容器。采用何种容器一般根据零部件自身性能、配送方式、线边物流空间等确定。

对于内饰线零件较小、重量较轻的线体，部分主机厂采用专门台套式配送方式。这些零部件一般用专门制作的台车装载，并随着产品车运行。对于零件外形较大和重量较重的零件，如座椅、保险杠、轮胎等一般采用供应商排序直接送到总装卸货口，然后用输送线或人工配送到线边。这类零件一般不需要容器或者只需简单的台板即可。对于紧固件，一般采用标准塑料箱上线，摆放在线边固定的线棒架上。对于零件派生较多的零部件一般采用供应商排序，使用专用料架上线的配送方式。其余的零部件绝大部分使用专用或通用料架、料箱等配送。

图 6-14 包装容器

a) 线棒架　b) 专用塑料箱　c) 专用料架　d) 通用塑料箱

随着各主机厂对精益生产方式越来越重视,生产线边物料摆放空间越来越小,相应的库存越来越少,线边容器朝着"专用化"发展,根据零件的性能、形状等制作专门适用于某种零件的容器,并且均带有脚轮,方便运输,更重要的是可实现包装容器从供应商到主机厂的统一,循环利用,减少中间转换环节,这样既能保证主机厂的正常生产,也能减小供应商的库存压力。

三、总装车间物流管理

1. 总装零部件配送模式（图 6-15）

随着精益生产方式的日渐推广,零件配送到线边朝着"小批量、高频次"的方向发展,主要有以下 3 种配送方式。

（1）同步供货　同步供货的优点是供销双方同步生产,库存最少,线边零件最少;缺点是对信息系统

零部件配送方式 {
　同步供货 { 准时制(JIT生产)
　　　　　　台套式配送 }
　看板供货
　计划供货
}

图 6-15　总装零部件配送模式

项目六 汽车生产物流管理

依赖性强,管理成本较高;主要适用于多品种、多颜色混流生产,解决线边拥挤问题。一些尺寸较大或重量较重的零部件一般也采用这种供货方式,如座椅、轮胎、保险杠等,如图6-16 所示。

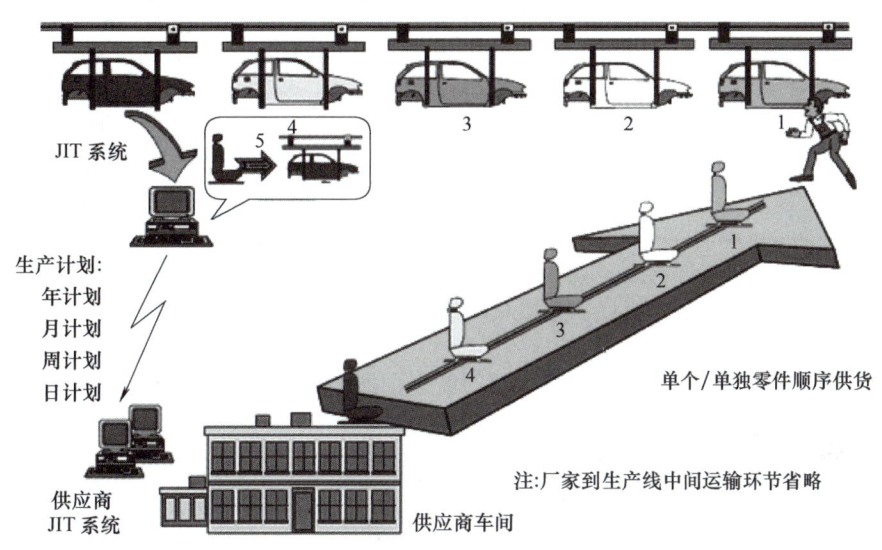

图 6-16 同步供货

还有一种同步供货方式,对减少线边库存及物料占用空间更有效,那就是台套式配送模式。台套式配送模式一般适用于零件较小、重量较轻的线体,如内饰线,如图6-17所示。

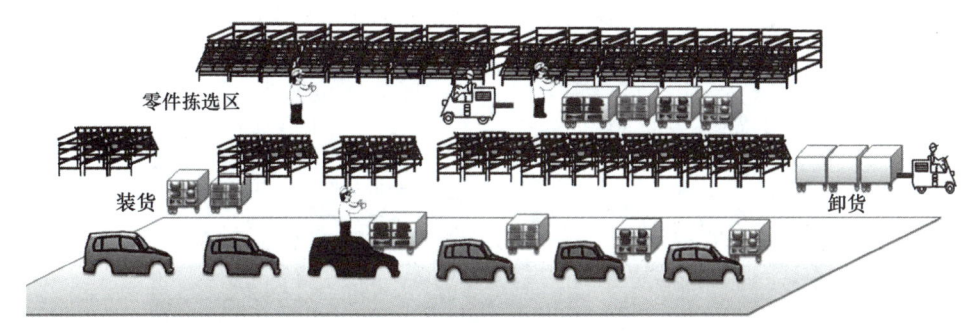

图 6-17 台套式配送

(2) 看板供货 看板是生产产品的供应者和消耗产品的用户之间的供应关系,如图6-18 所示。看板的运行规则为:

1) 消耗点至少有 2 个包装,用空一个包装返回仓库要货。新包装到达之前,另一个包装能满足用户消耗需求。

2) 一个包装有 1 张看板卡片,按卡片规定数量装载零件。

3) 消耗拉动补充,下游拉动上游。

4) 按看板卡片上的数量生产或发货。

5) 用户消耗量变化时,看板返回节奏就会加快或减慢;变化大时要调整卡片数或包装容量。看板的优点是自动循环,控制简单,不易产生缺件;对信息系统依赖性低,可实行手工

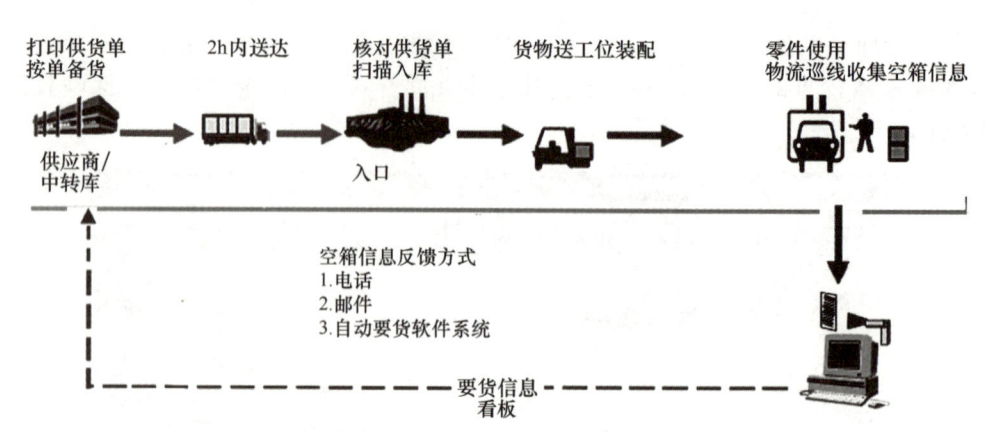

图 6-18 看板供货

管理；能有效减少库存；另外，按需生产有利于优化库存，快速应变。供应者能了解用户的实际消耗数量和速度，有利于优化生产，建立供应者和用户的默契合作关系，不易缺件和多供。但看板供货也有一些缺点，主要是不能实行按计划限量发料；生产线旁边摆放的零件多（至少 2 个包装），多品种、多颜色零件的装配工位易造成拥挤。另外，看板运行要求零件上线必须定人、定车、定容器（定包装容量）、定路线，主要适用于大批量、消耗需求相对稳定的零件，例如紧固件等通用件。

（3）计划供货 计划供货是指主机厂提前滚动预告产量，供应商按月、周、日计划送货。生产线定时送货，线边定额储存，分区段定时补充（如 1h 补充 1 次），按计划限额发料，当发生停线时，送货时间往后顺延。计划供货主要适用于通用件、专用件等，如图 6-19 所示。

图 6-19 计划供货

计划供货的优点是有利于按计划限额发料，线边零件较少，有利于运用信息系统实现物料计划自动生成和需求早期滚动预测；缺点是当计划预测条件（例如计划提前期）发生变化时，易产生物流的中断或堆积，生产线供储表现为缺件或零件过多，仓库会有同样情况。另外，供应者不了解用户消耗的数量和期限，容易多生产（供）或少生产（供）。

2. 生产线边物料管理

线边物料管理主要有两个方面的问题：零件的归属管理和零件的摆放管理。一般来说，线边零件在没有安装前都是属于供应商或第三方物流公司管理，包括零件摆放、零件质量保

项目六 汽车生产物流管理

证、盘点等均由其管理。线边库存如图 6-20 所示。零件安装后即归总装管理。零件摆放在线边要符合三"定"原则（图 6-21）：定点、定量、定置，即每个零件都应有固定的摆放岗位（可以为多个岗位），每次摆放多少要明确，并做好标识，摆放的货架要进行定位。

图 6-20 线边库存

图 6-21 三"定"管理

3. 物料异常对应

由于总装车间零件种类较多，而且绝大部分都是人工管理，难免出现异常，如零件配送错误、缺件、零件不良等。针对这些异常，需要物流人员与总装现场操作人员和管理人员密切配合，及时应对，减少对生产的影响。

发生异常时，对于总装现场操作人员要按照异常处理三原则操作：停线、呼叫、等待，即出现异常时，马上停线，并呼叫班长，等待班长处理。对于现场管理人员，要及时发现异常或接收员工的反馈，马上赶往线边处理异常。但这种方式会导致停线，现在很多主机厂都设置了安灯系统，如图 6-22 所示。安灯主要由"呼叫""停止""恢复"3 个按钮和指示灯构成。发现异常后，按下"呼叫"按钮，指示灯会亮，线体仍会继续运行；按下"停止"按钮，指示灯会亮，线体马上停止运行；按下"恢复"按钮，指示灯灭，线体恢复运行。

图 6-22 安灯系统

部分主机厂将"呼叫"按钮进行了优化，当按下"呼叫"按钮时，如果过了一定时间或距离，线体就会停止运行。这种方式能督促现场管理人员和物流人员快速地处理异常，减少停线。

对于物流人员，要及时掌握仓库及线边零件状况，如果零件有供应不足的风险，要及时通知相关人员配送。对于线边出现的异常，要及时赶到线边进行处理。另外，对于排序件，线边要设置一定的安全库存，以应对零件来料不及时的风险。

巩固练习

1. 总装物流容器有哪几种类型？分别用在什么场合？
2. 总装车间常用哪些包装容器？包装容器根据什么来选择？
3. 目前零件的配送模式有哪几种？
4. 物料异常处理的三原则是什么？如何预防物料异常？

素养课堂

准时制生产方式提高了生产效率

准时制（Just In Time，JIT）生产方式是1953年由日本丰田公司的大野耐一提出，由日本丰田汽车公司创立的一种独特的生产方式。它是指企业生产系统的各个环节、工序只在需要的时候、按需要的量、生产出所需要的产品。

20世纪后半期，整个汽车市场进入了一个市场需求多样化的新阶段，而且对质量的要求越来越高，随之给制造业提出的新课题即是"如何有效地组织多品种小批量生产"，否则就会生产过剩导致设备、人员、库存费用等一系列的浪费，从而影响到企业的竞争能力以至于生存。

1953年，日本丰田公司的大野耐一综合了单件生产和批量生产的特点和优点，创造了一种在多品种小批量混合生产条件下高质量、低消耗的生产方式，即准时制生产方式。

JIT生产方式的实质是保持物质流和信息流在生产中的同步，实现以恰当数量的物料，在恰当的时候进入恰当的地方，生产出恰当质量的产品。这种生产方式可以减少库存、缩短工时、降低成本、提高生产效率。

JIT生产方式是一种"拉动"式生产管理模式，看板系统是JIT生产方式的重要工具之一。JIT生产方式通过看板管理成功地防止了过量生产，实现了"在必要的时刻生产必要数量的必要产品（或零配件）"，从而彻底消除在制品过量的浪费，以及由之衍生出来的种种间接浪费。然后通过旨在解决这些问题的改善活动，彻底消除引起成本增加的种种浪费，实现生产过程的合理性、高效性和灵活性。看板系统也是JIT生产现场控制技术的核心，利用看板技术控制生产和物流可以达到准时生产的目的。

JIT生产方式在推广应用过程中，经过不断发展完善，为日本汽车工业的腾飞插上了翅膀，提高了生产效率。这一生产方式亦为世界工业界所瞩目，被视为当今制造业中最理想且最具有生命力的新型生产方式之一。

JIT生产方式在20世纪70年代末期从日本引入我国，长春第一汽车制造厂最先开始应用看板系统控制生产现场作业。到了1982年，第一汽车制造厂采用看板取货的零件数已达其生产零件总数的43%。20世纪80年代初，中国企业管理协会组织推广现代管理方法，看板管理被视为现代管理方法之一，在全国范围内宣传推广，并为许多企业采用。

近年来我国的汽车工业、电子工业、制造业等实行流水线生产的企业中应用JIT生产方式，获得了明显效果。例如，第一汽车制造厂、第二汽车制造厂、上海大众汽车有限公司等企业，结合厂情创造性地应用JIT生产方式，取得了丰富的经验，创造了良好的经济效益。

项目六　汽车生产物流管理

附录 B　仓库管理制度

为了保障公司库存商品的安全与完整，降低仓库管理成本，以免造成商品积压与资金浪费，特制定本制度，要求有关部门遵照执行。

一、采购入库管理

1）商品采购主要分为日常备货采购和业务员要求采购备货两类。日常备货采购指商务部根据仓库商品库存和市场行情主动备货，预算清单由商务部下达。业务员要求采购备货指业务员根据销售需要向商务部提出采购备货，预算清单仍由商务部下达，但业务员必须在预算清单红联签字确认。

2）商务部输单员审核预算清单后输入采购订单，并在预算清单上加盖"已录"章，然后由商务部主管负责对预算清单和采购订单进行审核。

3）仓库管理员根据审核无误的预算清单办理物资入库手续。入库时，仓库负责清点实物数量，进行外观验收，同时要关注商品的价格、规格、型号、数量是否与预算清单一致，货物名称及编号是否统一。如有异常，应及时通知经办人员改正，否则拒绝入库。

4）仓库将实物清点入库后，应在实物上贴上标明商品编码、名称、规格型号、批次的标签。

5）仓库根据核对无误的采购订单关联生成入库单并打印，入库单一式四联，一联存仓库，一联存商务部，两联交给业务会计。

6）仓库负责编制、打印、报送入库日、周、月报表。

7）仓库每日及时配对入库单、采购预算清单，并与入库日报表核对无误后一并报送业务会计。

8）禁止虚开无实物的入库单。

二、销售出库管理

1）业务员在当日 16:30 之前填写次日的销售预算清单报送商务部输单，并在公司办公自动化系统输入工作联系单，销售预算清单一式四联，一联存仓库，一联交给业务员，一联存商务部，一联交给业务会计。仓库在当日按销售预算清单提前备货，办公室根据业务员输入公司办公自动化系统中的工作联系单统一安排发货车辆，保证货物及时送达客户。

2）业务员必须完好保管所有销售预算清单，以便与财务和客户结算、备查，否则后果自负。

3）商务部输单员审核预算清单后输入销售订单，并在预算清单上加盖"已录"章，然后由商务部主管对销售订单进行审核。

4）仓库管理员根据审核无误的销售预算清单办理物资出库手续，并在预算清单上加盖"货已发"章。商品出库时要关注商品的价格、规格、型号与预算清单是否一致，审批程序是否符合规定，货物名称及编号是否统一。如有异常，应及时通知经办人员改正，否则拒绝出库。出库时，应特别关注低于最低售价的商品。

5）业务员必须在十天内处理所下的订单，如果处理不及时，公司将根据订单金额每天加收 1‰ 管理费。

6）出库单上的商品编号、名称、规格、型号必须与实物一致。如有异常，应及时通知经办人员改正，否则拒绝出库。

7）仓库根据核对无误的销售订单关联生成发货单并打印，发货单一式五联，三联交给业务会计（其中两联由业务员经客户签字后送交业务会计，一联在仓库与预算清单配对后送交业务会计），一联存仓库，一联交给客户。发货单反映数量、含税单价、税额、价税合计。仓库汇总当日发货单后，报业务会计进行核销。

8）仓库每天记账，次日由业务会计负责打印出库单，出库单一式四联，一联存仓库，一联交给业务员，两联交给业务会计。出库单应反映数量、采购进价，与发货单配对。

9）因销售急需放行的商品，可采取紧急放行措施，但事后必须及时补办各项手续。

10）发货单由业务员或技服人员送请客户签收后交业务会计核销。

11）仓库必须严格按照发货单上开具的商品名称、编码、规格、型号、数量发货，违规操作造成的账实不符等后果，由经办人承担全部责任。

12）商品出库要遵循"先进先出"原则，以免造成停滞、积压、过期、贬值等经济损失。

13）仓库每日及时配对发货单、销售预算清单，核对无误后一并报送业务会计。

14）编制、打印、报送发货日、周、月报表。

15）禁止虚开无实物的出库单。

三、紧急放行管理

1）因销售急需放行的商品，可采取紧急放行措施。

2）业务员根据业务需要填写销售预算清单，提交部门经理审批。

3）仓库根据审批后的销售预算清单，在预算清单上加盖"紧急放行"章，并手工开具送货单，送货单一式三联，一联交给客户，一联交给业务员，一联交给业务会计。

4）业务员送货后，取得经客户签字确认的送货单。

5）业务员必须在三天内参照销售出库管理补办销售出库手续。如果业务员没有在规定时间内补办出库手续，公司根据销售金额按天加收 1‰ 的资金占用费。

四、内部调拨管理

1）内部调拨仅适用总仓与办事处之间的调拨，原则上办事处与办事处之间不得办理调拨，特殊情况确需调拨的须到总部办理相应的调拨手续。

2）公司统一拟订调拨申请单格式，调入方根据商品库存量及市场销售形势，填写调拨申请单（一式两联），一联由调入方保存，一联传真到商务部。

3）商务部审核调拨申请单，调拨申请单输入有误的，通知调入方重新填写；库存商品短缺的，参照采购入库流程办理采购入库；审核无误的根据调拨申请单填写调拨预算清单，并输入调拨单。

4）仓库审核调拨预算清单和调拨单，并打印调拨单，调拨单一式四联，一联交给调出方，一联交给调入方，一联交给商务部，一联交给业务会计。

5）调入方清点实物入库，在调拨单上签字确认。每隔一星期与仓库核对调拨清单。

项目六 汽车生产物流管理

6）仓库每日将调拨单和办事处上报调拨单日列表核对无误后一并报送业务会计。

五、内部领用管理

1）内部领用包括日常办公用品的领用及办公设备的领用。日常办公用品领用指公司各部门到办公室领用日常办公用品，办公设备领用指公司各部门到仓库领用办公设备。

2）各部门必须根据公司的业务规模及管理要求，制订全年的办公用品与办公设备预算，报总经理批准后执行。

3）日常办公用品一次领用金额在100元以下（含100元）的，由部门主管在预算额度内审批；一次领用金额在100元以上、500元以下（含500元）的，由部门经理在预算额度内审批；一次领用金额在500元以上或超出预算额度的，由总经理审批。

4）仓库另建行政仓，核算日常办公用品。日常办公用品由办公室负责采购，根据采购清单输入采购订单，关联生成入库单，仓库通过内部调拨，将办公用品调到行政仓，具体操作参照采购入库。每月办公室根据各部门领用办公用品清单输入订单，关联生成出库单，具体操作参照销售出库流程。

5）每月末办公室编制各部门本月领用的日常办公用品汇总表，提供给业务会计记账和仓库核对。

6）办公设备的一次领用金额在100元以下（含100元）的，由部门主管在预算额度内审批；一次领用金额在100元以上、500元以下（含500元）的，由部门经理在预算额度内审批；一次领用金额在500元以上或超出预算额度的，由总经理审批。

7）各部门应建立在用设备的使用台账。

8）各部门领用办公设备时应填写预算清单。

9）商务部审核预算清单，填写有误的，返回各部门，重新填写；审核无误的，输入订单，订单一式四联，一联存在仓库，一联交给商务部，一联交给领用部门，一联交给业务会计。

10）仓库根据核对无误的订单关联生成发货单和出库单，发货单和出库单一式四联，一联存在仓库，一联交给商务部，一联交给领用部门，一联交给业务会计。

11）其他出库程序参照销售出库管理。

六、物资借用管理

借用分为销售借用和其他借用。

销售借用特指紧急放行出库，必须经过部门主管以上领导审批才可放行，并在三天内办理核销手续，参照紧急放行管理。

其他借用包括设备外借或工具借用。设备外借必须经部门主管以上领导审批，并在规定时间内归还。外借时间在一周内的商品由部门主管审批，借用时间在一个月内的由部门经理审批，借用时间在一个月以上的由总经理审批。外借商品的遗失、损耗或报废由借用人员负责。工具借用指维修和技服部门常用工具的借用，由部门主管审批。借用人岗位调动或离职时，必须归还所借物品。借用工具的正常性损耗或报废应及时办理出库手续，出库时必须以旧换新，其他出库手续参照内部领用。

仓库对借用物资应建立借用台账。借条视同实物管理，丢失由责任人赔偿。对超出借用

期限的各类商品，仓库必须及时催办手续，否则公司将按借用商品金额每日加收1‰资金占用费。对应催而未催的借条，公司对仓库做相应的处罚。月末仓库必须统计各部门人员的借用清单。借用人离职时，必须经仓库审查后才可放行。

七、维修、更换、退货、返修管理

业务员接到客户通知，自己或通知技服部人员对销售商品进行初步诊断，然后将商品送到维修部登记，进行维修和质量鉴定，维修部登记维修台账并填写商品检测报告。

1. 维修后返回客户
1）经维修部维修后，商品可正常使用，维修部负责通知业务员。
2）业务员到维修部领取商品，将商品返回给客户。

2. 更换商品管理
1）经维修部维修鉴定后，无法维修恢复正常使用的商品，业务员填写红字销售预算清单，同时填写更换出库商品预算清单，经部门经理审核批准。
2）商务部根据审核批准后的预算清单输入订单，冲回原销售出库订单，办理更换出库商品出库手续。
3）仓库核对并清点退货商品，与红字销售订单核对无误后关联生成退货单，并办理退货手续，将退回商品入不良品库。同时，生成并打印更换出库商品发货单，与商品一同交业务员。
4）业务员将商品送交客户，并将客户签字确认的发货单送交业务会计。
5）仓库每日及时配对红字预算清单和退货单，与退货列表核对无误后一并报送业务会计。
6）业务会计将预算清单、发货单、出库单配对核销、入账。

3. 退货管理
1）业务员编制红字销售预算清单报主管审批后，办理退货手续。
2）在退货过程中应尽量避免商品包装不全、有污迹、破损等情况。
3）退货由维修部负责质量鉴定。
4）质量鉴定后，业务员负责将退货商品送交仓库入库，合格商品退回总仓库按正常商品管理，不良品应入不良品库，并做明显标识，与正常商品隔离摆放。不良品的入库价格由商务部根据市场可变现价格确定，退货损失由责任人承担。
5）仓库应核对并清点退货商品，与红字销售订单核对无误后关联退货单，并办理退货手续。
6）业务员应向客户书面通知本公司实际收到的退货商品名称与数量，并由对方签字确认。
7）每日及时配对退货清单、退货单和红字销售预算清单，与退货日报表核对无误后一并报送业务会计。
8）退货商品由原业务员负责处置，资金的占用额度参照"内部考核制度"。
9）采购退货商品由仓库及时通知商务部编制红字采购订单，然后仓库根据审核过的红字采购订单关联红字入库单。
10）每日及时配对红字预算清单和退货单，与退货列表核对无误后一并报送业务会计。

4. 退货责任落实

1）退货责任由维修部负责鉴定后交财务部处理，具体鉴定时间在"工作联系单"中规定。

2）由于客户原因造成的退货，由业务员与客户协调，积极挽回这部分退货损失。退货损失包括商品跌价损失、来回运输费和差旅费。

3）由于业务员没有了解客户需求造成的退货，业务员承担40%的损失，公司承担60%的损失。

4）由于客户表述不清造成的退货，业务员承担2%的损失，公司承担98%的损失。特殊情况上报总经理审批后执行。

5）由于技服人员工作失误造成的退货，技服人员承担10%的损失，公司承担90%的损失。

6）发货错误退回的，由责任人承担全部损失。

7）运输单位造成的退货，由运输单位承担全部损失，包括来回运输费、包装费、人工整理费、商品跌价和其他损失费。

8）因供货方质量原因造成的退货，由商务部根据合同追究供货方的责任。

9）业务员应积极处理退货的商品，以免造成退货商品的停滞、积压。

5. 商品返修管理

1）商品返修包括一般返修和退货返修。退货返修指客户退货后，仓库和商务部联系供货商的返修；一般返修指公司代客户返修商品。

2）一般返修由业务员负责将返修商品送到仓库。

3）仓库收到返修商品时应登记返修商品台账。

4）商务部负责和供货商联系，并将供货商联系地址提交仓库。

5）返修好的商品送达仓库后，仓库应清点实物，进行外观验收，登记返修商品台账，并于当天通知业务员。

6）业务员收到仓库通知后，应及时与客户联系，将返修商品及时送达客户。

7）业务员到仓库提货时，仓库应登记返修商品台账，并手工开具送货单（一式三联），客户签收返修商品后，业务员应于当日将送货单送交仓库核销。

八、库存管理

1）商务部应根据市场情况，预测每种商品的最高存量与最低存量。对市场难以准确把握的商品，原则上实行零库存管理办法。对往年有销量而季节性供货的商品，应根据销售量确定最低与最高存量。对低于最低存量或超过最高存量的商品，仓库要及时报告商务部、财务部。

2）各分支机构仓库对低于最低存量或超过最高存量的商品，要及时上报公司总部仓库，由商务部审核调拨申请并输入内部调拨订单，通知仓库关联相关单据后办理实物调拨。

3）企业产品推广部每月上报门市样品库存余额表。

九、仓库日常管理

1）物资进、出仓库，都必须严格办理进、出库手续。

2）对待检的物资做出明显的标识，以便追溯。

3）仓库必须及时将日、周和月报表发送到仓库共享文件夹中，及时向商务部、营销中心、技服部、总经理及其他需要仓库信息的有关部门与人员提供相关信息。

十、库存商品盘点管理

1）每日下班前，仓库应对计算机、打印机等主要库存商品进行盘点，编制盘点表，并与库存账面余额进行核对，账实不符的要分析原因、明确责任，提请有关部门处理。

2）月末由仓库主管组织人员对所有库存商品进行盘点，编制盘点表，并与账面余额核对，账实不符的要分析原因、明确责任，提请有关部门处理。

3）年中和年终仓库应协同财务部和其他有关部门对公司库存商品进行全面盘点，编制盘点表，并与账面余额核对，账实不符的要分析原因、明确责任，提请有关部门处理。

4）盘点过程中应对残次冷备库存商品做标签，并隔离摆放。

5）对盘盈、盘亏商品编制盘盈、盘亏商品报表，经财务部经理和总经理审批后，做账务处理。

十一、现场管理

1）仓库必须做到现场整洁有序，按"先进先出"制度定置摆放（可根据发货要求），按客户或商品类别做好明显标识（可采用标牌）。标牌上应标明商品的名称、编号、规格、型号、批次及收、发、存情况。

2）停滞品、待处理品、不合格品必须与正常商品严格隔离，并做好醒目标识，并由商务部协同有关部门及时处置。

3）库管员要做好防火、防潮、防盗工作，对库存商品的安全负责，否则承担相应的责任。

本制度从××××年××月××日起执行，以前相关规定同时废止。

项目七 汽车质量管理

项目导引

小张入职汽车总装配厂 3 年，由于工作认真负责，对产品质量严格把关，被调至汽车总装车间质检岗位，他需要掌握工艺质量管理控制方法，学会工艺纪律监督检查、质量检验、质量考核、产品质量评审和整车评价。汽车质量检验如图 7-1 所示。

图 7-1 汽车质量检验

任务一 掌握工艺质量管理控制方法

掌握工艺质量管理控制方法	学时：90min
知识点	1）质量的定义 2）质量管理的定义 3）工序能力验证 4）质量控制点 5）工序质量改进
学习目标	1）掌握质量和质量管理的定义及质量管理的意义 2）掌握工序能力验证的要求及提高工序能力的途径 3）掌握工序质量控制点的设置方法 4）掌握工序质量改进的方法和如何设置工序质量控制点
技能目标	1）能正确进行工序质量控制点的设定 2）能进行装配工序质量改进

一、质量管理概述

1. 质量的定义

GB/T 19000 及 ISO 9000 系列标准中质量的定义是：一组固有特性满足要求的程度。

上述定义可以从以下几方面去理解：

1) 质量不仅是指产品质量，也可以是某项活动或过程的工作质量，还可以是质量管理体系运行的质量。质量由一组固有特性组成，这些固有特性指满足客户和其他相关方的要求的特性，并由其满足要求的程度加以表征。

2) 特性指区分的特征。特性可以是固有的或赋予的，可以是定性的或定量的。质量特性是固有的特性，是通过产品、过程或体系设计和开发及其之后的实现过程形成的属性。

3) 满足要求就是应满足明示的（如合同、规范、标准、技术、文件、图样中明确规定的）、通常隐含的（如组织的惯例、一般习惯）或必须履行的（如法律、法规、行业规则）需要和期望。

4) 顾客和其他相关方对产品、过程或体系的质量要求是动态的、发展的和相对的。

2. 质量管理的定义与意义

质量管理指确定质量方针、目标和职责，并通过质量体系中的质量策划、质量控制、质量保证和质量改进来使其实现的所有管理职能的全部活动。

质量管理是企业为生产出客户满意的产品而对产品质量形成过程中行使的管理，是企业为保证提高产品质量而对生产中各环节、各部门有关质量的活动进行的组织、协调和控制，是企业管理的一个重要组成部分。质量管理的好和坏影响企业形象、经济效益、发展前景等。

(1) 对企业的意义

1) 质量管理是企业管理的一个重要组成部分，搞好质量管理有利于企业管理水平的提高。

2) 管理水平的提高有利于提高各项工作的质量，保证产品质量。

3) 赢得用户信任。

4) 提高企业的经济效益。

(2) 对员工的意义

1) 质量管理需要全员的积极参与。

2) 全体员工在质量管理活动中可以提高自身的素质，发挥自身的作用。

(3) 对社会的意义

1) 质量是社会财富的物质内容。一个国家经济水平的提高幅度，如果不通过质量来保证，这种增长必然没有实际意义。没有质量的劳动是无效的劳动，没有质量的生产是盲目的生产，也就没有企业的经济效益。所以必须坚持质量第一，坚持产品的经济价值和使用价值统一。

2) 质量是社会科学技术和文化水平的综合反映。

3) 质量是提高产品的国际市场竞争力的前提。在当今世界经济大循环的背景下，只有过硬的产品质量才能取得参与竞争的资格。

4) 质量是人民生活的保障。在现代社会里，产品质量与人们的关系越来越密切，现代社会的人们都在"质量大堤"的保护下生活，如果假冒伪劣产品恣意泛滥，将会造成全社

会无法估量的损失。

汽车生产过程中的质量管理主要包括生产准备过程中的质量管理和生产制造阶段的质量管理，两者缺一不可。

二、生产准备过程中的质量管理

生产准备过程中的质量管理主要是工艺准备质量管理，它根据产品设计及技术文件的要求，将操作人员、设备、工装、材料、能源与专业技能等方面合理地组织起来，明确规定生产制造的方法和程序，分析影响产品质量的各种因素，采取有效的控制办法，为产品获得合格质量提供条件。工艺准备质量直接影响产品制造的经济合理性、产品质量的稳定性和产品的制造质量。

工艺准备质量管理一般包括工序能力验证、工序质量控制和质量控制点文件的编制3个方面。

1. 工序能力验证

（1）定义　工序指一个或一组工人在一个工作地对一个或几个工件连续完成的工艺过程，是操作者、工装设备、材料、工艺方法、环境、检测（即人、机、料、法、环、测）生产6要素的最小结合单位。

工序能力指某道工序在稳定的生产条件下的实际加工能力。

处于稳定生产状态下的工序应该具备的条件：①原材料或上一道工序半成品按照标准要求供应；②本工序按作业标准实施，并应在影响工序质量各主要因素无异常的条件下进行；③工序完成后，产品检测按标准进行。

工序质量影响产品质量，因此，在工艺准备过程中应对生产工序是否具备生产符合产品质量要求的能力予以验证。由技术部门对影响工序能力的各因素进行分析，即在众多影响质量的因素中找出决定全局或具有支配地位的主要因素，并采取相应措施加以控制，达到工序质量控制的目的。

工序能力的测定一般是在成批生产状态下进行的。工序满足产品质量要求的能力主要表现在两个方面：产品质量是否稳定、产品质量精度是否足够。

（2）影响工序能力的因素　在加工过程中，影响工序能力的因素主要有以下几个方面：

1）设备方面，如设备精度的稳定性、性能的可靠性、定位装置和传动装置的准确性、设备冷却润滑的保护情况、动力的供应稳定程度等。

2）工艺方面，如工艺流程的安排、工序之间的衔接、工艺方法、工艺装配、工艺参数、测量方法的选择、工序加工的指导文件、工艺卡、操作规范、作业指导书、工序质量分析表等。

3）材料方面，如材料的成分、物理性能、化学性能处理方法、配套件元器件的质量等。

4）加工者方面，如操作人员的技术水平熟练程度、质量意识、责任心、管理程度等。

5）环境方面，如生产线厂的温度、湿度、噪声干扰、振动、照明室内净化、现场污染程度等。

（3）提高工序能力的途径　提高工序能力的途径主要有以下几种：

1）提高设备精度使其与工序质量要求相适应，保证设备精度适宜，对专用设备技术协议要切实可行，严防出现漏洞。

2）提高工艺装备（刀具、辅具、夹具等）的精度，满足产品技术要求。

3）对关键工序、特种工艺操作人员进行技术培训。

4）加强检查工作，增加检验工作量。

5）调整设备、夹具、刀具等定位装置。

6）改变操作者的加工习惯，即让操作者为了避免出废品，采用加工内孔偏向下差、加工轴偏向上差，以公差中值为准。

7）适当调整公差要求，以提高工序能力指数。

2. 工序质量控制

工序质量控制指利用各种方法和统计工具来判断和消除各种因素所造成的质量波动，把工序质量的波动限制在要求的界限以内。工序质量控制方法主要有两种：

（1）操作工人的自我控制 即由操作工人通过自检来做出是否需要调整的判断。它是调动工人积极性、进行工序控制和确保产品质量的一种有效方法。

（2）设置工序质量控制点的方法 设置工序质量控制点的方法分为两个阶段，首先是将工序按重要度进行分级，然后在分级的基础上设置工序质量控制点。

1）工序重要度分级。根据工序的重要度将工序划分为关键工序、重要工序和一般工序。

关键工序指直接形成关键产品质量特性值和对形成关键产品质量特性值起决定作用的工序。

重要工序指直接形成重要产品质量特性值和对形成重要产品质量特性值起决定作用的工序，对生产能力有直接影响（即若出现问题，将直接影响整车或大总成质量，内、外质量信息反馈中，重大质量缺陷发生频次高）的工序。

一般工序即除关键工序、重要工序之外的全部工序。

关键工序明细表见表 7-1。

表 7-1 关键工序明细表

单位：

序号	零件号及零件名称	工序号及工序名称	关键参数及质量要求	关键控制点标记（*）	检测方式	计量工具	检测频次	工序控制手段

批准： 审核： 制表：

2）设置工序质量控制点。设置质量控制点指对关键工序和重要工序中的主要工序因素进行重点控制，从而提高产品的质量和生产能力。收集信息和数据作为质量改进的依据，并编制工序质量控制点明细表，见表 7-2。

表 7-2 工序质量控制点明细表

控制点编号	生产车间	生产班组	零件号及名称	工序号	管理点名称	技术要求	检测方式	检测工具	检测频次	质量分析			管理手段
										A	B	C	
制表：		校对：			审核：		会签：			批准：			

质量控制点在以下几方面进行设置：

① 对产品性能、精度、使用寿命、可靠性和安全性等有直接影响的关键项目和关键部位。

② 在工艺上有特殊要求，对下道工序加工、装配有重大影响的项目。

③ 内、外质量信息反馈中出现质量问题较多的薄弱环节。

工序质量控制是工艺质量管理中重要的组成部分，是使工艺管理从静态管理转变为动态管理、实施因素控制的重要环节。为保证系统地进行工序质量控制，在工序控制中涉及的有关设备、工装（器具）、计量器具等应分别落实到各相关部门中，质量检查部门负责组织相关部门进行工序质量审核，制订考核办法，对审核结果进行考核，使关键工序质量控制落到实处。

3. 质量控制点文件的编制

有效地开展工序质量控制的措施是具有必要的控制文件和记录。这些文件和记录能控制影响工序质量的主导因素，能指导现场作业人员操作，同时能预防质量缺陷的产生。

（1）工序质量分析表　工序质量分析表是编制工序质量控制点和其他控制文件的指导性文件制订的依据，是工序质量控制计划的纲领性文件。它把工序名称、检验者、控制项目的界限、控制方法、检查方法及频次等都具体地用表格的形式表达出来。控制点所需的各种控制文件都应遵循工序质量分析表所提出的要求进行编制，对控制的质量因素加以具体化。工序质量分析表由质量检查部门技术人员、车间主任、班组长和操作者共同编制，控制内容见表7-3。

表7-3　工序质量分析表

生产车间		零部件号		工序质量表编号：				设备名称			工装编号		共　页
生产班组		工序名称						设备型号					
零件名称		工序号						工装类别					第　页
工　序			检验方式				要因展开				检验项目		依据标准		责任人	
作业内容	重要性	质量特性	首检	自检	互检	专检	1次	2次	3次	4次	项目及方法	界限值	频次	标准名称	标准编号	操作者	检查员	职能部门
更改者	标记	更改人		更改理由		日期		编制		校对		审核		标准		会签		批准

（2）标准操作卡或作业指导书　标准操作卡是工序质量控制点必备的重要控制文件，是正确指导现场生产工人操作、控制和检查的规程，由技术部门工艺人员负责编制。

标准操作卡或作业指导书主要内容如下：绘制零件加工示意图、操作要领、工艺规程（如加工部位、方法、步骤等）、控制要求、检验项目、检具要求、所选择的工艺参数等。

三、生产制造阶段的质量管理

生产制造阶段中,质量管理是根据设计及工艺技术文件规定对各项影响质量的因素进行控制,生产出符合设计和满足质量要求的产品,主要内容包括工序质量改进与工序质量审核。

1. 工序质量改进

在实际生产中,工序质量受工序因素变化影响总会出现波动,从而导致缺陷的产生。一般来说,工序质量缺陷分为两类:偶发性质量缺陷和经常性质量缺陷。

偶发性质量缺陷是随机因素引起的工序质量波动。这类缺陷不易被察觉和鉴别,产生的原因不易消除。经常性质量缺陷是由非随机性因素(又称为系统性因素)引起的工序质量波动,特点是对产品质量的影响大、产生原因明显、易于采取措施消除。通过工序质量改进可消除偶发性与经常性质量缺陷,使工序质量稳定并不断提高。

(1)工序质量改进类型　工序质量改进多种多样,一般归纳为3种类型:维持性工序质量改进、突破性工序质量改进、重点攻关性工序质量改进。

1)维持性工序质量改进。它指在生产过程中,消除偶发性缺陷及其产生的原因,使工序质量恢复并保持在可接受的受控状态,过程为工艺要求质量水平→发现异常→进行纠正→保持原工艺要求水平。

2)突破性工序质量改进。它指在工序处于受控状态下,针对经常性缺陷产生的随机原因采取措施,使工序产品质量提高到一个之前未曾达到的新水平,过程为原工艺要求水平→收集信息、决策改进项目→施行突破→提高到新的质量水平。

3)重点攻关性工序质量改进。它指企业技术检查部门针对产品设计需要或用户要求提高产品质量,对生产工序进行一系列工艺改进,过程为上级下达攻关项目→组织落实→工艺实验→检查验收→达到预期目的。

(2)工序质量改进程序

1)收集信息。在质量审核、质量成本分析、企业内部质量反馈信息、用户反馈的质量信息中收集质量问题。

2)确定质量问题。用充分的数据选出最重要的问题,从经济的角度来说明这一问题的重要程度、解决后的效果,以便引起领导的重视,得到各方面的支持。

3)问题选定后,同时进行质量缺陷诊断。

4)确定改进措施。根据实际情况制订质量改进计划。

5)明确组织责任。即落实各部分由谁负责、解决。

6)规定解决问题的时间期限。通常是根据问题的紧迫性来确定时间,并按时间期限做出计划进度表。

7)检查效果。将采取措施前、后的状态进行对比,确定问题解决到什么程度,确认是否能防止问题再次发生。

8)标准化。确定改进后的标准,防止问题再次发生。

9)总结。总结质量改进工作中各个环节的完成情况,对遗留问题制订一个下一次工序质量改进计划,继续进行改进。

项目七 汽车质量管理

2. 工序质量审核

工序质量审核执行在生产现场按质量控制计划规定的措施来获得工序质量有关信息，对其进行审核检查，研究改善工序控制状态，发现问题进行改进，保证工序质量的稳定。工序质量审核是一项全员参加的活动，从技术检查部门、生产车间到生产班组，人人都应参与管理，共同确保工序质量的稳定和提高。工序质量审核程序流程如下：

1) 根据"工序质量表"逐项对影响工序质量起主导作用的因素进行检查。检查是否按规定的方式进行控制，是否达到标准要求，并可通过检测加工的实物质量验证工序是否处于受控状态。

2) 对不符合要求的因素进行分析，提出改进措施，做好记录，同时反馈信息。

3) 对审核中发现的重要、异常质量信息及时反馈，并立即采取纠正措施。必要时，对工序质量控制文件规定进行修改。

巩固练习

1. 什么是质量？什么是质量管理？企业进行质量管理有什么意义？
2. 什么是工序能力？企业为什么要进行工序能力验证？
3. 在工序质量控制过程中如何进行质量控制点的设置？
4. 工序质量改进的类型有哪些？如何进行工序质量改进？

动手试一试

分组，每一组分别对某一条生产线进行质量控制点的设置，并说出理由。

任务二 认知工艺纪律检查、质量检验和质量考核

认知工艺纪律检查、质量检验和质量考核		学时：135min
知识点	1) 工艺纪律检查 2) 质量检验 3) 质量检验机构 4) 质量考核	
知识目标	1) 掌握工艺纪律检查的意义和内容 2) 掌握质量检验的内容、职能、步骤和方法 3) 掌握质量考核的类型和步骤	
技能目标	1) 能正确进行工艺纪律检查 2) 能正确进行质量检验工作 3) 能正确进行质量考核	

一、工艺纪律检查

工艺纪律是公司在产品生产过程中，为维护工艺的严肃性、保证工艺贯彻执行、建立稳定的生产秩序、确保产品的质量和安全文明生产而制订的某些有约束性的规定，是企业的基本法规之一。

(一) 严格工艺纪律的意义

1) 严格工艺纪律是生产优质产品的重要手段。任何产品的生产都是通过相应专职操作工人按着工艺文件要求通过工艺设备、工艺装备加工或装配而成的。产品质量的优劣都是在每一步、每一工位、每一动作等工艺实践中形成的,在生产过程中严格执行工艺纪律能够保证产品质量6要素(人、机、料、法、环、测)都处于受控状态,工序质量就会稳定和提高,给生产优质产品打下良好基础。

2) 严格工艺纪律是提高企业素质的有效措施。产品质量的好坏掌握在工序的直接制造者手中,只有每个操作者在生产中严格执行工艺纪律,产品质量才能得到保证。员工能严格执行工艺纪律的前提是企业给职工提供各种培训条件,对职工进行各种专业技能培训,使职工了解产品功能,熟悉所使用的工艺设备和装备、所在岗位的检测手段与质量标准。伴随着职工的基础知识和专业知识的提高,企业整体素质会不断提高。

3) 严格工艺纪律是企业搞好文明生产的前提。文明生产是职工按照科学的工艺流程规定的程序标准进行生产。企业要实现文明生产,不仅要靠员工自觉,还要靠工艺纪律的约束,使职工养成良好的习惯,使生产中加工、传递、摆放、运输各个环节井然有序,避免零部件的野蛮加工,装配以及零部件在加工和装配过程中的磕碰、划伤、锈、错、漏、丢等现象的发生。

4) 严格工艺纪律是提高企业经济效益的必要保证。严格执行工艺纪律会不断提高产品的质量,使产品不合格率不断下降,从而使生产成本不断降低,提高企业经济效益。由于消除了质量隐患,增加了产品的可靠性、稳定性和使用寿命,提高了产品的市场竞争力和企业信誉,从而增加了企业经济效益。

(二) 工艺纪律检查的主要内容

1. 现场作业管理的工艺纪律

(1) 工艺文件的管理

1) 工艺文件指作业指导书、装配流程卡、工艺附图、参数对照表、样板、设备操作规程等能够及时而有效地指导员工进行正确而规范化操作的正式文件。

2) 职能部门下发的工艺文件应达到"正确、完整、统一、清晰",并能有效地指导生产。

3) 总装车间班组成员负责工艺文件、样板的完好性。在产品上线生产前,班组成员要把工艺文件按要求及时、准确、完整地摆放到生产现场的指定位置。

4) 工艺人员在处理生产过程中发生的技术问题时,要坚持"三按"(按设计图样、按技术标准、按工艺文件)进行操作。发现文件不正确时,要及时反馈、修改文件。总装车间班组长和一线员工有责任对其发现的文件错误及时进行反馈,以使文件能够持续有效地指导生产。

5) 一线员工要熟悉当班机型的工艺文件,生产时要严格按照工艺文件及作业要求的规范化动作要领正确地操作,要保证操作与工艺文件规定的一致性。工艺文件规定模糊或产生歧义时,以现场工艺指导为准。现场工艺对工艺文件拥有最终解释权。

(2) 技术通知等临时性工艺文件的管理

1) 职能部门下发的技术通知等临时性工艺文件必须是盖有受控章的正式文件,对于非

正常渠道下发的非正式文件，总装车间有权不予执行。

2）技术通知等临时性工艺文件与其他工艺文件一样，在指导一线员工生产操作时具有严格的约束力，总装车间相关执行人员应严格按照技术通知规定的内容进行正确的生产操作。

3）现场工艺有责任对技术通知等临时性工艺文件进行必要解释或补充，并要求总装车间相关人员按文件规定贯彻执行。现场工艺对技术通知等临时性工艺文件拥有最终解释权。

4）各生产车间应对职能部门下发的技术通知等临时性工艺文件进行妥善保管，以备查询。

（3）过程检验管理

1）过程检验指一线员工在生产过程中发生的自检、互检、首检以及终检等活动，目的是减少生产过程中的人为错误和不必要的损失，提高成品一次下线合格率。

2）一线员工在生产过程中应严格按照检验工艺文件规定进行自检和互检等活动，一线员工要熟知当班机型、当班工位自检内容和互检内容。

3）总装车间应在每条生产线的成品下线工位或关键岗位设置不少于一人的终检工序，进行终检操作的人员要经过专业技能培训并熟知本岗位终检内容。

4）总装车间应安排固定人员对每天开工时生产的第一件产品或发生转机型时的生产线进行首检工作，首检工作应严格按照相应的工艺文件规定进行，并保留相关文字记录以备查询。

（4）缺陷管理

1）缺陷管理指一线员工在生产过程中发现异常现象时所应该采取的应对措施。对于一般意义上的或之前发生过的异常现象，由当班操作人员与当班班组长自行解决，对于难以判断异常原因或较重大的质量问题，应及时反馈给现场工艺，由现场工艺协调解决。

2）一线员工发现同一物料连续3件存在同样缺陷或缺陷物料数量比例较高时，应立即停止该工序的操作，并通知班组长及现场工艺协调解决。

（5）标识管理

1）标识管理指总装车间班组长或一线员工在生产过程中进行的具有追溯性的文字记录。

2）"工序记录卡"的使用与管理。

① 总装车间在线生产过程中，每台机器都要附带相应的"工序记录卡"。"工序记录卡"的内容记录了每台机器当班生产时的原始状态。一线员工在完成当班工序操作后，要按照实际情况认真填写相应的工序状态。

② 总装车间要定期对终检完成后的"工序记录卡"分类装订成册并妥善保管，以备查询。

3）一线员工进行在线性能检测或其他关键重要岗位时，要严格按照工艺文件的要求或现场工艺的指导进行相关检测记录，并对记录的内容负责。

4）一线员工在生产过程中发现的不合格物料要按要求进行标识。

2. 现场定置管理的工艺纪律

（1）总装车间场地规划的定置管理

1）总装车间现场所有用途不同的区域都应有明确的界线和标识，并应有相应的责任人负责管理。

2）总装车间现场所有地面区域画线应清晰、美观，各类标识（地面标识、标识牌）都应完好有效。

3）总装车间现场所有物品摆放均应严格按照车间定置管理平面图进行。

（2）总装车间物料周转器具、工作台等辅助性工具的管理

1）总装车间生产现场所有物料周转器具、工装板、工具、工作台（柜）板凳等辅助性工具均应严格按要求进行定置摆放。

2）总装车间所有周转器具、工装板、工具、工作台（柜）板凳等辅助性工具都应有编号，必要情况下要有责任人标识。

3）一线员工要遵守文明生产的相关规定，对于物料周转器具、工装板、工具、物料等要轻拿轻放，不能野蛮推、拉总装生产线上的产品。

（3）总装车间物料、半成品、成品以及返修零件的管理

1）物料的管理。

① 总装车间现场物料要分类摆放，物料包装要求整洁、整齐。

② 总装车间生产现场原则上只允许摆放正在生产机型的物料，如遇特殊原因停线转机型时，相应的退返物料和半成品机需退回临时物料存放区（非拉式物料不允许滞留在生产线上），并在显著位置标识清楚。在临时物料存放区存放的退返物料由总装车间负责进行防水、防尘、防盗等安全管理，超过3天的退返物料应由车间开单退回仓库。

③ 总装车间生产现场存放物料最大数量应不超过当日排产总量，大型钣金件、配管、电控部件及其他物料必须用规定的周转器具按规定位置有序摆放。

④ 生产过程中发现的不合格物料，应及时在缺陷位置的旁边贴不合格标签，写明故障原因和发现故障时间，放到指定的不合格物料临时存放区。

⑤ 物料统一放在物料架上并标识清楚，物料架上的物料标识应与所盛放物料一致。生产过程中需要的物料统一由车间现场领料员领取，每次领取物料的数量要适中，严禁一次性把物料全部放到生产线上。

⑥ 生产过程中产生的物料包装袋、包装布，不能重复使用，外协厂家不要求回收的要立即置于垃圾箱中，能重复使用的要及时拆叠、摆放整齐并定期清理出现场。

⑦ 总装车间和仓库有责任对各自存放的物料进行防水、防尘、防盗等安全管理。

2）半成品、成品及返修零件的管理。

① 生产过程中发现的故障零件（成品或半成品）需要返修时，由发现故障者在"工序记录卡"的指定位置上写明故障现象和发生故障时间，并将故障零件周转至指定的待返修区。

② 总装车间生产现场成品存放区应将未检成品、已检合格成品、已检不合格成品区分存放，并按规定标识清楚。

3. 工装夹具及设备管理的工艺纪律

（1）工装夹具的管理

1）工装夹具的定义。工装夹具简称工装，指生产制造过程中用于测试、操作等的生产辅助手段，包括测试工装、夹具、刀模、刀具、专用量具（包括计量器具）以及辅具。

2）总装车间生产现场投入使用的工装夹具必须有明确的标识，标明工装名称、有效期、保管人等内容。投入使用的所有工装必须是有效的。

3）工装夹具的使用必须严格按照作业指导书的相关规定进行。

4）所有工装夹具必须由规定的保管人负责维护、保管，不使用的工装夹具须放置在规定的区域。每天生产结束时，工装夹具保管人必须及时清理所负责的工装夹具。

5）工艺装备应保持良好的技术状态，计量器具应按规定周期定检，以保证量值正确、统一。

6）工装夹具的其他管理按照工艺装备管理办法进行。

（2）设备及动力能源方面的管理

1）总装车间所有设备必须有专人进行保养，确保设备运行正常和设备完好。

2）总装车间一线设备操作人员必须熟悉设备的操作使用方法，并能够排除设备运行过程中发生的常见故障。对于设备运行过程中的异常现象，应及时通知公司设备主管进行协调处理。

3）总装车间要有专人按要求定期检查水源、电源、气源（包括压缩空气、氧气、液化石油气、氮气）是否在使用要求范围内，以确保水、电、气等能源的正常供应。

4. 生产现场不合格品管理的工艺纪律

1）不合格品的定义。在生产过程中发现的不合格物料、半成品以及成品均称为不合格品。

2）总装车间一线员工在生产过程中发现不合格物料时，必须及时在物料缺陷位置旁边贴好不合格标签，并注明物料名称、缺陷原因以及发现日期等内容。

3）做好标识的不合格物料应放置在不合格物料临时存放区内，对于不合格物料应轻拿轻放并摆放整齐，以保证物料的完好性。

4）领料员应对不合格物料临时存放区定期清理，当日生产过程中发现的不合格物料不能滞留现场1个工作日以上。

5. 一线员工培训上岗的管理

1）总装车间在新职工（包括临时工、轮换工）上岗前，必须由总装车间对其进行专业技能培训和工艺纪律教育，经考试合格者才能上岗操作。对特殊工序（如焊接、电工），操作人员必须持有相应的岗位上岗证书（或持颁发的具有相同效力的许可证）。

2）新产品批量生产后，要对班组长和生产工人进行新产品专业知识方面的培训（可以在试产时同步进行），对受训人员的态度和掌握程度要进行检查和考核。

3）总装车间对于需要轮岗的员工要进行新岗位技能培训，经考试合格或相关人员认可后才可轮岗。对于关键重要工序操作人员的轮岗，必须经现场工艺口头或书面认可。

4）工艺人员应定期对各个部门进行工艺纪律的宣传贯彻，保证工艺纪律的宣传贯彻率。

5）总装车间应对车间的安全、文明生产按相关规定要求进行负责。

（三）工艺纪律考核与评价

工艺纪律考核与评价是一项技术性、政策性很强的工作，它涉及企业的各个环节，如设计部门、生产部门、检查部门、机动部门等，这些部门都是为生产车间与操作者直接服务的，都直接或间接地与工艺过程发生联系。因此，抓好工艺纪律考核与评价是企业基础管理的一项重要内容，必须常抓不懈。

1）建立各级工艺纪律检查管理体系，由各级主管领导亲自抓工艺纪律考核工作。

2) 技术部门负责定期对企业工艺纪律执行情况进行全面检查，对检查结果做好记录并纳入考核。技术部门的工艺纪律检查只针对直接责任部门，对于引起该问题的间接原因，由责任部门弄清楚并且解决。

3) 工艺纪律检查应贯彻检查与被检查关系，不允许被检查部门检查检查部门。若被检查部门有意见，可向企业领导进行申诉，请求协调解决。

4) 各级工艺纪律检查部门可以根据自身的情况建立、健全工艺纪律检查考核制度，每次检查所发生的工艺纪律问题，应做好记录、存档备查、整理上报。

5) 对于关键工序和质量问题比较多的工序，应适当增加检查次数；对于一般的质量比较稳定的工序，则可相应地减少检查次数。

二、质量检验

1. 质量检验概述

质量检验是质量管理工作的核心部分。现代质量管理是在质量检验的基础上发展起来的。开展质量管理，必须充实、完善和加强质量检验工作，忽视和放松质量检验工作会影响质量管理效能的充分发挥，必定会造成产品质量波动。

质量检验是借助某种手段或方法对生产出的产品进行测量，然后把测定的结果与规定的质量标准比较，从而判断该产品是否合格。

(1) 质量检验的依据　质量检验人员在检验产品过程中的依据包括国家标准、产品图样、技术条件、工艺规程以及其他有关技术规定（如订货合同、技术协议等）。

技术部门制订的检查工序文件，必须取得质量检查部门的会签、同意。会签的目的是防止文件中存在漏洞和便于贯彻执行。

对于零件比较复杂或加工工艺比较复杂的工序，质量检查部门应编制检查作业指导书，以便现场检验人员随时参照查阅。

检验人员所使用的检验装备一般包括各种通用（万能）量具、专用量具、检验夹具、万能精密测量仪器、仪表、半自动及自动检查机以及其他专用试验设备（如测功机、平衡机、分贝仪、废气分析仪、整车检测线等）。

(2) 质量检验的内容

1) 对原材料、外协件（外购件）的检验，主要是组织进行入厂验收、出库检验和仓库管理情况的监督检查，发现缺陷及时通知供货单位处理。

2) 对毛坯、零部件总成的检验，主要是在生产过程中组织按工序检查，发现可能发生质量问题时，立即采取措施，防止不合格品的产生。如果发现不合格品，及时进行隔离，以免流到下道工序。

3) 对成品装配、包装和出厂的检验，主要是按照产品技术规定和完整性要求对产品进行检验，坚持三不原则（不合格零件不装配、不合格产品不包装、包装不合格不出厂）。

4) 生产过程中出现的废品和退修品均应办理报废、退修手续，由检验人员填写废品通知单或退修品通知单。各种检验单据按规定的传递路线传递。对合格品、退修品和废品，要在规定位置上做好相应的标记，并分别存放。

5) 出国件或军用件等各种特殊需求的产品，按照特殊规定的技术条件检查验收。

(3) 质量检验的职能　从质量检验的内容可看到，质量检验的职能主要包括鉴别、把

关和报告 3 个方面。

1）鉴别的职能。正确鉴别产品质量是否符合标准是检验活动的基本职能。检验活动首先是进行质量鉴别，依据技术标准，按照规定的检验程序和方法对被检产品进行检测，并将检测结果同技术标准进行比较，做出是否合格的结论。

2）把关的职能。通过检验可以在各个生产环节挑选并剔除不合格品，对不合格品实施隔离控制，使不合格品不能流转到下道工序造成质量隐患，确保不合格品不会流到用户手中造成损失。

3）报告的职能。质量检验报告的职能体现在通过检验活动系统地收集、积累、整理、分析大量的质量信息，根据需要形成报告或报表，定期或不定期地向企业的有关部门报告产品质量情况、动态趋势，为企业质量改进决策提供依据。

2. 质量检验的步骤与方法

（1）质量检验的步骤　质量检验不是单纯的测量，测量只是客观地提供数据，而质量检验既要通过测量获得数据，还要按技术标准来比较测量结果，做出正确的判断，并对数据进行整理分析，向有关部门提供质量信息。质量检验的步骤如下：

1）明确质量要求。将技术规格转换成具体的质量要求和检验方法，根据这些要求确定检验项目和合格规范。对不易用文字、图样等叙述和表达的，应建立实物质量标准，使检验人员明白是否合格的界限。

2）测量。在明确质量标准的基础上对产品进行测量。

3）比较。将测量得到的数据与质量标准进行比较，确定是否符合技术标准要求。

4）判定。根据比较的结果，判定被测产品是否合格，做出判定结论。

5）处理。对单个产品，合格品放行，不合格品做出标记隔离，进行返修、回用或报废处理。对批量产品，根据是否合格决定接收、拒收、筛选或复验。

6）记录。把所测得的数据记录到原始单据上，为改进产品质量提供依据，为评价检验工作或分析产品质量状况等提供依据。

（2）质量检验的方法

1）首件检查。生产工人和质量检查员对每班开始的第一个零件，或设备、模具重新调整后以及工艺条件改变后生产的第一个零件，必须进行检验，避免出现成批废品。

2）中间检查。中间检查指在生产过程中间环节进行的检验。需要检验的环节通常根据工艺上、经济上和组织上的合理性来考虑确定。中间检查的主要目的是防止废品流入下面重要工序造成大的浪费。

3）最后检查。最后检查是对完工的零件、装配完毕的总成、入库或出厂的成品必须进行的最后一道检查工序，其目的是鉴定完工的产品是否符合质量标准，防止把不合格品流到其他生产部门，是出厂的一种最重要检验方式。

4）巡回检查。巡回检查指专职检验人员到生产现场或工作地对产品质量进行流动检查。这种检查方式可以充分发挥预防废品产生的作用，同时监督工艺规程的正确贯彻执行情况。

5）考察检查。考察检查是由上级主管部门执行的一种主要监督检查形式，其目的是系统地考察产品质量，并对生产过程中检查人员不能直接检查或工艺规程未做明确规定的一些检查项目进行考察，同时可考察专职检验人员的工作质量。例如，汽车行业的生产厂家定期抽查整车进行道路试验，即属于考察检查。

3. 质量检验机构

质量检验机构是企业生产、技术、经济管理活动的一个重要组成部门，它服务于生产，又对生产过程能否保证制造出合乎质量标准的产品进行监督和检查。

（1）质量检验机构的职责

1）贯彻国家质量方针、政策和上级有关质量工作的指示，组织和领导企业的质量检验工作。

2）定期组织产品质量抽查和质量评审，对生产中出现的质量问题，找出原因、划清责任、落实纠正措施。

3）对新产品试制过程的质量进行监控，准确反馈信息，确保新产品的质量。

4）正确执行产品质量标准，监督检验制度的贯彻执行，协调、处理生产部门之间在生产过程中出现的质量争端。

5）监督检查工艺纪律操作规程和生产条件是否符合规定，在符合质量标准的情况下保证和促进生产。

6）掌握产品质量动态，建立产品质量信息系统，做好质量信息反馈工作，实行质量考核，统计质量指标完成情况，定期编制产品质量分析报告。

（2）设置质量检验机构的原则

1）质量检验机构是企业一个有效地行使质量检验职能的独立机构。

2）质量检验机构业务上接受上级主管质量部门的领导或指导。

3）集中领导企业内部专职检验人员。

（3）专职质量检验人员的职责

1）根据图样、技术条件、国家标准、工艺规程对产品质量进行检查验收，填写各种原始凭证。

2）对不符合图样、技术条件、国家标准、工艺规程的产品，有权进行隔离，提出处理意见，并及时上报。

3）监督生产过程中工艺纪律遵守情况，发现有不能保证产品质量的情况，有权向生产者提出改进意见并及时上报。

4）及时做好废品隔离，防止继续加工或装配。

5）正确使用检验量、夹具，妥善维护保管，按期送交检定。注意保管所使用的技术文件、专用印章、原始凭证，严禁遗失或外借。

（4）专职检验人员任职条件　产品质量检查员肩负着保证产品质量的重要使命，应严格要求检查员的素质，选拔责任心强、专业技术水平较高的人员来担当，并定期对检验人员进行资格验证。

1）检验人员应具有一定文化水平，掌握质量管理的基本知识，有较强的分析判断能力。

2）检验人员应熟悉所担任检验工序的基本理论和技术知识。

3）检验人员应责任心强，办事客观公正，遇事能耐心解释，不急躁。

4）检验人员应能正确使用与本岗位有关的量具、仪器，掌握有关的测试技术。

三、质量考核

1. 质量考核的分类

企业质量体系运行过程中，由于管理不当、设备、能源、人为因素、偶然事故等原因，

各项质量活动及其结果不可避免地发生偏离标准的现象。为此，必须实行质量考核。企业质量考核分为两种：

1）接受上级考核。企业接受上级主管部门的考核，将被考核项目层层分解、落实，找出本企业内部相应环节，并落实责任单位，对其实行考核。通常，接受上级考核时的考核制度与考核指标均由上级主管部门事先确定，企业本身无权更改。

2）企业内部考核。根据本企业内部各方面实际情况，从产品工艺准备、生产制造、检验和试验、包装和贮存、销售和发运等各环节入手，对照本企业质量方针、质量目标，寻找可能出现差错的环节，设立考核项目，对在本考核项目上出现差错的人员或部门进行考核。企业内部考核制度与考核指标由企业主管质量的领导与质量管理人员共同拟定。一经确定，企业内部全体机构和人员必须执行。

2. 实施质量考核的步骤

质量考核的任务是对企业内部影响产品质量的各环节进行监督检验。发现偏离管理标准或技术标准的问题，及时反馈，以便采取纠正措施，从而使各项质量活动和产品质量均符合标准所规定的要求。实施质量考核是保证质量体系正常运行的必要手段，具体有以下几个步骤：

1）制订考核办法。根据企业产品的设计要求或上级主管部门纲领性文件，以及本企业内部能够对产品质量进行控制的实际能够达到的水平，确定产品质量考核标准，并根据此标准制订适合本企业的考核办法。质量考核办法由企业主管质量的领导与质量管理人员共同拟定。必要时，可召集企业各级质量管理人员共同商讨。一经拟定，被考核部门或人员必须执行。

2）质量信息收集与整理。质量信息是企业进行质量考核的依据。纳入考核的质量信息必须准确、具体，其中包括企业内部质量活动所发生的质量信息和来自上级主管部门的质量信息。质量信息由质量检验部门负责收集及处理。

3）落实责任部门。质量检验部门根据收集到的质量信息，按照本企业产品工艺流程和质量控制责任划分规则逐项分解、落实，确定责任单位。责任单位对质量管理部门的裁定有异议时，由企业主管质量的领导负责裁定。企业主管质量的领导确定责任单位后，责任单位必须服从。

4）质量完成情况评价。质量管理人员根据落实到各责任单位的质量缺陷，按考核期的起止时间通过一定的加权算法算出被考核单位的实际质量完成情况，然后对照企业考核办法对各单位的质量完成情况做出评价。例如，某企业采用奥迪质量考核办法对下属各单位进行质量考核，规定各单位合格质量等级为6级。若某单位实际完成的质量等级为8级，则此单位没有完成质量指标。

5）质量考核与奖金挂钩。将各单位的质量完成情况以报告的形式上报企业财政部门，与各单位在考核期内的奖金挂钩，其作用是奖优罚劣，充分调动企业员工的积极性，最终做到人人抓质量，共同促进企业产品质量的提高。

质量管理是一项系统工程，要想确保生产出优质的产品，必须在"人、机、料、法、环、测"各环节均进行严格控制。质量管理是由企业各阶层齐抓共管的一项共同任务。无论管理人员、技术人员或操作工人，都应视保证产品质量为己任，不断开拓、进取，广泛吸收国内外的先进管理经验，共同促进产品质量的提高。

巩固练习

1. 企业为什么要进行工艺纪律检查？工艺纪律检查的内容有哪些？
2. 质量检验的职能有哪些？如何进行质量检验？
3. 质量检验的方法有哪几种？专职质量检验人员的职责是什么？
4. 企业如何进行质量考核？

动手试一试

1. 分组，每一组分别对某一条生产线的情况进行现场工艺纪律检查，将检查情况汇总并提出改进的方法。
2. 分组，每一组根据工艺要求对某一条生产线的装配情况进行质量检验，重点进行螺母、螺栓力矩值的检验并进行记录。

附录C 整车装配过程检验卡

附表C-1 汽车总装过程检验记录

QC/CFA01.055—05

××系列汽车总装过程检验记录

☐CFA6470L ☐CFA6470M ☐CFA6501A ☐CFA6501B

☐CFA6470G ☐CJY6470E ☐CFA6473A ☐CFA6473B

☐CFA2030C ☐CFA2030D ☐CFA6472 ☐CFA6480A

☐轻型（越野）客车 ☐轻型（越野）闪车 ☐运钞车 ☐邮政车 ☐电视车 ☐防疫车

☐工程车 ☐化验车 ☐检测车 ☐监测车 ☐计量车 ☐宣传车 ☐公安车 ☐军车

☐墨绿 ☐银灰 ☐公安 ☐军绿 ☐迷彩 ☐白色 ☐橘红 ☐其他

车 身 号：_____

发动机号：_____

VIN：_____

年　月　日

项目七　汽车质量管理

附表 C-2　总装底盘检验记录

QC/CFA01.055—05

检查项目		操作者	专检	检验员	检查项目		操作者	专检	检验员
车架	与第二横梁左侧固定螺栓联接（100~120N·m）下臂固定螺栓、螺母预拧紧 ☆				左后悬架弹簧	钢板销及吊耳销螺栓、螺母预拧紧			
左前悬架	固定螺母（54~64N·m） ☆					钢板、后桥与U形螺栓、螺母拧紧			
随动机	左侧转向调节螺栓组件预拧紧 ☆				左驻车制动器	软轴拉索已卡到位 ☆			
右前悬架	上臂固定螺栓、螺母预拧紧（98~118N·m） ☆				左后轮制动器	ABS传感线已紧固 ☆			
	下臂固定螺栓、螺母预拧紧				右后悬架弹簧	钢板销及吊耳销螺栓、螺母预拧紧			
车架	与第二横梁右侧固定螺栓联接（100~120N·m） ☆					钢板、后桥与U形螺栓、螺母拧紧			
右侧转向	右侧转向调节螺栓组件预拧紧 ☆				右驻车制动器	软轴拉索已卡到位 ☆			
前差速器	右侧支架与横梁联接螺栓（60~80N·m） ☆				右后轮制动器	ABS传感线已紧固 ☆			
	左侧支架与横梁联接螺栓（60~80N·m） ☆				车架	上传感线束已安装，夹子已卡好 ☆			
	拖架与横梁联接螺栓（29~41N·m） ☆				第三横梁	左侧与车架固定螺栓已装配（13~17N·m） ☆			
	上拖架与下拖架联接螺栓（59~78N·m） ☆					右侧与车架固定螺栓已装配（13~17N·m） ☆			
	与拖架联接螺母联接（49~59N·m） ☆				变速器	分动器保护板已装配 ☆			
	与驱动轴固定螺栓联接（50~60N·m） ☆				负载比例阀组件固定螺栓（10~15N·m）				
	上固定螺栓（12~18N·m） ☆				后差速器通气软管已装配 ☆				
	下固定螺母（88~103N·m） ☆				后桥制动	左油管与分泵连接，油管与后桥的间隙不小于4mm，夹簧卡好 ☆			
左侧减振器组件	摇臂球销联接螺母固定螺母（44~48N·m） ☆					软管与硬管连接（13~17N·m） ☆			
转向拉杆	开口销安装、开口销开度到位有标记 ☆					右油管与分泵连接（13~17N·m） ☆			
与转向机	开口销安装、开口销开度到位有标记 ☆				右后减振器组件	与后桥右、右侧固定螺栓（30~40N·m） ☆			
左前悬上臂球销	与万向节联接固定螺母（59~88N·m）开口销安装、开口销开度到位有标记 ☆				后稳定杆	与车架左、右侧固定螺母联接（18~25N·m） ☆			
左前悬下臂球销	与万向节联接固定螺母（118~176N·m）开口销安装、开口销开度到位有标记 ☆				左右减振器	组件已装配（18~25N·m） ☆			
左万向节	与转向拉杆球销固定螺母联接（44~48N·m）开口销安装、开口销开度到位有标记 ☆				左前悬架	上臂固定螺栓、螺母（98~118N·m） ☆			
					转向机	固定螺母（54~64N·m） ☆			

（续）

部位	检查项目	操作者	专检	检验员	部位	检查项目	操作者	专检	检验员
左前	万向节与防尘罩（挡板）已装配		☆		转向机油管	已装配、已卡好、无干涉、同隙不小于3mm		☆	
右前减振器组件	上固定螺母（12~18N·m）		☆			夹子已卡好、同隙不小于3mm		☆	
	下固定螺母（88~103N·m）		☆			上转向固定螺栓（9~14N·m）		☆	
右前悬上臂球销	与万向节联接固定螺母（59~88N·m）		☆			与转向机连接（12~18N·m）		☆	
	开口销安装、开口销开度到位有标记		☆			与高压管软管连接（30~40N·m）		☆	
右前悬下臂球销	与万向节联接、开口销开度到位有标记（118~176N·m）		☆		前差速器通气软管已装配				
右万向节	与转向拉杆球接销固定螺母联接（44~48N·m）		☆		左前	轮毂内组件已装配调整			
	开口销安装、开口销开度到位有标记		☆			制动软管与支架固定夹簧已装配			
右前	万向节与防尘罩（挡板）已装配		☆			自由轮合器软管支架固定螺栓（49~59N·m）		☆	
前稳定杆	与车架左右侧固定螺栓已装配		☆		制动钳	左制动软管连接（13~17N·m）卡簧已卡好			
	与固定臂下胶套已装配		☆		前轮	右制动软管连接（13~17N·m）卡簧已卡好			
	后臂调整螺栓组件已装配		☆		制动器	ABS左传感线紧固，插接器已插到位			
右扭力杆	前后防尘胶套已装配		☆			ABS右传感线紧固，插接器已插到位			
左扭力杆	前、后固定螺栓组件预拧紧		☆		右前	轮毂内组件已装配调整			
	后臂调整螺栓组件预拧紧		☆			制动合器软管与支架固定螺栓（49~59N·m）		☆	
车架上制动油管	已装配、夹子已卡好、同隙不小于3mm		☆			自由轮合器固定螺栓总成及保护罩已装配			
	与插接器连接（13~17N·m）		☆		后轮制动器	ABS左、右传感线插接器已装配，夹子已卡好			
燃油管	主回油管装配夹子已卡好，夹子已卡好		☆		燃油箱	与注油管连接夹子已卡好，线束插接联接方向正确		☆	
	蒸发管装置，夹子已卡好，同隙不小于3mm		☆			与回油管连接夹子已卡好		☆	
	与车架固定螺栓联接（32~42N·m）		☆			与车架联接螺栓联接（25~30N·m）		☆	
燃油滤清器	软管与硬管连接		☆			与燃油管连接（32~42N·m）		☆	

检查项目		操作者	专检	复检	检验员
蓄电池电缆线已装配					
发动机	左支架固定螺栓（30~40N·m）☆				
	右支架固定螺母（31~37N·m）☆				
CFA6473车前传动轴固定螺栓（30~42N·m）☆					
前传动轴与差速器联接螺栓（49~59N·m）☆					
分动器支架固定螺栓（21~31N·m）☆					
后传动轴与差速器联接螺母（49~59N·m）☆					
发动机	左支架固定螺栓（30~40N·m）☆				
	右支架固定螺母（31~37N·m）☆				
转向机油泵与转向油管联接螺母（50~60N·m）☆					
三元催化转化器与中排气管联接螺母（45~55N·m）☆					
排气管各吊耳组件联接螺母（10~15N·m）☆					
前排气管	左侧支架固定螺栓（20~30N·m）☆				
	右侧支架固定螺栓（20~30N·m）☆				
	与发动机联接螺母（45~50N·m）☆				
三元催化转化器与前排气管联接螺母（45~50N·m）☆					
后排气管与中排气管联接螺母（20~30N·m）☆					
排气管组件各处橡胶吊耳已挂好					
前排气管与氧传感器连接（45~50N·m）☆					
氧传感器插接器已插好					
三元催化转化器、排气管、消声器与相近部件间隙 ☆					
发动机	后支架固定螺栓（35~55N·m）☆				
齿轮油	变速器已加注（不低于加油口5mm）☆				
	分动器已加注（不低于加油口5mm）☆				

（续）

检查项目	操作者	专检	复检	检验员
车架VIN打印				
后空调管道组件安装（CS6车型汽油车）☆				
后空调管路接口紧固力矩：45~50N·m（CS6车型汽油车）				
缺陷记录	返工者		复检员	

注："☆"为关键项，专检栏中打"√"为合格，打"×"为不合格，不合格项目内容在缺陷记录中列出，经返工者返工合格后签名，复检员复查确认合格后盖章。

附表 C-3　总装发动机装配检验记录

QC/CFA01.055—05

发动机号：

检查项目	操作者	检	专	检验员
发动机号码拓印单				
主燃油管安装，油管夹子已卡紧				
燃油回油管已装配到位，夹子已卡紧	☆			
线束、暖水管挂钩及变速器下外底罩盖安装	☆			
蓄电池电缆负极线安装				
机油感应器线束插接器已插到位				
水管反水管接头安装				
压缩机支架附件安装（螺栓：48~58N·m）				
压缩机支架附件安装（螺栓扭矩：10~12N·m）				
压缩机支架附件调整螺栓已拧紧				
压缩机传动带、张紧轮安装				
压缩机传动带用100N·m力下压值应为14~16mm（螺栓：22~26N·m）及传动带安装				
发电机传动带安装				
动力转向液压泵支架安装（螺栓：20~24N·m）				
动力转向液压泵安装（螺栓：20~24N·m）				
动力转向液压泵张紧轮安装				
动力转向液压泵传动带用100N·m力下压值应为4~6mm及传动带安装				
动力转向T/F（滚轮）固定支架安装到位，固定螺栓已拧紧（螺栓：18~25N·m）				
接地（搭铁）线已装配到位				
变速器与T/F（滚轮）安装				
变速器固定支架与T/F安装（螺栓：35~45N·m）	☆			
发动机后盖安装				
变速器上通气管、真空管安装				
变速器操纵杆安装（螺栓：14~16N·m）				

检查项目	操作者	专	检	检验员
里程表线束接头安装				
排气管支架安装				
变速器上线束已布置到位，扎带已扎紧				
变速器上线束应离开排气管150mm以上				
变速器上线束与发动机部件同隙15mm以上				
变速器与发动机联接固定螺栓（45~55N·m）				
起动机已装配（固定螺栓：30~40N·m）				
CFA6473变速器与发动机连接（螺栓：42~54N·m）				
起动机线束电源及防尘罩安装				
起动机电源线连接（固定螺栓：10~12N·m，螺栓已拧紧）				
机油加注量				
以下是猎豹CFA2030型车特别装配部件				
机油感应器已装配到位V6	☆			
离合器片及压板已装配到位				
变速器油标尺已装配到位				
离合气缸（分泵）组件已装配到位，螺栓已拧紧				
飞轮外壳前下盖安装（固定螺栓：18~24N·m）				
左前排气管固定支架安装（20~30N·m）V6	☆			
左前排气管下档板V6				
发动机与左前排气管连接（45~55N·m）V6	☆			
右前排气管固定支架安装（20~30N·m）V6				
发动机与右前排气管连接（45~55N·m）V6	☆			
发动机机油散热器油管已连接V6				
变速器机油散热器油管已连接V6				

项目七 汽车质量管理

(续)

检查项目	操作者	专检	检验员	缺陷记录	返工者	复检	复检员
以下是CFA6473型车特别装配部件							
发动机与变速器连接左三角支架已装配							
发动机与变速器连接右三角支架已装配							
电动分动器与变速器联接（螺栓：30~40N·m）							
离合器防尘板安装（螺栓：21~25N·m）							
压缩机支架附件安装（螺栓：45~53N·m）							
压缩机支架安装（螺栓：42~50N·m）							
压缩机安装（螺栓：50~56N·m）							
动力转向液压泵支架安装（螺栓：45~53N·m）							
动力转向液压泵及张紧轮安装（螺栓：22~25N·m）							
动力转向液压泵传动带用100N·m力下压值为8~13.5mm							
动力转向液压泵与高压油管连接（49~64N·m）							
动力转向液压泵与回油管连接（插入：25~30mm）							
缺陷记录					返工者	复检	复检员
发动机号条形码粘贴处							

注："☆"为关键项，专检栏中打"√"，"√"为合格，打"×"为不合格，不合格项目内容在缺陷记录中列出，经返工者返工合格后签名，检验员复查确认合格后盖章。

附表 C-4　总装车身内饰检验记录

车身号：_____　　　　　　　　　　　　　　　　　　　　　　　　　　　　　　　　　　QC/CFA01.055—05

检查项目	操作者	专检	检验员	检查项目	操作者	专检	检验员
尾门大包围装饰板已装配				发动机室内线束已布置并卡紧			
天窗固定支架及排水管已装配		○		电喇叭已装配		○	
天窗已装配				发动机室内继电器箱及支架已装配			
发动机室内 ABS 传感器插接座已装配 V6				前刮水器盖板及附件组件已装配			
加油口门拉索组件已装配				前刮水电动机组件已装配			
车身内左侧底板线束已布置并卡紧		○		仪表台中央支架、继电器已装配		○	
左前、后门门灯开关已装配到位		○		暖气控制器组件已装配、线束接接器已插接到位		○	
车身线束保护套已装配		○		前底板（脊梁）隔热衬垫已装配			
车身内右车顶线束已布置并卡紧				ECU 固定螺栓（9~11N·m）	☆		
车身内右侧底板线束已布置并卡紧		○		ECU 传感线束插接器已插接到位	☆		
右前、后门门灯开关已装配到位		○		鼓风机、暖风机及连接托架已装配			
左、右后扬声器托架已装配				空调机部件已装配			
尾门缓冲器支架已装配		○		前围内继电器、保险盒支架已布置并卡紧		○	
发动机罩缓冲器组件及压条已装配		○		尾门内线束已布置并卡紧（JB 盒）			
天线网已装配				后刮水器、后喷嘴已装配		○	
安全气囊电脑控制板已装配及线束已布置到位				牌照灯、尾门锁已装配			
尾门止动器安装及警示标识粘贴		○		尾门锁促动器及执行器杆已装配			
尾门密封胶条及压板已装配				尾门金属反光镜及尾门缓冲胶垫已装配			
车身内前围电缆锁线束已布置并卡紧		○		前风窗玻璃洗涤器、软管及喷嘴已装配			
发动机罩锁索软轴已装配并卡紧		○		空调管、真空管及空调排水管已装配			
车身内前围仪表线束已布置并卡紧		○		空调真空管与真空管联接螺栓（10~12N·m）			
仪表板（前围）隔热衬垫已装配				动力转向储油罐拉条已装配		○	
中央通风管道组件已装配				加速器软轴已装配、无干涉	☆		
				燃油管组件已装配			

项目七 汽车质量管理

(续)

检查项目	操作者	专检	检验员	检查项目	操作者	专检	检验员
制动器油管、离合器主缸油管与管夹已卡紧	☆			ABS液压控制器组件已装配	☆		
油管夹固定螺栓已拧紧	☆			ABS液压控制器线束插接器已插到位	☆		
油管与油管之间间隙不小于3mm	☆			ABS液压控制器与制动管连接（13~17N·m）	☆		
制动器油管与三通连接（13~17N·m）	☆			左、右及后雨槽装饰条已装配		○	
离合器软油管装配，固定弹簧卡子已卡到位	☆			雨槽装饰条连接，固定卡子已卡到位		○	
离合器软管连接（13~17N·m）	☆			前、后顶篷已装配	☆		
真空管与助力器连接，夹子已卡到位	☆			左前安全带组件已装配	☆		
真空管助力器软管连接（软管内应装有单向阀）	☆			右前安全带组件已装配	☆		
制动助力器装配及警示标识已粘贴	☆			左前安全带组件已装配	☆		
制动器总泵与助力器联接螺母（10~15N·m）	☆			左前安全带各固定螺栓已拧紧（40~50N·m）	☆		
制动器总泵与助力器四通联接螺栓（25~35N·m）	☆			左前安全带伸缩性能工作正常	☆		
离合器总泵与油管连接（13~17N·m）	☆			右前安全带各固定螺栓已拧紧（40~50N·m）	☆		
离合器总泵与助力器联接螺母（10~15N·m）	☆			右前安全带伸缩性能工作正常	☆		
制动器踏板固定螺栓（22~25N·m）	☆			左后安全带各固定螺栓已拧紧（40~50N·m）	☆		
制动踏板与助力器联接销已插到位，行程调整到位，并槽并紧	☆			左后安全带伸缩性能工作正常	☆		
离合器踏板固定螺栓（22~25N·m）	☆			右后安全带各固定螺栓已拧紧（40~50N·m）	☆		
离合器总泵与踏板联接固定销已插到位	☆			右后安全带伸缩性能工作正常	☆		
离合器踏板固定锁紧	☆			左四组合上、下装饰件已装配	☆		
加速踏板固定螺栓已拧紧	☆			左前门柱装饰（B）柱密封条（装饰）已装配		○	
加速踏板限位胶套已装配	☆			左后门柱密封条（装饰）已装配	☆		
炭罐固定螺栓（4~6N·m）	☆			左后门登车抓手及辅助抓手已装配	☆		
炭罐与软管连接（插入17~23mm）	☆			尾门上纵梁装饰组件已卡到位	☆		
炭罐软管夹子已卡到位	☆			右后门前（B）柱装饰组件已装配	☆		

175

(续)

检查项目	操作者	专检	检验员
右后门柱密封条（装饰条）已装配			
右后门壁车抓手及辅助抓手已装配			
右四组合上、下装饰件胶条已卡到位			
尾门柱密封胶条已装配，车底板板盖已装配			
座椅锁针、行李带扣、车底板板盖已装配			
底板工具箱已装配		○	
前、后地毯已安装			
左后组合灯已装配			
右后组合灯已装配			
室内前、中、后灯已装配，线束插接器已连接			
天窗开关已装配，线束插接器已插到位	☆		
转向柱与转向杆联接螺栓（29～34N·m）	☆		
转向柱与车身联接固定螺栓（18～25N·m）	☆		
制动踏板行程回位弹簧并帽已并紧			
离合器踏板行程及离合器回位弹簧卡子已卡到位			
尾门锁筒（芯）已装配，固定螺栓已拧紧			
空调冷凝器已装配			
空调冷凝器高压管已装配			
发动机盖锁已装配，固定螺栓已拧紧			
电喇叭线束插接器已插到位			
空调冷凝器散风机线束插接器及空调管连接，管道无干涉			
干燥器装配及空调管连接，管道无干涉	☆		
机油散热器已装配	☆		
机油散热器与油管联接螺栓（30～35N·m）V6			

检查项目	操作者	专检	检验员
变速器冷却器已装配 V6			
仪表台左侧固定螺栓已拧紧			
仪表台左下罩盖及组件已装配			
手油门拉索与加速踏板臂连接已卡到位			
仪表台左侧扬声器组件已装配			
仪表台中间部位固定螺栓已拧紧			
仪表台右侧固定螺栓已拧紧			
仪表台右侧扬声器组件已装配，组件已装配			
仪表台右边安全气囊已装配	☆		
仪表台右边安全气囊线束插接器已插到位	☆		
空调控制器，CD 机组件已装配			
组合仪表，通用仪表气管道已装配			
空气滤清器进气管道已装配			
前端板上线束保护板已卡到位			
前风窗玻璃装饰条扣已卡到位			
左遮阳板，内室镜已装配			
左前柱上装饰件，装饰胶条已装配			
右前柱上装饰件，装饰胶条已装配		○	
右前辅助抓手及右遮阳板已粘贴		○	
遮阳板处安全气囊警示标识已粘贴			
左右翼子板与格栅连接及同隙已调整			
尾门上装饰板处高位制动指示灯已装配			
尾门上下装饰板，工具箱已装配			

项目七 汽车质量管理

（续）

检查项目	操作者自检	专检	检验员	缺陷记录	返工者复检	复检员
右后挡泥板组件已装配		○				
后暖风机管道已装配						
后暖风管道隔热板已装配						
车身下纵梁内工艺孔胶堵塞已装配						
缺陷记录						

注："☆"为关键项，专检栏中"○"为操作者自检项，打"√"为合格，打"×"为不合格，不合格项目内容在缺陷记录中列出，经返工者返工合格后签名，检验员复查确认合格后盖章。

附表 C-5　总装车间整装装配检验记录

检查项目	操作者	专检	检验员	检查项目	操作者	专检	检验员
车身与车架合装联接螺栓已拧紧（40~55N·m）	○			后暖风机风扇开关拉索、盖板已装配到位			
仪表台处VIN码及发动机室内出厂铭牌已装配	○			驻车制动操纵杆组件已装配	☆		
制动管三通连接器安装（13~17N·m）	☆			变分器（落地）操纵箱扣已卡紧			
发动机主燃油管连接（32~35N·m）	☆			前、后地毯连接扣已卡紧	○		
发动机燃油回油管连接，夹子已卡紧	☆			加油嘴管与车身连接已固定到位	○		
加速器拉索已装配到位，并帽已并紧				燃油箱拉索与车身线束已连接	○		
转向机与车身搭铁线已连接				左前、后门内拖板已装配	○		
上线束各传感插接器已插到位	☆			左前门下饰板、休闲踏板组件已装配	○		
空调管与空调泵已联接到位，螺栓已拧紧				右前、后门内饰板已装配	○		
转向杆与转向机联接螺栓（29~34N·m）				右前门下拖板已装配			
机油冷却器油管连接 V6（40~50N·m）	☆			尾门内拖板已装配			
发动机与压缩机传动带间隙应不小于15mm				左前照灯、组合灯及左翼子板侧转向灯已装配	○		
散热器油管已装配，与管道连接（插入约30mm）	☆			右前照灯、组合灯及右翼子板侧转向灯已装配	○		
散热器管附件及夹子已卡紧				面罩已装配，表面无划伤，周边同隙均匀			
散热器回水管与压缩机传动带间隙已装配				发动机前下方空调挡风罩已卡紧			
暖水管已连接（插入25~30mm），夹子已卡紧	☆			左前轮防溅罩、内挡泥皮、前挡泥板已装配	○		
回水壶处防冻标牌已粘贴				右前轮防溅罩、内挡泥皮、前挡泥板已装配	○		
转向软管夹子已卡紧	☆			前保险杆组件已装配，固定螺栓已拧紧			
空气滤清器箱已连接到位，油管夹子已卡紧	☆			左、右前雾灯已装配			
炭罐蒸发软管夹子已卡紧				车身左、右侧大包围饰板已装配	○		
炭罐蒸发管连接到位（插入17~23mm）	☆			车身左、右侧踏板已装配	○		
发动机室内继电器箱已装配，线束已到位	☆			后保险杆、尾踏板、拖车钩安装固定板已装配			
发动机室内继电器电源线固定螺栓已拧紧				燃油保护板、左后挡泥板固定螺栓已拧紧			
蓄电池支架已装配	☆			防护栏已装配，固定螺栓已拧紧			
蓄电池组件已装配							

QC/CFA01.055—05

项目七 汽车质量管理

（续）

检查项目	操作者	专检	检验员	检查项目	操作者	专检	检验员
离合器分泵油管已连接（20~25N·m），无干涉	☆			玻璃天线已连接			
底板下制动油管已连接（13~17N·m）	☆			驾驶人侧座椅固定螺栓（45~50N·m）		○	
底板下燃油管已连接（32~42N·m）	☆			驾驶人侧座椅螺栓装饰罩已装配		○	
底板下制动油管燃油管与前传动轴间隙应不小于3mm	☆			前排乘员侧座椅固定螺栓（45~50N·m）		○	
底板下制动油管与底板联接固定螺栓已拧紧	☆			前排乘员侧座椅螺栓装饰罩已装配			
变速器上搭铁线与底板前传动油管间隙应不小于25mm	☆			第二排座椅左侧固定螺栓已拧紧，装饰罩已装配	☆		
搭铁线连接左与排气管间隙不小于25mm	☆			第二排座椅右侧固定螺栓已拧紧，装饰罩已装配	☆		
驻车制动拉索已连接（螺母10~12N·m）	☆			第一、第二排座椅安全带锁可靠性	☆		
车速传感器线束插接紧，与前传动轴无干涉	☆			备胎架、备胎及锁（螺栓：45~60N·m）已装配		○	
前悬下臂销左右螺母（137~157N·m）	☆			左前、后门与铰链固定部件缝隙已调整		○	
前悬下臂销左右螺母（137~157N·m）	☆			分动器操纵杆使用标识已粘贴			
后悬钢板前后销左右螺母（44~59N·m）	☆			右前、后门与铰链固定螺栓已拧紧			
后悬钢板左、右U形螺栓（98~118N·m）	☆			左前、后门缝隙已调整			
发动机下方导流板、挡石板已装配	☆			右前、后门缝隙已调整			
左、右前轮处制动油管已连接（13~17N·m）	☆			发动机盖与周边部件缝隙调整		○	
左前、后轮固定螺母（98~118N·m）	☆			尾门缝隙调整、尾门铰链固定螺栓已调整			
右前、后轮固定螺母（98~118N·m）	☆			加油口小门缝隙已调整			
全车车轮离合器装饰罩已装配				左、右翼子板缝隙已调整		○	
左中门柱处胎气压指示牌已安装				左吊座、装饰盖板及辅助扶手已装配		○	
左侧窗玻璃、装饰胶条已装配，固定卡子已卡紧				右吊座、装饰盖板及辅助扶手已装配			
右侧窗玻璃、装饰胶条已装配，固定卡子已卡紧				后排沙发折叠座椅标识已粘贴			
前风窗玻璃及刮水臂已装配，装饰压条已到位				加油口门处燃油标识已粘贴			
后风窗玻璃、刮水臂及除霜线捕接到位				车后底板左右胶塞头已堵			
全车玻璃一致性							

(续)

检查项目	操作者自检	检验员	缺陷记录	返工者	复检	复检员
发动机进气口减振筒盖（发动机上装饰盖）V6	○					
车身左、右翼子板处标牌已粘贴	☆					
尾门处标牌已粘贴	☆					
全车彩条	☆					
前、后风窗玻璃清洗液（水）已加注	☆					
空调制冷剂已加注	☆					
冷媒指示标识已粘贴	☆					
制动液、离合器液已加注	☆					
散热器防冻液、方向机油已加注	☆					
全车门锁性能检测	☆					
全车玻璃升降性能检测	☆					
缺陷记录				返工者	复检	复检员

注："☆"为关键项，专检栏中"○"为操作者自检项目，打"√"为合格，打"×"为不合格，不合格项目内容在缺陷记录中列出，经返工者返工合格后签名，复检员复查确认合格后盖章。

附表 C-6 总装车门分装检验记录

QC/CFA01.055—05

车身号：

检查项目	操作者	专检	检验员
左前门上框装饰贴膜已贴			
左后门上框装饰贴膜已贴			
右前门上框装饰贴膜已贴			
右后门上框装饰贴膜已贴			
左前门密封胶条、升降器、线束已装配			
左后门密封胶条、升降器、线束已装配			
右前门密封胶条、升降器、线束已装配			
右后门密封胶条、升降器、线束已装配			
左前门锁组件及限位器已装配			
左后门锁筒（芯）已装配，弹簧卡子已卡到位			
右前门锁筒（芯）已装配，弹簧卡子已卡到位			
右后门锁组件及限位器已装配			
左前门大、小玻璃已装配			
左后门玻璃已装配			
右前门大、小玻璃已装配			
右后门玻璃已装配			
左后视镜已装配，固定螺栓已拧紧			
左后视镜线束插接器已插到位			
左前门刮水条已卡到位			
左后门刮水条已卡到位			
右前门刮水条已卡到位			
右后门刮水条已卡到位			
右后视镜已装配，固定螺栓已拧紧			
右后视镜线束插接器已插到位			
左前门装饰板组件已装配			
右前门装饰板组件已装配			
左后门装饰板组件已装配			
右后门装饰板组件已装配			
电动部件检测			
左右后门儿童保护标识已粘贴			
左前、中门减振胶垫已安装			
右前、中门减振胶垫已安装			

缺陷记录	返工者	复检	复验员

注：专检栏中打"√"为合格，"×"为不合格，不合格项目内容在缺陷记录中列出，经返工者返工合格后签名，检验员复查确认合格后盖章。

任务三 认知产品质量评审与整车评价

	认知产品质量评审与整车评价	学时：135min
知识点	1）产品质量评审 2）产品缺陷严重性分级 3）整车评价	
知识目标	1）掌握产品质量评审的作用 2）掌握产品质量评审的步骤 3）掌握整车评价的内容和要求	
技能目标	1）能说出汽车产品质量评审的步骤 2）能正确进行汽车整车评价	

一、产品质量评审的作用

产品质量评审引用国际上通用的一种评价产品质量的方法。它用质量等级来评价产品质量，质量等级从0级到5级，0级最好，5级最差。产品质量审核是站在用户的立场上，以用户的要求和期望对合格产品进行质量评价的，得出某个质量等级，同时对查出的问题和缺陷加以消除和改进，使用户满意。其主要目的是满足用户要求和期望，掌握产品质量水平，从而对产品质量进行控制，并为质量改进提供依据。产品质量评审的作用主要包括以下几个方面：

1）调查产品质量，发现产品存在的缺陷，及时察觉质量下降的潜在危险，防止把有重要缺陷的产品交付用户。

2）对比现在生产与过去生产的产品质量水平，分析产品质量的水平与发展趋势。对审核中发现的缺陷，及时进行信息反馈，以便能迅速采取纠正措施。

3）为质量改进提供依据。通过审核，能发现企业产品质量与质量活动存在的问题，并分析出原因，就可为制订质量改进目标和措施提供依据。

产品质量审核的要点是检查产品质量存在的缺陷，分析产品质量变化的原因，对比现在与过去生产产品质量的水平，检查质量改进的实际效果，研究改进设计、工艺、制造及检验与产品质量之间的关系。

二、产品缺陷严重性分级和编写质量评审指导书

1. 产品缺陷严重性分级

在产品质量评审之前，要对产品的质量特性可能产生的各种缺陷按严重程度分级，并对各级质量缺陷赋予不同的加权分值，以便客观真实地反映产品质量水平。

在审核检查中，不能把发现缺陷的个数简单地加起来，笼统地衡量产品质量水平。因为各种质量缺陷对产品适用性的影响程度不同，偏离质量要求的程度也不同。在进行产品质量审核之前，要针对具体产品使用要求和用户反馈的质量缺陷项目，按其对产品适用性的影响程度进行缺陷严重性分级，并对各级质量缺陷赋予不同的加权分值，以便在产品质量审核评

价中客观、真实地反映产品质量水平。

2. 编写质量评审指导书

产品质量评审指导书是施行产品质量审核的标准和指导文件，其编制过程按3个步骤进行：首先要确定质量评审的具体项目，列出可能发生的缺陷形态，对其进行分析研究；然后，具体给出缺陷等级和分值；最后，按规范编写指导书。

确定评审项目的依据如下：

1）质量信息中用户反馈提出多次发生的质量缺陷。

2）对用户使用服务和调查中，收集到的各种不满或建议所涉及的质量缺陷。

3）市场竞争中起重要作用的、构成竞争特性的质量缺陷。

4）曾发生过安全事故、质量事故的质量缺陷。

5）可供参照和借鉴的现有资料，包括在国外企业实际使用的以及国内行业发布的资料上明确的检查项目和缺陷形态。

产品质量评审缺陷类型与缺陷分值见表7-4。

表7-4 产品质量评审缺陷类型与缺陷分值

项目编号	项目	技术要求	缺陷扣分数										缺陷情况说明	实际扣分
			错装	外观	脱落	松动	噪声	装调不当	接触不良	插头松脱	间隙超差	其他		
			01	02	03	04	05	06	07	08	09	10		
1	前、后雾灯开关		50	5	4	30	—	10	20					
2	制动灯开关		50	5	4	30	—	10	20		10			
3	转向指示灯开关		50	5	8	30	—	10	20	5				
4	转向指示灯信号装置		50	6	8	30	—	10	20	5				
5	风窗玻璃刮水器		50	6	9	30	—	10	20					
6	风窗玻璃刮水器间歇继电器		50	5	6	30	—	10	20		4			
7	前照灯		50	5		30	—	10	20			2		
8	前照灯变光器		50	5	3	30	—	10	20					
9	前、后尾灯		50	5	2	30	—	10	20					
10	前、后雾灯		50	6	2	30	—	10	20					
11	示廓灯		50	6	3	30	—	10	20					
12	制动灯		50	6		30	—	10	20					
13	转向指示灯		50	6	4	30	—	10	20					
14	倒车灯及蜂鸣器		50	4	6	30	—	10	20					
15	牌照灯		50	4	6	30	—	10	20					
16	底盘线束		50	4	—	30	—	10	20					

产品质量评审指导书要适应用户需要和质量改进的成果，适时地加以修改。

3. 产品质量评审的步骤

（1）**确定产品质量评审人员**　由企业主管质量的领导授权，由质量检验部门具有实际经验和经过专门训练的评审人员担任评审员，负责每次的评审活动。

（2）**确定产品质量评审周期**　产品质量评审必须有计划地定期进行，其周期长短视质量实际情况和产品特点而定，同时要考虑质量成本投入与效益获得的经济性。批量生产的产品按批进行评审。

（3）**确定产品质量评审的抽样时间**　产品质量评审的抽样时间为产品在专职检查员验收合格之后，到用户投入使用前的任何阶段。

（4）**确定产品质量评审的抽样数量**　产品质量评审采取随机抽样的办法，数量多少根据产品适用性要求、复杂程度和生产量而定，适当地加以选择。

（5）**填写产品质量评审记录表**　评审员抽样后，要保持产品的原始状态，不允许改变或修复任何一个零部件。按照评审指导书规定的项目，采取看、摸、听等方法逐项进行检查，把检查出的缺陷项记录在评审记录表中，记录表中应包含以下内容：被评审产品的型号、样本内各产品的编号、本次评审的期次、评审人员、评审日期以及在记录事项中给出的缺陷形态、缺陷扣分及责任单位等。

（6）**计算产品质量评审结果**

1）确定标准质量水平。标准质量水平是产品质量评审中必须确定的一个比较值，根据这个值来衡量被评审的产品处于何种质量状态，判定此产品是否属于合格品。

2）实际质量水平的计算。

$$缺陷分值 = 各类缺陷的加权分值/评审样品总数$$

缺陷分值即为产品的实际质量水平，将实际质量水平与标准质量水平对照比较，计算出产品的评审等级，这个评审等级可作为质量考核的依据。

三、汽车整车评价要求

汽车整车评价是产品质量评审的一种，它是由具有整车评价资质的一组人员从用户的角度对已经完工的车辆的装配质量、装饰件质量、装备件质量及功能、整车行驶性能和车辆的综合质量进行主观感觉评定的方法。整车评价是汽车制造厂在产品开发设计和生产过程中监控产品质量的重要手段。整车评价包含动态评价和静态评价两个方面。动态评价重在考核汽车的行驶性能、行驶中功能件的稳定性和可靠性，静态评价重在考核汽车的外观、装配质量和功能。整车评价一般采用扣分法，分值越低表示汽车质量符合性越好。下面是某汽车公司的整车评价方法。

1. 整车评价的扣分准则

整车评价采用扣分法，单项扣分值分别为 10 分、5 分、3 分和 1 分，被评审车辆的总扣分值等于 $\sum$10 分项值 + $\sum$5 分项值 + $\sum$3 分项值，1 分项不计入总扣分值，扣分准则见表 7-5。

表 7-5　整车评价扣分准则

扣分值准则	10 分	5 分	3 分	1 分
不合格程度	在性能上出现重要的缺陷，或外观上存在大问题	在性能上有明显的缺陷，或外观上存在问题	轻微的缺陷	达不到良好

(续)

扣分值准则	10 分	5 分	3 分	1 分
安全保护特性	带有事故、火灾隐患情形	—	—	—
不满意程度	必会使用户不满意	可能会使一般的用户不满意	可能使要求比较严格的用户不满意	可能使少量用户不满意
修整程度	必须进行大修、更换零部件才能出厂	必须进行修整才能出厂	需要轻微的修整	原封不动地出厂

2. 整车评价抽样原则

1）对于新产品开发过程中的试制车，在每批完工车辆中随机抽取 1~2 辆进行评价。对于量产前的最终质量确认车辆，至少在最终小批试制的 20 辆完工车辆中随机抽取 2~3 辆进行评价。

2）对于批量生产状态的车辆，从当期完工并经最终检验合格（开具合格证）的车辆中随机抽取样车进行评价。抽取样车基数不少于 50 辆，每周抽取 1~2 辆进行整车评价。

3. 整车评价要求

1）整车评价人员一般要求在企业整车或技术质量部门工作两年以上，熟悉车辆结构和各种功能件的操作方法，同时具有与车辆要求相匹配的驾驶执照。

2）整车评价人员必须经过企业内部或外部具有资质的机构的培训，并取得评价资质。

3）整车评价人员在公司内代表用户，评价时必须站在用户的角度对车辆进行评价。

4）产品开发过程中的试制车辆要求对车辆进行动态评价和静态评价。动态评价的行驶里程要求为 500~1000km。批量生产的车辆只要求进行静态评价，动态行驶评价一般每季度进行一次，行驶里程要求为 1000km 左右。

5）静态评价要求在动态评价之后进行。

4. 整车评价基本内容

以一般用户的要求为基准，以下面各项为主要检查内容，对完工车辆的质量（不满意度）进行感觉评价：

1）车身的外观（涂装、刮痕、外板的凹凸、总装零部件的外观质量、相连部位相同颜色零件的色差）。

2）功能、操作性能（空调、电子装配件、车门、座椅等）。

3）车辆行驶时的感觉（风笛噪声、异常声音、杂音、发动机、变速器、制动器等）。

4）车内装饰件（刮痕、污垢、总装零部件的外观质量）。

5）装配质量（泄漏、配线、配管的状态、拧紧力矩、冷却液/油量等）。

5. 评价处理

评价完成后，整车评价组整理评价记录，依据评价准则明确各项记录的扣分值并划分责任部门，将评价情况通报相关的部门并组织相关部门现场确认。

确认完成后针对扣 5 分项和扣 10 分项开具不合格报告，要求限时整改并验证整改完成情况。对于量产车辆，同时对库存车辆和已销售车辆进行追查，确认是共性问题还是个例，如果是共性问题，必须将库存车辆全部返修，返修合格后才能出厂。对已售出车辆，如果与

车辆的行车安全相关，则必须进行召回处理；如果与安全无关，则必须通知经销商和用户到指定维修站处理。针对3分项，责任部门要制订整改计划，持续改进，不断减少3分项的出现，提高整车质量水平。

四、整车评价的实例

表7-6是某企业对产品开发过程中的完工车辆做的整车评价记录，表中对车辆评价中存在的问题进行了记录，按标准进行了打分，并明确了责任部门问题。

表 7-6 整车评价记录表

内部资料			车　型		产　地								
注意保密			6 4 2 2 A										
装配	/	行驶	/	评价部门						天气：晴转阴			
淋雨	/	涂装		评价人									
VIN	L	L	6	6	H	2	F	0	9	8	A 0	8 0 7 4 5	
发动机号													
变速器号													
年份	形式名称		车身颜色		车轮型号		完成日期			抽取时间			
							月	日	工厂	月	日	时	分
			香晶银		铝轮								备注

合计扣分	合计件数	扣分类别				合　　计								
		10	5	3	1	类别	扣分	扣分项			类别	扣分	扣分项	
								10	5	3	1			10 5 3 1
160	67	5	45	17		装配	20		1	5	9	零部件	41	1 12 5
						涂装	20		1	5	2	淋雨		
						组焊	6			2		综合	35	1 10
						设计	38		1	11	1	其他		

序号	不合格内容	扣分值				区分	责任部门
		10	5	3	1		
1	发动机盖与前格栅、前保险杠段差大			√			综合
2	前格栅有飞边，不美观			√			零部件
3	右前照灯与翼子板间隙大			√			综合
4	左翼子板轻敲有异响			√			设计
5	左刮水盖板与前挡胶条间隙大，边缘有飞边			√			综合
6	左翼子板划伤				√		装配
7	熔断器盒内起动控制继电器的位置与图示位置不符			√			设计
8	右前轮速传感器插接座与制动管干涉			√			装配
9	前舱暖水管与变速器支架干涉			√			设计

项目七　汽车质量管理

（续）

序号	不合格内容	扣分值 10	扣分值 5	扣分值 3	扣分值 1	区分	责任部门
10	前围处制动管与前围干涉			√			综合
11	发动机盖支撑杆与喷水壶出水管干涉			√			设计
12	储物箱锁扣发卡			√			零部件
13	内后视镜松动		√				零部件
14	顶篷右前端有毛边			√			零部件
15	右前门A柱有油漆流痕				√		涂装
16	右前门限位器生锈			√			涂装
17	仪表台下本体有缩水痕			√			综合
18	尾门锁电动开关不能开启		√				综合
19	左前轮护板与轮罩钣金间隙大			√			零部件
20	左前门防擦条前端双面胶外露				√		装配
21	左前门防擦条后端与车门钣金间隙大			√			设计
22	左前门外水切前端与钣金间隙大			√			零部件

液体量	动力油 ST	机油 E	变速器 T/M	差速器 D	制动油 B	离合器 C	冷却液 LLC	喷水壶 W	LLC 浓度	30%	%	不合格项确认人签字：
										50%		

序号	不合格内容	10	5	3	1	区分	责任部门
23	左前门外水切胶外露				√		装配
24	前门窗框内胶条不贴合			√			零部件
25	左前门上边缘涂装打胶不良			√			涂装
26	左前门铰链焊装时有砂眼			√			焊装
27	左前门A柱点焊不良			√			焊装
28	左前门护板划伤				√		装配
29	仪表台左侧与门框胶条间隙大			√			综合
30	仪表台上本体毛边			√			零部件
31	转向盘皮护套制作粗糙			√			零部件
32	转向盘管柱护罩间隙大			√			零部件
33	左前门窗框处有油漆麻点			√			涂装
34	右前遮阳板表面脏				√		装配
35	前门槛护板松动		√				设计
36	门框密封胶条弯曲不直				√		装配
37	后门锁扣与钣金不贴合			√			综合
38	左后门门框胶条接口处不美观			√			零部件
39	左后门框前端内面有油漆麻点			√			涂装

（续）

液体量	动力油 ST	机油 E	变速器 T/M	差速器 D	制动油 B	离合器 C	冷却液 LLC	喷水壶 W	LLC 浓度 30% / 50%	%	不合格项确认人签字：
40	左前翼子板后侧有油漆痕								✓		涂装
41	左前沙发后部装饰板划伤									✓	装配
42	前沙发固定后靠背晃动大，超过 5°							✓			零部件
43	左前沙发头枕内有硬物								✓		零部件
44	左侧前、后门相碰掉漆							✓			设计
45	三角窗玻璃上有胶痕								✓		装配
46	加油口框下侧有油漆麻点							✓			涂装
47	左侧围后部有油漆麻点								✓		涂装
48	左尾灯有修边痕								✓		零部件
49	尾门右支撑杆螺栓处有油漆裂痕							✓			装配
50	左尾灯下侧与后保间隙大							✓			装配
51	尾门胶条不平起波浪，接口处不美观							✓			综合
52	备胎盖板剪边不齐							✓			综合
53	尾门内部右上角涂装颗粒与打胶不良					✓					涂装
54	三角侧窗上端翘							✓			设计
55	隔物板胶塞松脱							✓			零部件
56	后沙发上有污渍								✓		装配
57	后保险杠右下侧缺一块								✓		零部件
58	左侧尾灯与背门段差大							✓			设计
59	背门与侧围段差大且间隙不均匀							✓			设计
60	后门装饰板与钣金间隙大							✓			设计
61	右后门儿童锁标识没贴					✓					装配
62	发动机盖处喷水管孔塞没装到位								✓		零部件
63	制动液加注过量							✓			装配
64	右后轮制动软管与减振器干涉							✓			装配
65	排气管前挂耳胶套易脱出							✓			综合
66	淋雨后发动机和空气滤清器上有水滴							✓			设计

巩固练习

1. 企业为什么要进行产品质量评审？产品质量评审的步骤有哪些？
2. 整车评价的要求有哪些？整车评价主要包括哪些内容？

项目七　汽车质量管理

动手试一试

分组，每一组分别按要求对某一辆汽车进行整车评价，列出整车评价表单；另一组对该组评价的内容进行确认和改正，相互评分并说出理由。

素养课堂

质量是企业的生命

随着生产力的迅速发展和科学技术的日新月异，人们开始注重产品的耐用性、可靠性、安全性、维修性和经济性等。在生产技术和企业管理中，要求运用系统的观点来研究质量问题。在管理理论上也有了新的发展，突出重视人的因素，强调依靠企业全体人员的努力来保证质量。

全面质量管理体现在：

（1）质量第一　质量是企业的生命，质量是一切的基础，企业要生存和盈利，就必须坚持质量第一的原则，从始至终能够为顾客提供满意质量的产品和服务，才能在激烈的竞争中立于不败之地。

（2）零缺陷　零缺陷是以抛弃缺点难免论、树立无缺点的哲学观念为指导，要求全体人员"从开始就正确地进行工作，第一次就把事情做对"，以完全消除工作缺点为目标的质量经营活动。

（3）源头管理　质量管理应以预防为主，将不良隐患消灭在萌芽状态，这样不仅能保证质量，而且能减少不必要的问题发生，降低变更次数，使企业整体的工作质量和效率得到提高。

（4）顾客至上　企业要树立好"顾客至上"的服务理念，把为顾客服务摆在第一位，想顾客之想，急顾客所急。

（5）满足需要　质量是客观的固有特性与主观的满足需要的统一，质量不是企业自说自话，而是是否能够满足顾客的需求，只有满足了顾客需要，顾客才会愿意买单，企业才能实现盈利。

（6）一把手质量　企业一把手的一言一行从始至终受到全体员工的特别关注，他对质量的认知、观点与态度很大程度上决定了员工工作质量的好坏。一把手应确保企业的质量目标与经营方向一致，全面推进质量工作的开展。

（7）全员参与　现代企业的质量管理需要全员参与，它不仅是某个人、几个质量管理人员或质量管理部门一个部门的事情，它需要各个部门的密切配合，需要全员的共同参与。

（8）持续改进　持续改进是质量管理的原则和基础，是质量管理的一部分，质量管理者应不断主动寻求企业过程的有效性和效率的改进机会，持续改进企业的工作质量。

（9）基于事实的决策方法　质量管理要求尊重客观事实，用数据说话。真实的数据既可以定性反映客观事实，又可以定量描述客观事实，给人以清晰明确的直观概念，从而更好地分析和解决问题。

（10）下工序是顾客　作为企业的员工，工作时不能只考虑自己的方便，要明确自己

对上工序的要求，充分识别下工序的要求，及时了解工序发来的反馈信息，把下工序当做顾客，经常考虑怎样做才能使下工序顾客满意。

（11）规则意识　规则意识指发自内心的，以规则为自己行动准绳的意识。企业每个人都要树立规则意识，敬畏规则，学习、遵循、监督和执行规则。

（12）标准化预防再发生　问题发生了，就要去解决，并且确保同样的问题不会因同样的原因再次发生。问题解决后，要标准化解决方案，更新作业程序，实施 SDCA 循环。

（13）尊重人性　很多时候，质量工作需要与人沟通，企业经营者为了持续发展和提升质量，就要充分尊重工作人员，使员工感受到工作的意义与价值，快乐工作才能更好地为顾客提供满意的工作质量。

质量是兴国之道、富国之本、强国之策，党中央、国务院历来高度重视质量。围绕高质量发展，党中央、国务院出台了一系列重要的方针政策，党和国家领导人也对质量问题发表了一系列重要的论述，强调坚持质量第一、效益优先。

"十三五"期间，国家层面重视质量，继续实施质量激励制度，通过表彰质量典型，引导全社会树立追求卓越、崇尚质量的价值导向和时代精神。企业层面也看重质量，持续加快质量技术升级，加强全面质量管理。在质量提升行动的引领下，我国各行业、产品抓质量提升，一批批消费者信得过、靠得住、能放心的产品和服务进入市场，越来越多的消费者开始选择中国自主品牌，人民群众对高质量产品的需求更好地得到了满足。

站在"十四五"规划开局的新起点，回望"十三五"时期我国经济社会所取得的成就，其中既有量的合理增长，又有质的稳步提升。这份亮眼的成绩单，让世界感受到了中国经济社会强劲跳动的发展脉搏，也见证了一个负责任的大国重视质量、发展质量的努力。

项目八 汽车生产管理

项目导引

小王入职汽车总装配厂,负责汽车总装生产管理,他需要认识汽车生产计划、生产控制管理、汽车均衡生产与现场管理,知道汽车总装车间设备管理。汽车总装车间生产看板如图 8-1 所示。

图 8-1　汽车总装车间生产看板

任务一　认知生产计划与生产控制管理

认知生产计划与生产控制管理	学时:90min
知识点	1) 生产管理 2) 生产计划和生产作业计划 3) 生产控制 4) 生产调度
知识目标	1) 掌握生产管理的定义及目标 2) 掌握生产计划的内容和编制流程 3) 掌握生产控制的定义及控制内容 4) 掌握生产调度的定义、调度的内容及保证措施
技能目标	1) 能说出如何进行生产计划的编制 2) 能说出生产调度的内容及生产调度的要求

一、生产管理

产品的生产过程指从原材料投入生产开始到成品制造出来为止的全过程。

1. 生产过程的内容

按对产品的生产所起的作用分,生产过程主要分为生产技术准备过程、基本生产过程、辅助生产过程、生产服务过程等。

生产技术准备过程指产品正式投产前所做的全部生产准备工作,主要包括产品设计、工艺准备、材料定额与工时定额的编制、劳动组织的调整和设备的布置等。

基本生产过程指企业直接从事制造、加工产品的生产过程,如汽车零件加工、装配过程等。

辅助生产过程是为保证生产正常进行所必须提供的各种辅助性生产活动,如动力生产、工艺装备制造、设备维修等。

生产服务过程是为保证基本生产和辅助生产所进行的各种生产服务活动,如原材料、半成品和工具的保管与发放等。

2. 生产管理的目标

生产管理指为实现企业的经营目标,有效地利用生产资源,对生产作业过程进行组织、计划、控制,生产出满足社会需要、市场需求的产品或提供服务的管理活动。现在通常把生产管理称为生产作业管理。

生产管理贯穿整个生产过程。任何企业生产的目的是获取最大利润,完成企业生产经营目标,主要目标包括以下几个方面:

1)按照市场需要生产适销对路、质优价廉的产品,以满足市场的需求。

2)全面完成企业生产计划,主要包括产品品种、质量、产量、劳动生产率、材料和设备利用率等主要经济技术指标。

3)充分利用人力资源,合理组织劳动力,最大程度挖掘企业员工的潜力,提高员工的积极性和创造性。

4)加强物资和能源管理,努力降低单位产品的物资和能源消耗,提高资源利用率,减少资金的占用。

5)加强设备管理,提高设备的完好率和利用率。

3. 生产管理的内容

生产管理的内容包括以下几个方面:

1)生产组织工作,即选择厂址、布置工厂、组织生产线、实行劳动定额和劳动组织、设置生产管理系统等。

2)生产计划工作,即编制生产计划、生产技术准备计划和生产作业计划等。

3)生产控制工作,即控制生产进度、生产库存、生产质量和生产成本等。

二、生产计划

生产计划是关于企业生产运作系统总体方面的计划,是企业在计划期应达到的产品品种、质量、产量和产值等生产任务和生产进度的安排。它反映的是指导企业计划期生产活动的纲领性方案,而不是某几个生产岗位或某一条生产线的生产活动、产品生产的细节等问题。

项目八　汽车生产管理

生产计划指一方面为满足客户要求的三要素（交期、品质、成本）而计划；另一方面使企业获得适当利益，而对生产的三要素（材料、人员、机器设备）的确切准备、分配及使用的计划。

生产计划的任务主要包括以下几个方面：

1) 保证交货日期与生产量。
2) 使企业维持同其生产能力相称的工作量（负荷）及适当开工率。
3) 作为物料采购的基准依据。
4) 将重要的产品或物料的库存量维持在适当水平。
5) 对长期的增产计划，工作人员与机械设备补充的安排。

1. 生产计划的编制

(1) 生产计划的内容　生产计划是企业生产任务的全面统筹安排，它规定了企业在计划期内产品生产的品种、质量、数量和进度，是企业进行生产活动的依据。生产计划的主要内容有以下几方面：

1) 产品生产大纲。产品生产大纲是企业计划期内以实物和价值表示的生产任务，主要包括工业性劳务、企业自制半成品、在制品期末期初差额等。

2) 生产计划指标。生产计划指标主要有以下指标：

① 品种指标。品种指标指企业在计划期内应该生产的品种、规格的名称和数目。它表明企业在品种方面满足社会需要的程度，企业应把品种指标放到重要的位置。

② 质量指标。质量指标指企业在计划期内各种产品应达到的质量标准。它是反映提高产品质量、消除和减少废品、提高企业信誉的重要指标。它包括产品的一等品率、优质品率、合格品率、各种废品率和返修品率。

③ 产量指标。产量指标指企业在计划期内应当生产的可供销售的产品的实物数量和工业性劳务的数量，它是反映企业生产成果的重要指标。

④ 产值指标。产值指标指企业在计划期内生产的各种不同种类产品的实物量用货币表示的汇总。产值指标具有广泛的综合性和可比性，它反映企业在计划期内生产的总成果和生产发展速度。

(2) 生产计划的编制流程

1) 根据上级下达的各项控制指标，提出本企业的生产目标，进行试算平衡，然后在部门之间、生产环节之间协调，编制出本企业计划草案。

2) 进行分解目标，讨论和研究方案。充分发动各职能部门、生产单位职工讨论和制订相应的技术组织措施后，编制正式的生产计划。

为了适应市场需求的变动和多品种经营，提高企业生产计划的应变能力，生产计划的编制采用滚动计划方法。

(3) 生产计划的综合平衡　综合平衡是围绕生产、销售、利润、成本等指标分析测算企业内部的生产技术条件和各种资源，正确协调处理生产经营活动的各种关系，做到合理利用企业资源，实现企业的经营计划目标，落实生产计划和生产作业计划的一项重要措施。综合平衡主要包括以下内容：

1) 生产与销售的平衡。生产与销售的平衡是综合平衡的起点，企业只能通过销售产品来实现经营目标。这种平衡必须坚持以销定产的原则，合理安排生产计划。

2) 在产品与新产品或改进产品试制、生产准备工作的平衡。生产任务的安排要给产品开发和改进工作以充分的保证条件,并做好新老产品交替过渡的衔接工作。

3) 生产任务与生产能力的平衡。生产计划必须按照生产能力来安排,发现任务与能力不相适应的环节,采取一定的技术组织措施,达到与生产任务相平衡。

4) 生产任务与物资供应的平衡。根据生产计划中安排的产品品种、规格、数量、质量和交货期,确定物资供应计划。

5) 生产任务与劳动力之间的平衡。根据生产任务测算各个生产环节劳动力的需要量,并与劳动力的现在情况进行对比分析,采取必要的改进措施,合理安排使用劳动力,提高劳动生产率。

6) 生产任务与资金、成本、利润的平衡。生产任务的安排最终要保证企业经营目标的实现,就是要用较少的资金和生产费用生产出更多的适销对路的产品,加快资金周转,降低生产成本,实现目标利润。

除上述几方面外,还有基本生产与辅助生产和生产服务、生产与运输、设备修理、技术改造等之间的平衡。

2. 生产作业计划的编制

为执行企业的生产计划,组织日常生产活动,需要有具体的生产作业计划将生产任务安排到月、周、日以至昼夜,落实到每个班组、机台、个人。生产作业计划是企业生产计划的延续和具体化,是生产计划的执行性计划。

生产作业计划的重点是合理的时间组织。作业计划是合理地安排劳动力、设备工装、生产材料的时间表,可保证企业每个生产环节均衡地、有节奏地按品种数量、进度完成生产任务。

生产作业计划工作包括生产作业计划的编制,生产作业准备,生产作业指令和生产任务的分配、下达,在制品管理,作业统计,生产调度,生产作业计划完成情况分析、考核等。

编制生产作业计划要强调生产作业的同步化,主要分以下 3 个阶段来编制:

第一阶段,根据市场预测确定生产计划草案。要预测需生产的品种、数量、交货期,并结合企业计划期的经营目标、利润等,按生产条件的可能性经过平衡后确定生产计划草案。

第二阶段,在企业领导按生产计划草案确定并决策后,编制生产作业计划,并进行生产作业计划的同步化。使生产作业计划与销售计划、生产能力、物资供应、工艺装备、资金、利润等进行综合平衡。

第三阶段,分解同步化生产作业计划并实施。把综合的同步化生产作业计划分解为成批生产作业计划和流水生产作业计划。必要时,编制多品种混合流水生产计划,然后实施。在实施中,使用标准交接期方法或看板方式来将各项生产作业计划进行衔接。

三、生产控制与生产调度

1. 生产控制

生产控制是生产管理的基本职能之一,也是生产管理的重要内容。它是对日常生产中生产进度的控制,对执行生产作业计划过程中的日程控制,或称为生产作业计划控制。生产控制的目的是提高生产的有效性,即以最低的消耗实现企业的既定目标。

(1) 生产控制的内容 生产控制包括生产进度的动态控制、静态控制、质量控制和成本控制等几个方面。

1) 动态控制。动态控制指从时间进度方面进行控制，包括投入进度控制、产出控制和工序进度控制。

2) 静态控制。静态控制也称为实物控制，指物质材料、在制品、半成品、成品在一定时间点所处的位置和数量的管理。实物控制中，在制品控制和搬运管理是重要的环节，主要是车间在制品、库存半成品的统计和流转，合理控制紧缺品的储备，加强物料的搬运管理，提高物流的运行效率及准时性，减少物料在搬运过程中的损失。

3) 质量控制。质量控制指生产过程中不合格的工装及设备不准投入使用，不合格的原材料不准投产，不合格制品不准转序，不合格的零件不准装配。

4) 成本控制。成本控制主要是控制投入指标和生产周期对生产成本的影响。要不断地采取措施，提高设备的利用率和生产效率，消除各种无效劳动。

5) 作业能力的控制。作业能力控制的目的有两个：一是保证实现计划规定的进度，二是要进行作业调整，以求生产任务与能力的平衡。

(2) 生产控制的方法　生产控制的方法主要包括以下几个方面：

1) 根据日程计划的要求，随时检查、分析生产进度和生产条件的变化，设法将未按计划进行的工作和被忽视的生产细节改正过来。

2) 在大量流水生产企业里，要跟踪每一条生产线生产前的准备是否完备，生产过程中的人员、设备、物资、质量的变化，及时对生产线发生的停歇采取措施，对各生产线的节拍，生产的品种、数量以及生产线间的同步化进行衔接，解决生产中的矛盾。

3) 掌握信息收集及信息反馈两个基本环节。信息收集要来自原始凭证、统计数据，更重要的是管理人员深入生产现场和采用现代化通信、视听技术进行信息收集，对可能发生的矛盾跟踪解决。

2. 生产调度

生产调度工作是生产作业计划工作的继续，是对执行生产作业计划过程中出现的问题及时采取措施并进行处理等一系列工作。

(1) 生产调度工作的原则

1) 计划性。生产调度工作必须以生产作业计划为依据，以保证计划的全面完成为目的。

2) 统一性。生产调度工作必须高度集中统一，实行统一指挥。下一级生产单位和同级的有关职能部门必须坚决执行调度命令。如有不同意见，只能在贯彻执行中请示、汇报、处理。

3) 预防性。生产调度工作要以预防为主。调度人员的基本责任就是预防生产过程中可能发生的问题，要处于事先预防、事先控制的主动地位。

4) 及时性。对生产中出现的问题要及时、迅速、准确地解决。

5) 群众性。生产调度人员要深入群众，处理问题要发扬民主，倾听群众的意见。

(2) 生产调度工作的主要内容

1) 按照生产作业计划规定的品种、产量和进度的要求，检查生产前的准备工作，了解技术文件、设备、工艺装备、原材料、毛坯、劳动力的准备情况。

2) 检查各个环节生产作业计划的完成情况，查明偏离计划的原因，及时采取措施，保证各个生产环节的计划按期完成。

3) 检查在制品的储备情况，确保生产均衡、有节奏地进行。

(3) 加强生产调度工作的措施

1) 建立和健全生产调度系统。企业的生产调度工作内容很多、范围很广，所以建立一个强有力的生产调度系统、健全调度工作制度是搞好生产调度工作的基础。企业生产过程的控制工作由企业的生产行政指挥系统负责，而日常的生产控制工作由生产管理的职能系统来承担。企业还应设立各级调度组织，业务上归企业总调度室领导，使生产调度工作上下左右紧密结合，形成一个集中统一的、健全的生产指挥系统。

2) 建立和健全生产调度工作制度。为了做好调度工作，通常应建立、健全以下各方面的调度工作制度：

① 调度值班制度。为了做到生产不间断、指挥调度不间断，企业领导部门与生产部门都应建立调度值班制度。调度员在值班中随时检查生产车间、班组作业计划的完成情况，及时处理生产中发生的问题，同时做好调度日记。

② 调度报告制度。企业各级调度机构要把每天的生产情况报告给上级调度机构及主管部门，调度报告的内容主要是产品的生产情况、设备运行情况、生产中存在的关键问题及处理意见等。

③ 生产调度会议制度。调度会议是检查生产进度、布置生产任务和解决生产矛盾的会议。调度会议由主管生产的副厂长主持，调度科专题汇报。会议应做到会前有准备，对生产中存在的问题有处理决定，会后有检查。调度会议上首先检查各单位对上次调度会议决定的执行情况，提出这次会议需要解决的问题，经过讨论后最后形成新的决议，责成有关部门限期执行。调度会议主要解决当前生产中关键性的、急需解决的问题。

④ 现场调度制度。现场调度就是到生产现场去讨论和解决问题。大部分是一般性的协调问题，由调度员在现场处理。对生产中急需解决的重大关键问题，应由领导、技术人员、调度人员和工人在现场共同研究解决。

3. 在制品管理

在制品管理是生产控制的一个方面，主要工作包括在制品的实物管理和账目管理。它主要通过作业统计核算，分车间、分仓库进行。

(1) 车间在制品管理　车间在制品指车间内正在加工、检验、运输尚未完毕的一切制品。可通过零件收发清单、合格单、运行单等原始记录控制在制品的实物数量，并与规定的在制品储备定额相比较，检查在制品储备定额的遵守情况。

(2) 库存半成品的管理　为了保证在制品、半成品的账物相符，需要做好以下工作：

1) 及时记录在制品的增减情况，保证数字准确，以免造成浪费和中断。

2) 建立严格的交接手续，按时、按要求存放。

3) 在制品的运输、存放要用适当的工位，防止磕碰，方便管理，准确计数。及时隔离废品、返修品，防止其混入合格品中。

4) 在年末、季末、月末清点在制品，发现不符之处，及时更正，保证在制品账物相符。

巩固练习

1. 什么是企业生产管理？生产管理的目标是什么？
2. 企业的生产过程主要包括哪些阶段？
3. 生产计划的内容有哪些？生产计划编制的具体指标包括哪些？编制时要考虑哪些方面的平衡？
4. 生产作业计划和生产计划有何异同？如何编制生产作业计划？

5. 什么是生产控制？生产控制的内容有哪些？
6. 生产调度工作的原则是什么？如何做好生产调度工作？

任务二　认知均衡生产与现场管理

认知均衡生产与现场管理	学时：90min
知识点	1）均衡生产 2）现场管理 3）看板管理
知识目标	1）掌握均衡生产的定义及组织均衡生产的主要环节 2）掌握现场管理的定义及意义 3）掌握现场管理的方法及具体要求 4）掌握看板管理的作用、类型及实施规则
技能目标	1）能进行具体的现场定置管理设计 2）能进行具体的"5S"活动

一、均衡生产

均衡生产指在完成计划的前提下，产品的实物产量、工作量或工作项目在相等的时间内完成的数量基本相等或稳定递增，是为防止由于生产前期准备不充分而停工待料，后期生产加班加点赶进度的做法，而要求企业必须按照计划规定的品种、质量、数量和期限，均衡地进行产品生产的过程。

产品的生产是在分工基础上进行协作的过程，只有企业的每一个生产环节都准时地按节拍进行，才能保证整个生产过程的均衡化。

生产均衡化将给企业带来以下两个方面的好处：

1）生产均衡化有利于企业生产秩序的稳定、职工工作热情的稳定，带来生产的良性循环，从而使产品质量稳定、产量均衡、生产安全、成本降低。

2）可以促进技术管理、质量管理、设备工装管理，改善劳动环境，减少在制品储备，加速资金周转，降低成本，提高生产效率和设备利用率，提高企业经济效益。

(1) **均衡生产保证体系**　组织均衡生产虽然由生产管理部门主管，但企业各部门、各环节应统一协调和保证，企业应建立均衡生产保证体系。在建立均衡生产保证体系过程中应注意以下几个方面：

1）均衡生产保证体系贯穿于生产组织的全过程中。均衡生产保证体系主要包括下面几个阶段：接受任务、综合平衡、编制计划、控制生产、现场调度、分析对策。

2）健全组织机构。应在企业各级行政主管领导下，由生产部门牵头，其他相关部门参与，形成组织整体。其他部门包括产品设计、工艺、质量、设备、工艺装备、能源等部门。它们必须有相应的机构配合生产。

3）明确责任和权利。把实现均衡生产列入各级有关部门工作职责之中。

4）人员和工作设施的保证。均衡生产保证体系中配备具有专业技能并胜任此项管理工作的人员，配备相应的通信设施和电子计算机管理工具。

5) 均衡生产保证体系的工作程序中要规定保证体系各项活动的目的、范围、工作对象、工作时间、工作地点及工作方法。

(2) 组织均衡生产的主要环节

1) 生产前的综合平衡。以滚动计划中的次月计划为依据，按分工各自查清存在的问题并通过规定的平衡程序组织解决，达到生产预控的目的。

2) 生产中突发故障的处理。以完成当日（班）计划为目标，通过现场监督、目视管理、信息反馈，掌握生产故障信息，适时跟踪调度，达到最有效地快速消除故障的目的。

3) 生产后的分析及对策。以当月计划完成结果为依据，分析不均衡因素，考核责任单位，制订对策措施，达到防止发生不均衡状况的目的。

二、现场管理

生产现场管理是对生产过程各要素进行优化组合的综合性基础管理。

1. 现场管理的意义

1) 现场管理水平的高低决定着企业竞争实力。如果一个企业的生产现场能够达到优质、低成本、弹性地适应市场的需求，那么这个企业生产出来的产品就有市场。

2) 现场管理要经过调查、考察、分析和诊断，不断地发现生产活动中的无效劳动和浪费，并通过现场管理加以改进，进而消除无效劳动和浪费。

3) 现场管理是企业内部管理的出发点和落脚点。各项专业管理都要通过现场管理去贯彻、实施和协调，各种管理方法和手段只有应用到现场才能发挥出作用。

4) 一个良好的现场管理能够围绕企业的经营目标把整个现场组成一个团结、协调的整体，成为生产秩序良好，人际关系和谐、文明、安全的场所。

2. 现场管理的任务

现场管理的任务主要包括两个方面：一是对生产诸要素进行合理配置，二是对生产活动进行有效的组织、协调和控制。其主要目标是建立和谐的人际关系，充分发挥职工的创造性；自觉地按作业计划有效地保证产品的品种、数量和交货期；消除生产过程中的无效劳动和浪费，降低成本；严格遵守操作规程，防止和消除设备、人身的不安全因素；搞好文明生产，创造一个整洁、舒适的作业环境。

3. 现场管理的方法

(1) "5S" 活动 "5S" 活动是对现场不断地整理、整顿、清扫、清洁、素养的循环。"5S" 活动重在培养每个人在生产和工作中良好的素养，创造良好的现场环境并使之保持经常化，因而是现场良性循环的基础。有的企业把安全加进来形成了 6S 管理。6S 活动看板如图 8-2 所示。

整理是消除一切与生产无关的物品。要求每个工位上不用的东西不放在作业现场，坚决处理掉。不常用的东西放到仓库，偶尔使用的东西集中放到车间，经常使用的东西放在作业

图 8-2 6S 活动看板

项目八　汽车生产管理

区。整理是现场改善的开始。

整顿是对整理后留在现场的物品进行整顿。主要手段是实行目视管理，达到合理布置，方便使用，提高工作效率。工具归类分规格摆放，一目了然。

清扫就是每个人亲自动手，创造一个明快舒适的工作现场。做到自己用的东西自己弄干净，不用增加清洁工。对设备进行清扫时，要检查是否有异常，要进行润滑，完成点检和保养工作。清扫地面时要调查铁屑飞出及油、水、气滴漏原因，使之在清扫中有改善。

清洁就是对整理、整顿、清扫结果的保持。同时，包括对人身有害的烟雾、粉尘、噪声和有毒气体的根除。要求不搞突击，贵在坚持和保持。

素养就是对人的行为规范。提高素养就是养成良好的风气和习惯，高尚的道德品质，加强自身的修养，自觉地执行制度、标准，改善人际关系，加强集体意识。

（2）定置管理　定置管理是在整理、整顿的基础上使现场人与物的联系最佳化，并使之规范化、标准化的管理方法。通过定置管理要达到人定岗、物定位、流动有标准、现场信息目视化和规范化。

定置图是定置管理中的重要内容，它是在对现场进行诊断分析的基础上，确定了合理的人、物、场所等关系之后制订的管理图，是日常整理、整顿的依据。定置图如图8-3所示。

1）定置管理摆放物品的分类。对物品进行分析、区分类别是搞好定置管理的重要环节，定置管理中的物品摆放一般可分为以下4类：

A类：与人处于直接联系状态的物品或所在工作地区域内的物品，如正在加工、装配的工件以及正在使用的工艺装备。

图8-3　定置图

B类：通过一定作业程序由间接联系的物品转化为直接联系的物品，如待装配或待加工的零部件、返修品及待用的刀具、模具、夹具和标准件等。

C类：与现场生产没有直接关系，却是生产现场不可缺少的物品，间歇使用或不定期使用的物品，如生产现场的茶水桶、消防器材、设备润滑用的油桶、班组管理用的物品（清扫工具等）。

D类：对生产现场无用、需要清除的物品，如废屑、废品、垃圾等。

2）定置管理的实施步骤。

① 组织落实。推行定置管理涉及生产、工艺、检查、设备、工具、供应等许多部门，因而必须成立有关人员参加的领导小组，及时确定推进工作中存在的问题和检查实施情况。

② 绘制定置图。在绘制定置图过程中，要进入现场，广泛听取工人、技术人员和管理人员的意见，运用工业工程理论，进行人物结合的动作分析，使工人操作方便，减轻劳动强度，消除无效劳动，提高工作效率。

③ 组织实施。定置管理由生产管理部门组织实施，包括制作定置牌、划分区域标志、清除无用物品、制作必要的工位器具等。

④ 进行日常管理。制订定置管理实施标准、工作程序，组织定期检查、督促、评比、

奖惩，不断提高现场管理水平。

（3）目视管理　目视管理将对现场生产活动起指导作用和约束作用的信息在现场以目视化的手段表现出来，同时通过必要的手段使生产中的问题明显化。目视的手段有标志线、标志牌、显示装置、信号灯、指导书、色彩标志、管理图板等。看板就是目视管理的有效手段之一。

1）标志线。各种通道都要有明显的界线，主要通道要有车行道和人行道标志线，加工现场要画出作业区域界线以及各类物品存放区域。

2）标志牌。生产现场可以有多种多样的标志牌，用来作为特殊标志。例如，有指示生产线的，有表示在制品储备的，有表示安全注意事项的，还有反映设备工装管理的标志牌等。

3）指导书。指导书主要放在现场适当的位置用来指导各类人员的作业，如作业指导书、设备点检卡等。

4）信号装置。信号装置包括生产线停工显示板、要货信号灯、看板、生产情况显示板等。

三、看板管理

看板管理即在看板上记录零件号、名称、零件的存贮地（取货地或送货地），在看板上注明生产或取货数量、盛放零部件所用工位器具的型号和固定盛装数量以及该零部件看板的周转张数等，以此作为生产和运取货的凭证和信息。

看板管理是准时化生产的组成部分，是企业实施准时化生产管理的工具。它是生产活动中的"取货指令""生产指令""运输指令"，起着控制生产、微调生产作业计划和反馈信息的作用。

在企业内部生产单位之间或主机厂与协作配套厂家之间运用看板的传递作为作业指示，取消了不必要的中间仓库和不必要的在制品储备，可以大幅度地降低生产资金的占用。

1. 看板的作用

1）指令作用。看板是后工序向前工序取货的指令，是运输工人搬运零件（指示搬运地点、搬运时间、搬运品种、搬运数量和用什么工位器具）的指令，是下工序的生产指令。

2）控制过量制造和过量运取。由于看板规定着生产或取货品种、数量以及运输的时间，不见看板不准生产、不准提前或超量生产、不准提前或超量运取，从而有力地控制生产和运取。

3）信息作用。看板作为信息卡挂在工位器具或实物上，当生产使用该零件时就摘下看板，摘下的看板就构成下一次取货的信息。看板使准时化思想渗透到生产现场的各个环节，从而能迅速、有效地反馈生产活动信息，进行自律管理。

4）防止生产和运送不良品。看板是实物的凭证并挂在实物上，不合格的零件是不允许挂看板的。因此，凡是没有挂上看板的零件，不准领取、不准流动。

5）暴露问题所在，及时改善管理。看板在生产过程中是流动的，一旦看板停滞或周转过快，说明生产上有异常，可以及时发现及时处理。在看板周转张数中一般有保险系数，若生产运转稳定正常，看板周转张数有富余，则可以减少看板张数，以压缩库存。

6) **微调作业计划**。当作废的需求、生产的品种和数量有微量变动时,通过控制看板的流动可以微调作业计划,使生产具有可控性和一定的柔性。

2. 看板的种类

按照用途不同,看板可分为生产看板、领取看板和外协件看板等。

(1) **生产看板** 生产看板是在流水生产线、生产车间范围内为指导生产而使用的看板。由于生产类型的不同,看板的形式也不一样。在流水生产线上生产一种或多种零部件的看板,起着生产指令的作用。看板的形式可以是卡片、电信号或其他形式的信息载体。

成批生产线的看板有生产看板、下料看板、领料看板、领工艺装备看板。其运行方法是:根据产品的生产周期、生产间隔期和必要的保险储备等因素考虑生产批量,当某零件按看板规定的品种和批量进行生产时,将零件按规定数装入工位器具,然后按照规定把下料看板和生产看板挂在不同工位器具的指定位置,将该批零件送入成品库。当后工序单位从成品库取货到达挂有下料看板和生产看板时,由仓库工人先摘下看板,按时间顺序分别挂在看板架上,生产工人由此得到下料和生产的指令,分别带着下料看板、领工装看板进行备料、更换工艺装备,然后按生产看板规定的零件品种和数量进行生产。

(2) **领取看板** 领取看板又称看板取(送)货,是实行后工序单位向前工序领取零件时所使用的看板,是生产线、车间之间取(送)货的凭证和信息。

(3) **外协件看板** 外协件看板是主机厂与协作配套厂之间实行看板送货的凭证和信息。它根据两个工厂间商定的订货合同品种、送货间隔期计算看板运行张数,主机厂根据生产作业进度和需要量向协作配套厂发出看板。协作配套厂按看板将货物直接送到主机厂生产线或仓库。送货办法有定时不定量和定量不定时两种。

(4) **其他形式的看板** 在生产中有一些零件属于选用或选配性的,例如,汽车发动机气缸体内连杆小头与活塞销、活塞都是根据加工精度尺寸的不同进行选配的。在对这些不同固定使用量的选用、选配件实行看板管理时,对每一种零件的各种规格都规定一个最低储备量和最高储备量。当零件使用到最低储备时,发出看板进行生产,严格执行不见看板不生产的规定。看板对控制在制品、选用件、选配件的生产数量十分有效。

3. 实行看板管理的规则

为了发挥看板的作用,实行看板管理必须执行以下 5 条规则:

1) 零部件经检验合格后才能挂上看板,不合格件不准挂看板,也不准向后工序流动,不准取走。

2) 看板不准跨出本单位,取货时要带着本单位的看板到前工序单位取货。取货时,先把挂在制件上的前工序单位的看板摘下,放到按时间顺序排列的看板架上,换上本单位的看板并送到本单位的生产工位。

3) 前工序单位只生产被后工序单位取走的品种和数量,生产完毕后的合格件上挂上看板,切实做到不见看板不生产,不提前、不超量生产。

4) 小零件按规定使用到一定数量时,摘下看板并放入看板箱内,从而构成下一次取货的信息和指令。

5) 取货工人定时按规定路线收集看板,做到准时运取,不见看板不运取,不准提前取货、不准多取。

4. 实行看板管理的条件

看板管理不是在任何条件下都能落实的，只有具备了基本条件并严格遵守规则，才能使看板成为准时生产的有效工具。看板管理的基本条件如下：

1）必须是以流水作业为基础的作业，不适用于单件生产。
2）企业生产秩序稳定，有均衡生产基础，工艺规程、工艺流程执行良好，工序质量能控制。
3）设备、工装精度良好，保证加工质量稳定。
4）原材料、协作配套件、外购件供应数量、质量有保证，能源供应正常。
5）企业内生产布局和生产现场平面布置合理，生产线的制造工序、检验工序、运输工序合理。
6）建立以生产工人为主体的现场管理体系，机电修理、工具、检验、工艺、调度等部门人员服务到现场，保证第一线生产工人专心、连续生产。

巩固练习

1. 什么是均衡生产？如何组织均衡生产？
2. "5S"管理的具体要求是什么？如何进行现场定置管理？
3. 看板管理有什么现实意义？

动手试一试

1. 分组，分别对所在的生产现场或工作区域进行定置管理的设计，并相互点评。
2. 分组，相互提问对现场管理内容的认识。

任务三 认知设备管理

	认知设备管理	学时：45min
知识点	1）设备管理 2）设备保养 3）设备的更新管理	
知识目标	1）掌握设备管理的任务 2）掌握设备管理的内容 3）掌握设备更新管理的要求	
技能目标	能进行现场设备的保养作业，知道现场设备保养的要求	

设备管理是以企业经营目标为依据，通过一系列技术、经济和组织措施对设备的全过程进行的科学管理，即实行从设备的规划工作起直至报废的整个过程的管理。设备管理按过程不同一般可分为前期管理和使用期管理两个阶段。

设备的前期管理指设备在正式投产运行前的一系列管理工作。设备在选型购置时，应进行充分的交流、调研、比较、招标和选型，加强技术经济论证，充分考虑售后技术支持和运行维护，选用综合效率高的技术装备。

项目八 汽车生产管理

设备的使用期管理分为设备初期管理、中期管理和后期管理。设备的初期管理一般指设备自验收之日起，使用半年或一年时间内，对设备调整、使用、保养、状态监测、故障诊断以及操作，维修人员培训教育，维修技术信息的收集、处理等全部管理工作，建立设备固定资产档案、技术档案和运行维护原始记录。设备的中期管理是设备过保修期后的管理工作。做好设备的中期管理，有利于提高设备的完好率和利用率，降低保养费用，得到较好的设备投资效果。设备的后期管理指设备的更新、改造和报废阶段的管理工作。对性能落后，不能满足生产需要以及设备老化、故障不断，需要大量维修费用的设备，应进行改造更新。

企业设备管理应当以效益为中心，坚持依靠技术进步，促进生产经营发展和预防为主的方针。以科学发展观为指导，贯彻国家的方针、政策、法规，通过技术、经济和组织措施，对企业的主要生产设备进行综合管理，坚持设计、制造与使用相结合，维护与计划检修相结合，修理、改造与更新相结合，专业管理与群众管理相结合，技术管理与经济管理相结合的原则，做到综合规划、合理选购、及时安装、正确使用、精心维护、科学检修、安全生产、适时改造和更新，不断改善和提高企业技术装备的素质。

1. 设备管理的任务

设备管理的任务是保证为企业的生产提供最优状态的技术装备，使企业的生产活动建立在可靠的技术基础之上，以获得最佳的经济效果。其具体任务如下：

1）制订企业设备管理的综合规划。根据企业的经营方针和目标，参照生产发展、产品开发及其他方面对设备的要求，确定设备及其管理的发展方向、奋斗目标和计划指标，落实贯彻措施，保证工作目标和计划指标的实现。

2）正确地选购设备。根据技术先进、经济合理的原则，按照企业生产和产品发展的需要，经过充分论证和分析，为企业采购各种优良的装备。

3）做好现有设备的更新改造。采用新技术、新结构、新元件对现有设备有计划地进行更新和技术改造，不断提高企业的装备水平，以适应企业产品换型、工艺改进和生产发展的需要。

4）负责设备维修技术及备件供应工作。根据生产特点和设备条件采取适用的监测手段和诊断技术，实现预防维修和快速抢修；充分做好备件储备，加强备件的部件、合件储备，为快速修理、快速更换做好物质准备。

5）开展设备管理与维修人员的技术培训。通过各种方式、方法，有计划、有步骤地组织设备管理与维修等各类人员，学习现代设备管理知识及新技术、新方法，不断提高其技术和业务素质，以适应设备现代化管理的需要。

2. 设备的维修、使用与保养

（1）**设备的维修** 设备在使用过程中必然会产生磨损、松动、劣化等现象，甚至由于个别零部件的损坏或精度降低而造成设备事故或能力丧失。为了补偿或恢复由于正常或不正常的原因而引起的设备磨损或损坏，必须对设备进行修理，通过修理使设备的效能得到恢复。

设备的修理方式一般有两种：第一种是计划修理，即机器设备虽已有磨损，但未发生故障，预先进行修理，进行预防性修理可以避免因设备故障影响生产而造成的重大损失，现已为大多数企业广泛采用；第二种是故障修理，即机器设备由于磨损不能继续使用，被迫修理。

1) 设备的计划修理。计划修理分为预防修理和改善修理。

预防修理是通过日常点检、定期检查、精度检查，准确地掌握设备实际技术状况，在设备发生故障前有计划地进行修理。

改善修理是为了解决设备反复出现的故障和提高一部分设备的原有技术性能而进行的改进性修理。改善修理有时单独进行，但大多数是在预防修理项目中列入改善修理内容。

2) 设备的故障修理。设备的故障修理指由于预防维修措施不善，设备发生突发故障后为排除故障所进行的事后修理。设备的故障修理是维修工作中的重要环节，将直接影响故障停机时间和生产任务的按时完成。因此，企业应尽量避免和减少设备的故障修理。

(2) 设备的使用与保养　设备使用年限长短、生产效率高低、精度能否保持，取决于设备本身设计、制造质量和材质的好坏，但是在一定程度上取决于设备的使用状况。正确合理地使用、保养设备，可以减轻设备磨损，保持设备良好性能和精度，充分发挥效率，延长设备的使用寿命，减少设备维修费用开支及由于设备频繁停歇所造成的生产损失。

设备的使用、保养主要取决于设备操作人员的素质。抓好操作人员的培训教育，是搞好设备使用、保养的关键。

设备管理必须建立一套科学的、严密的规章制度，作为人们行动和相互之间工作协调的准则。正确、合理地使用设备，对于设备减轻磨损、保持良好的技术状态、发挥应有的效能、延长使用寿命、稳定产品质量都起着重要作用。设备管理应做到以下几点：

1) 要根据企业生产的特点和工艺流程，合理配备各种类型的设备，既保证工艺要求，又平衡好相互之间的生产负荷，使其在工艺性能、生产能力等方面都达到协调、配套的要求。

2) 各种不同设备具有不同的使用性能、规范、精度、效率和其他技术经济特点，必须根据加工对象的要求，恰当地安排生产任务和加工负荷。

3) 要严格遵守设备操作规程和保养规程。

4) 与设备技术要求相适应的工作环境是保证设备正常运转、延长使用寿命、保证加工要求和安全生产的重要条件。

对设备按时进行保养是设备自身运行的客观要求。设备在使用过程中必然会产生技术状况的变化，及时搞好设备保养就可以消除这些异常现象，防患于未然。

例行保养是由操作工人每班必须进行的保养工作。

定期保养是设备运转到规定时间，对设备进行解体检查、清洗和调整的保养工作。

3. 设备的改造与更新管理

(1) 设备的改造　设备改造指根据生产发展的需要，改变原有设备的结构，或旧设备增添新部件、新装置，改善原有设备的技术性能和使用指标，使设备局部达到或全部达到现代新设备的水平。由于设备改造比研制新设备的周期短、费用省、见效快，所以对发展新产品、促进科技进步十分有利。

(2) 设备改造的方案　设备改造的方案必须经过初步设计和技术经济评价，与各种方案进行对比分析，选择、确定最佳方案。设备改造既要考虑设备的技术性、适用性，又要考虑它的经济性。

(3) 设备改造的内容　设备改造的内容很广泛，主要包括以下几点：

1) 提高设备的自动化程度，实现数控化、联动化。

2）提高设备功率、速度、精度和扩大、改善设备的工艺性能。

3）提高设备零部件的可靠性、维修性。

4）加装设备监测、监控装置。

5）改进设备润滑、冷却系统。

6）改进安全、保护装置及防止环境污染处理系统。

7）降低设备原材料及能源消耗。

(4) 设备更新　设备更新是以比较先进的和比较经济的设备，来代替物质、技术和经济上不宜继续使用的设备。在进行设备更新时，既要考虑设备的自然寿命，又要考虑设备的技术寿命和经济寿命。

1）自然寿命是设备的物质寿命，即从设备投入生产开始到设备报废为止所经历的时间。

2）技术寿命是设备的有效寿命，指从设备投入生产到被新技术淘汰为止所经历的时间。

3）经济寿命是设备的费用寿命，是以维修费用为标准所确定的设备寿命。

4. 设备零故障管理

(1) 设备零故障管理的内容　设备零故障管理是以"精益生产"为指导思想，让设备在生产运行中不发生故障、少发生故障，或者一旦设备发生故障要快速排除，减少停机率，保证生产的顺利进行。

(2) 设备零故障管理的任务　设备零故障管理的任务是以质量为中心，对设备精度进行跟踪；通过科学的管理方式消除无效劳动，降低成本；以预防修理为主，实行针对性设备检修；以全员教育为基础，提高人员素质，延长生产运行中设备无故障运转周期。

(3) 设备零故障管理的基础　由于零故障管理是一个目标较高、实施难度较大、波及面较广的新型设备管理模式，所以，所有与设备管理有关的各专业技术人员、现场维修人员、设备管理人员、机床操作人员及各级领导都必须扭转或改善不适应零故障管理的思想，这是推行设备零故障管理的基础。

1）维修人员要树立预防为主的思想。改变只注重现场维修，忽视预防修理的做法；要尽量减少或杜绝加班抢修，要充分利用生产间歇时间或节假日，采取各种预防性措施和手段，将故障消灭在萌芽之中；积极查出设备隐患，挤时间恢复好，堵住漏洞。

2）车间主任、生产指挥人员要扭转只关心生产进度，不关心设备运行状态的倾向。要协助设备管理部门共同维护设备，使之经常处于良好的使用状态。

3）操作人员要精心使用、保养设备，对设备的加工性能、工作状态要掌握，自觉地按规定做好设备的加油、清洁、保养等。

4）设备管理人员要现场驻屯，对多次重复发生的规律性的问题提出整改意见，用零故障管理推动各项管理工作的展开。

5）专业技术人员不应将精力主要放在现场疑难问题的排除上，而应就现场发生的疑难问题全力思考如何从根本上解决问题，消除重复故障。

6）企业的领导者要加强预防性工作的领导，确保设备零故障。

巩固练习

1. 设备管理包括哪些内容?
2. 设备管理的任务有哪些?
3. 如何保证设备的零故障?

素养课堂

民族汽车品牌向上计划

2022 年 7 月 23 日,由中国汽车技术研究中心有限公司、中国汽车工程学会、中国第一汽车集团有限公司、吉林省人民政府与长春市人民政府共同主办的"2022 年中国汽车创新大会"在长春市举办。会议发布了"2022 民族汽车品牌榜"结果,为中国民族汽车品牌发展提供多个维度的向上方向。

2022 民族汽车品牌榜发布了相关 6 个维度的榜单,颁发 30 个奖项,共计有 17 家企业获奖。民族汽车品牌榜是"民族汽车品牌向上计划"的成果之一,在品牌力体系的基础上,从用户品牌需求出发定制 6 大维度榜,多维度解析民族汽车品牌向上表现。品牌力体系以消费者为核心,综合市场表现对品牌进行评价,根据 24000 份消费者调研数据、中汽中心 1000 款车型的数据库资料,融合主、客观数据对中国汽车全行业 83 个品牌进行全面考量。通过熵权法、投影寻踪等方法对不同来源的主、客观数据进行量化分析、降维分析,求得品牌力综合表现的最优解,形成中国汽车品牌数据库,支持对中国汽车品牌整体发展特征的分析,以及对汽车品牌各维度表现的深入解读,为汽车品牌建设提供行业和企业针对性建议。品牌力是企业品牌建设的全局大势,而用户的需求则是"用户时代"车企品牌力的破势、立势之源。榜单从用户需求出发,结合当下中国汽车消费趋势,定制了民族汽车品牌榜的"知""潮""智""信""品""合" 6 大维度。

"知"榜含义为广为人知的。知名的、大众熟悉的品牌,通常为历史悠久,或者在某方面比较突出、具备特殊含义从而被大众所知道、了解的品牌。获奖企业有长安、吉利、比亚迪、红旗和五菱。

"潮"榜是引领潮流的。潮流的、一流的、具备较强引领性的品牌,通常为有特殊行业意义,在技术、设计、理念等方面有较大创新的品牌。获奖企业有比亚迪、蔚来、埃安、极狐和智己。

"智"榜指智能科技的。智能化、科技感领先的品牌,目前新能源品牌、民族品牌在此方面相对领先。获奖企业有小鹏、理想、蔚来、AITO 和高合。

"信"榜意为值得信赖的。产品性能、服务等稳定的、稳重务实的、值得信赖的品牌,尤其是历史悠久的品牌,多在此方面表现突出。获奖企业有吉利、哈弗、长安、传祺和星途。

"品"榜指品位典范的。高端的、品质的、精益求精的品牌,这类品牌通常给人精致感、较好的体验感,从而给用户更强的感知价值。获奖企业有蔚来、红旗、高合、理想和岚图。

"合"榜含义为人车合一的、人性化的、个性的,能引发用户认同、共鸣的品牌。这类品牌通常注重品牌价值理念、文化的表达,能引发用户认同,和用户形成良好的关系甚至"人车合一"。获奖企业有红旗、小鹏、比亚迪、蔚来和埃安。

民族汽车品牌榜的发布为行业提供了一个充分结合我国国情、市场现状与消费者需求的品牌量化和向上路径方法;为企业锚定用户心智最佳坐标,助力品牌获得更好的市场表现,从而获得强大、持久和差异化的竞争优势;让消费者更好地了解民族汽车企业为缩短差距、实现赶超所做出的努力,增加消费者对民族汽车品牌的认可、坚定民族文化自信,真正让消费者和民族品牌心连心站到一起。榜单的发布将持续提升民族汽车品牌形象,持续支撑民族品牌研究向上计划,助力汽车产业品牌不断向上,为建设汽车强国贡献力量。

附录 D 汽车装配调整工程师的素质要求

1. 汽车装配调整工程师

汽车装配调整工程师在工厂里的职务是装试工艺员。工艺员要胜任一定广度和深度的装试技术工作,必须具备一定的技术水平和素质。

汽车装配和整车检测工艺员必须了解汽车的一般构造和基本理论;必须熟悉所生产的汽车各系统、各总成的构造、性能、特点及其在汽车上的作用和地位;熟悉整车的性能、特点及主要技术参数;要了解汽车及总成的设计和制造情况;了解整车及汽车主要总成的技术要求和相关的标准、法规;要善于搜集国内、外有关汽车装试技术的资料,掌握国内、外汽车装试技术的现状和水平。工艺员要有积极主动、勤奋刻苦的工作作风。

在日常生产中,工艺虽在一个相对稳定的水平上,却需要不断改进和提高。工艺工作的好坏,对工人的劳动强度、工作效率、作业方法有很大影响。一个好的工艺员要以生产现场为主战场,经常深入生产第一线,善于发现问题,不断解决问题。如对操作内容的调整,使每个工人的作业顺序和作业时间更趋合理;装配工具的改进,提高装配质量,降低工人劳动强度,提高劳动生产率;与工人一起改进操作方法等。

工艺员还要善于总结自己的工作,积累工作经验,要不断吸取新技术、新工艺,充实自己的知识,提高技术水平,改进工作,提高装配工艺水平。这样就能很好地完成汽车装试专业的各种工作。在工厂新建、扩建或改建中,工艺员要做好汽车总装配车间和检测调整车间的工艺设计工作;能代表建设单位与工厂设计单位配合,做好初步设计和施工设计工作,与施工单位配合做好工厂的建设工作;做好工厂的生产准备、工艺调试和试生产等阶段的技术工作。

2. 汽车装配调整工程师在建厂期间的工作

作为一名工程技术人员,能参加工厂的筹备(工艺设计和工厂设计阶段)、建设、生产准备和调试(包括设备空运转、工艺调试和试生产),直至产品质量稳定、产量稳步上升达到正常生产这样一个建厂全过程,是非常幸运的。因为这对一名工程技术人员的锻炼和提高

也是难得的。装试工艺员在工厂筹备和建设期间应做好以下工作:

1) 根据已确定的产品和生产纲领编制工艺文件，为工厂设计和生产准备创造条件。

2) 配合工厂设计单位，向工厂设计单位各有关专业提供全部工艺资料，同时积极主动配合好各专业的设计工作，对各专业的设计图样进行会签。特别是对车间内的各种管道的布置，必要时需进行管道汇总，检查是否存在互相干涉、是否合理。若发现上述问题或有不符合工艺要求的地方，则应提出修改意见。要认真细致地查看其他专业的有关设计图样，施工若出现问题，工艺人员也将承担一定的责任。

3) 配合施工现场，协助处理施工中出现的问题。工厂设计是各专业协同配合的一个复杂过程，而从设计图样变为现实，更是一个复杂的过程。工艺设计人员作为建设单位的一员，要与设计单位和施工单位密切配合，处理好与工艺设计有关的问题。

4) 配合非标设备和工艺装备设计、制造和安装工作。在非标设备和工艺装备的设计中，工艺员要认可总体方案并会签。

5) 参加工程竣工验收及设备空运转工作。工艺员在竣工验收中主要着眼于检查工艺设施、生产环境的保护性设施是否齐全，是否符合工艺和生产要求。通过设备空运转，观察车间内各种设备安装是否合适、运转是否正常、状态是否良好。对总装配线的空运转，要检查运行是否平稳，各处停止器、起动开关和信号灯是否正常协调等。发现各种问题需请施工安装单位进行整改，为接下来进行的工艺调试和试生产创造有利条件。

3. 汽车装配调整工程师在生产准备和工艺调试、试生产阶段的工作职责

1) 参加新产品试制试装，熟悉所生产的产品，并为提高汽车装配工艺性提出改进意见。

一个新产品的投产，必定通过多次试制试验、试装，不断从性能上、结构上进行改进才能定型并正式投入生产。总装配工艺员要参加产品试制的总装配工作，一方面熟悉产品的结构，另一方面可以发现装配中存在的问题，如连接孔位是否正确、电线束或制动系统的管路长度及装配位置是否合适等，这些问题的解决不但对改进产品设计有利，也对提高汽车装配工艺性有利。

通过汽车试装，可以核实自己编制的零件装配顺序是否合适，构思所需吊具、装配夹具及工具。熟悉汽车零部件和总成的外形、产品编号、装配要求，掌握装配方法，可以测定装配时间等，从而对所编的装配工艺卡等有关文件进行修改调整。

2) 修改、完善各种工艺文件，协助设计、制造、配备各种工位器具、工具。

3) 编制好投产阶段的工位卡。根据投产阶段的产量进行生产节拍和工位的计算，并编制好工位卡，这是生产准备阶段的重要工作，也牵涉劳动人事部门对工人数量的准备和技术培训。

4) 协助工厂有关部门布置装配工作位置，给操作工人发放所需的装配工具和检测器具。

在进行工艺调试和试生产前，必须先布置好装配工作位置，按工位卡顺序，从装配线起始端开始，把相关工位所需的工位器具、装配工夹具、设备所用的吊具安放就绪。

5) 进行工艺调试和试生产。工艺调试阶段每个装配工必须按照工位卡规定的零件、工具、设备、操作要求及质量检验方法进行操作，达到规定的质量要求，考察所编的工艺卡、总装配作业指导书及配备的工位器具、工具等是否合适。主要有以下内容需要解决:

① 装配机具、工具、工位器具、吊具、装配夹具等工艺装备是否适用、方便。
② 设备运转是否正常、安全，是否满足工艺要求。
③ 各种零部件在装配中是否出现前后矛盾的问题，是否在工位安排中有遗漏的零部件。
④ 零部件存放位置是否合适，贮存运输零部件总成的架、斗、箱等是否适用。
⑤ 指导各工位的操作工人识别所装的零部件和总成的名称、编号、数量，明确在汽车上的装配位置、装配关系，正确使用各种工具、机具，了解所装零件的技术要求和质量指标，并正确使用量检具，做好规定的自查、自检工作。
⑥ 发现零件设计、制造中的问题及零件在总布置中的问题，及时向设计、制造部门反映。
⑦ 发现零件在工艺路线安排中的问题，及时反馈给工艺管理部门给予调整解决。

以上问题充分地暴露和解决，意味着工艺调试基本结束，从技术和工艺角度说，可以进入试生产阶段。

试生产阶段一般以暴露和解决车间外部问题为主，也是生产工人熟练操作的阶段。这些问题需产品设计部门、零部件总成的生产厂家或协作配套部门、生产调度部门加以解决。

工艺调试和试生产阶段是决定总装配厂能否顺利投产出车的关键，所以这个阶段要充分暴露各种问题，并及时给予解决，以使总装配线及早投入正常运行生产，工厂及早得到投资回报。

4. 汽车装配调整工程师的日常工作职责

汽车装试工程师在日常生产中的工作目标是：保证汽车装配质量和汽车整车检测质量，达到产品设计部门规定的出厂技术条件；时刻关注装试技术水平的提高，降低工人劳动强度，提高劳动生产率。为此，必须经常深入生产现场，解决生产中出现的突发性技术问题，主动寻找问题、发现问题、解决问题，不断修正补充工艺内容，改进工艺手段。同时，汽车试装工程师还要不断吸收、消化、移植国内外先进的装试技术，提高本单位的装试工艺水平。

具体应做好以下几方面的工作：
1）随时解决生产中的工艺和技术问题，修正、补充、完善有关工艺文件。
2）督促检查工艺执行情况，对违反工艺纪律的现象进行纠正，并协助有关部门做好考核工作。
3）编制技术培训材料，经常对操作工人进行岗位技术培训。
4）结合具体情况，引进新工艺、新技术，不断提高总装配工艺水平。
5）进行技术革新，不断改进工具和工艺装备，减轻工人劳动强度，提高劳动生产率。
6）随时对相关产品更改图样进行工艺性审查会签，进行相应的生产准备和补充修改工艺文件，并付诸实施。
7）帮助质检部门分析、处理生产中出现的质量问题，做好质量信息的分类和反馈工作。
8）做好生产现场的技术管理工作，编写有关文件，确保装配质量，如关键工序和工位的作业指导书等。

参 考 文 献

[1] 王蔚，王连生，祝赫. 汽车装配基础工艺 [M]. 北京：中国铁道出版社，2018.
[2] 庞成立. 汽车总装技术 [M]. 北京：北京理工大学出版社，2021.
[3] 汤和. 汽车装配制造系统与工艺开发 [M]. 侯亮，王少杰，潘勇军，译. 北京：机械工业出版社，2020.
[4] 汤和. 汽车总装工艺及生产管理 [M]. 侯亮，王少杰，潘勇军，译. 北京：机械工业出版社，2020.
[5] 姚明傲，张伟. 汽车装配与调试技术 [M]. 2版. 北京：北京航空航天大学出版社，2019.
[6] 郑德权. 汽车总装工艺 [M]. 北京：机械工业出版社，2017.
[7] 陈心赤，丁伟. 汽车装配工艺编制与质量控制 [M]. 重庆：重庆大学出版社，2011.
[8] 陈心赤，李慧. 汽车制造工艺设计 [M]. 北京：机械工业出版社，2020.
[9] 韩英淳. 汽车制造工艺学 [M]. 4版. 北京：人民交通出版社股份有限公司，2021.
[10] 郝雯婧，宋新萍. 汽车制造工艺学 [M]. 3版. 北京：清华大学出版社，2022.